事例に学ぶ
苦情・クレーム対応の勘所

―初動対応のポイントと金融ADR―

弁護士 香月裕爾［監修］
炭本典生［著］

一般社団法人金融財政事情研究会

はじめに

あなたは窓口で、突然お客様から厳しい口調で苦情をぶつけられたらどうしますか？　クレーマーに近いような人から「言い掛かり」をつけられたらどうしますか？　受けて立ちますか？　それとも他の職員や役席に対応をかわってもらいますか？

筆者は長い銀行員生活のなかで数多くの苦情やクレームに遭遇し、そして幾度も「苦情対応なんて損な役割はしたくない。だれかほかの行員にかわってもらえないか」「できれば本部に丸投げできないか」「そもそも上席が対応すべきでないか」という思いにとらわれました。でも不思議なことに、苦情やクレームというものは、逃げようと思えば思うほど追いかけてくる習性があるようで、当事者になることを避けようとしたために、かえってお客様を怒らせ、収拾がつかなくなったという経験もあります。「銀行にいる以上、決して苦情やクレームからは逃げられない」というのが今の正直な実感です。

私は、ある地方銀行で４カ店の支店長経験を含む約25年間の支店勤務の後、本部に転勤し、全店の苦情・クレームの検証を行い、むずかしいトラブルが発生した場合には銀行側の責任者として対応を迫られることもある「お客様サービス室」の管轄となりました。

支店勤務時代を振り返れば、なぜか苦情・クレームやトラブルの多い支店に配属となり、トラブル対応に奔走する日々が多かったという気がします。本部勤務時代は、全店から寄せられるさまざまな「お客様の声」を集計・分析し、経営トップに報告する「顧客保護等管理委員会」の運営委員を務めました。

当時、当行の苦情・クレーム発生状況は、数年前から増加傾向にあり、係争などに発展する深刻なトラブルも断続的に発生するような状況でした。「こんなに多くの苦情・クレームが発生していたのか」というのが、担当となった時の最初の感想でした。その後落ち着いて１件１件の内容と支店の対応を検証していくと、なかには「なぜ迅速に対応しなかったのか」「なぜ初めから誠実に対応しなかったのか」「適切な初動対応をしていれば、こんなに厳しい苦情に発展しなかっただろうに……」と考えさせられるような案件が数多くありました。

「何とかして苦情・クレームの少ない銀行にしたい」「お客様とのトラブルを減らしたい」「適切な対応ができる行員を育てたい」……こういった思いから、当時の私がまず初めに取り組んだのは、過去６年間に寄せられた苦情・クレームの分析でした。顧客サポート態勢を改善するには、過去の案件の発生原因や対応状況の分析等が不可欠だと考えたからです。5,000件近くの案件を、発生原因、申立内容、申立者のタイプにより数種類に分類し、分類ごとに対応ポイントをまとめ、行内の集合研修やブロック研修で教材として使用したところ、受講した行員からは「苦情・クレーム対応の研修を初めて受講し大変参考になった。実務に活かしたい」「苦情やクレームの全体像がわかった」「初動対応のコツがよくわかった」などの感想をいただき、役席や支店長からは「営業店マネジメントの参考になる」「これからは支店全員で力をあわせて苦情・クレーム対応に取り組みたい」などの頼もしい感想を数多くいただきました。なかには「過去のクレーマー対応がトラウマになっていて、苦情・クレーム対応から逃げていたが、これからは勇気を出して立ち向かいたい」というクレーマー対応のむずかしさを感じさせるような感想もありました。そして嬉しいことに、研修を続ける過程で、毎月の全店の苦情・クレーム発生件数は、前年比５件、10件と徐々に減少するようになり、深刻なトラブルや紛争に発展するような事案に至っては、目にみえて減少していきました。

「このノウハウを、同じように苦情・クレーム対応に悩んでいる全国の金融機関職員の皆さんに伝えたい」……この思いから私は執筆に取りかかりました。

この本の構成は、「Ⅰ　基礎知識編」で金融機関における苦情・クレームの特徴と対応上達のポイントについて学び、「Ⅱ　実践編」では、事例への対応を通じて、苦情・クレーム対応の勘所を修得するという構成になっています。本書は、弁護士でもコンサルタントでもない現役の銀行員が、苦情・クレームという一見、漠としてとらえどころがないようにみえるテーマに、営業店の現場感覚でチャレンジした実務書です。本書は、幅広い層の皆さんに、現場にいる感覚で読んでいただけるよう、解説では表やグラフを多用し、事例では場面をイメージしたイラストを随所に入れています。法的かつ専門的な内容を期待されている方にとっては、多少物足りないかもしれませんが、営業店の最前線でさまざまな苦情・クレーム対応に精力的に取り組まれている職員、役席、管理職の皆さん、そして「お客様相談室」「お客様サービス室」といった本部セクションで、日々厳しい苦情・クレーム案件に対応されている皆さんの一助になれば、これほど嬉しいことはありません。

平成24年４月

炭本　典生

【監修者紹介】

香月　裕爾（かつき　ゆうじ）

平成２年　弁護士登録（東京弁護士会）、小沢・秋山法律事務所入所。
著書に、『金融実務手続双書　不動産担保』『金融実務手続双書　債権・動産担保』（ともに、共著・金融財政事情研究会）、『金融機関における本人確認Q&A』（共著・経済法令研究会）、『金融機関における個人情報保護Q&A』『利益相反管理対応Q&A』（以上、経済法令研究会）、『銀行代理業のためのコンプライアンス』『100問100答Q&Aでわかる金融商品取引法』（以上、ビジネス教育出版社）、『わかりやすい金融商品販売・勧誘ルールブック』（商事法務）

【著者紹介】

炭本　典生（すみもと　のりお）

昭和54年　熊本大学法文学部法学科卒業、同年地方銀行入行。
４カ店の支店長を経験後、審査部、営業企画部を経て、平成23年12月銀行を定年退職。現在は関連会社で審査業務を担当している。中小企業診断士。

目　次

Ⅰ　基礎知識編

Ⅱ　実践編

Ⅲ　資料編

I

基礎知識編

第1章

苦情・クレームの本質

1 最近の苦情・クレームの傾向

通信手段が今ほど普及していなかった時代には、消費者（利用者）が、企業や各種団体の製品やサービスなどについて不平や不満を抱いても、それを相手に申し出る手段は、電話や手紙によるしかありませんでした。そのため、時間の経過とともに不快感は沈静化し、申し出るのを諦める人も多かったのですが、現代は、インターネットの普及、携帯電話、スマートフォン等の情報通信機器の目覚ましい発達により、その場で、すぐに苦情を申し立てることができます。また企業や各種団体の側でも、CSの向上、利用者保護、企業イメージアップなどを目的に、お客様相談室やお客様サービスセンターなどの名称の苦情等を扱う専門部署を設け、フリーダイヤルやホームページでも気軽に企業に対する意見や要望、不平・不満をいえる環境を整えたため、苦情やクレームは年々ふえ続けています。なかには悪質な言い掛かりやクレーマーからの執拗な要求等もあり、その対応に費やされる社員・職員の時間と労力は、日常業務の大きな支障となっています。

苦情・クレーム内容は、業種や業態、事業規模等により大きく異なります。たとえば、都道府県の事務所、市町村の役場には、日常生活の些細な不平・不満、なかには「おせっかい」としかいいようがないような内容のものから人権問題となるような重たい苦情まで、幅広い苦情が寄せられます。一般製造業では「製造物責任法」、食品製造業では「食品衛生法」に関係する苦情は、企業の存続にかかわる重要な問題なだけに特に神経質になっています。デパートやホテルなどのサービス業では、そもそもお客様の接遇・応対に対する期待値が高いため、営利企業としては実現不可能なレベルの苦情やクレームも、平気で寄せられるという特徴があります。一方、保育所や幼稚園、学校に対し無理難題や理不尽な苦情を次々と突きつける保護者、いわゆる「モンスターペアレント」、医療従事者や医療機関に対して自己中心的で理不尽な要求、果ては暴言・暴力を繰り返す患者、いわゆる「モンスターペイシェント」は、教育現場や医療現場という特異な環境が生み出した「怪物化」したクレーマーであり、その対応は大きな社会問題となっています。このように苦情・クレームの性質は、その企業や団体の業種や業務内容により大きく異なるため、１つの業種で成功した対処法や対策が、他の業種の対応に役立つとは限らないというむずかしさがあります。

金融機関に寄せられる苦情・クレームにも、他の業種とは異なる特徴があります。適切な苦情・クレーム対応を修得するには、まずこの特徴をしっかり把握する必要があります。

2　金融機関の苦情等受付態勢

金融機関は、お客様に金融商品やサービスを提供する業種であり、取り扱っているのが「お金」だけに、ある程度の苦情やクレーム、トラブルが生じることは避けられません。そのため、各業界団体は、利用者保護と紛争解決を目的に、金融商品やサービス等に関する苦情や相談の受付専用窓口を設けていますし、同じような目的機関としては、金融庁の金融サービス利用相談室や国民生活センター、消費生活センターなどもあります。

通常、金融機関の対応に不平や不満を感じたお客様は、まずその金融機関に直接、苦情やクレームを申し出ます。しかしそこで満足できる回答が得られなかったお客様は、「公平な判断」と「納得のいく解決」を求め、業界団体や自主規制機関が設立した苦情・相談受付窓口に申し出ることが考えられます。銀行業界では、全国銀行協会（以下「全銀協」とします）が「全銀協相談室」（平成22年10月に東京銀行協会「銀行とりひき相談所」から移行）を設けて苦情・相談を受け付けていますが、ここで受け付けた苦情や相談は、お客様が取引先の金融機関から納得のいく対応や回答が得られなかった「深刻なもの」「解決がむずかしかったもの」と考えられます。そこで本書では、まず全銀協に寄せられた苦情・相談件数や内容を分析することにより、金融機関に寄せられる苦情・クレームの本質に迫りたいと思います。

3　金融機関に寄せられる苦情・クレームの3つの特徴

金融機関の苦情・クレームには、他の産業・業種と大きく異なる点が3つあります。1つ目は「発生件数がきわめて多い」という点、2つ目は「内容が多岐にわたる」という点、3つ目は「さまざまなお客様や利用者から寄せられる」という点です。

(1)　発生件数がきわめて多い

a　全銀協に寄せられた苦情

全銀協が平成18～22年度の5年間に受け付けた苦情等の件数は図表Ⅰ－1のとおりです。

平成18年度から21年度まで1,000件台で推移していた苦情等の件数は、平成22年度は一挙に3,081件に急増しています。相談件数も前年度比で約4,000件ふえ、13,443件となっています。要因としては、全銀協が平成21年度に金融円滑化法の施行を受けて「銀行とりひき相談所」内に「中小企業向け融資に関する相談窓口」を設けたことや、全銀協が平成22年10月1日に金融庁長官および農林水産大臣より指定紛争解決機関（いわゆる指定ADR機関）としての指定を受けたことがあげられますが、その背景には、近年の金融機関の

図表Ⅰ－1　全銀協における苦情等受付件数の推移

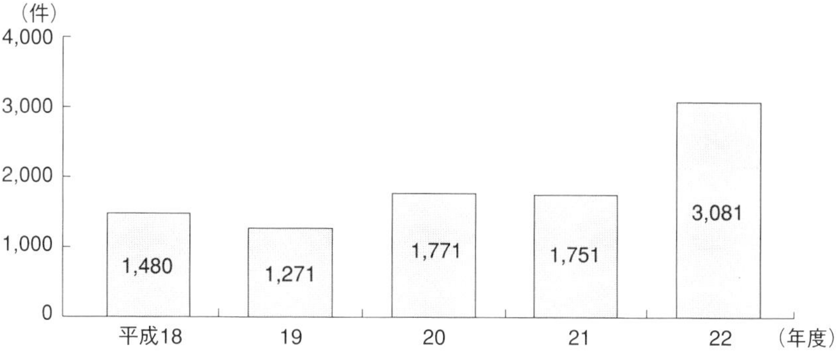

	平成18年度	19	20	21	22	前年度比	合計	年度平均
苦情等	1,480	1,271	1,771	1,751	3,081	1,330	9,354	1,871
相　談	10,809	10,840	11,872	9,501	13,443	3,942	56,465	11,293
計	12,289	12,111	13,643	11,252	16,524	5,272	65,819	13,164

（注１）「苦情等」とは「苦情」と「クレーム等」をあわせた概念。
（注２）平成18～20年度の件数は東京銀行協会「銀行とりひき相談所」が受け付けた苦情等の件数。
（注３）平成21年度の件数は東京銀行協会「銀行とりひき相談所」が平成22年４月～平成22年９月、全銀協相談室が平成22年10月～平成23年３月に受け付けた苦情等の件数。

取扱商品の複雑化やお客様の利用者意識、権利意識の高まりがあるといわれています。

b　生保協会に寄せられた苦情

金融業界には、苦情やクレームの定義や集計方法等についての統一ルールはなく、全銀協が受け付けた苦情件数のみ協会のホームページ上で公開されています。各行に直接寄せられた苦情等の件数は公表されていません。これに対して生保業界では、生保協会が受け付けた苦情等の件数に加えて、生保各社に直接寄せられた件数についても公表しています。

平成22年度に生保業界全体に寄せられた苦情等は、協会に寄せられた苦情が5,556件、生保各社に寄せられた苦情が884,915件、合計で890,471件となっています（巻末資料No.２参照）。

生保業界の状況から推察すると、会社数も店舗数も比較にならないほど多い銀行等金融機関には日々膨大な件数の苦情等が寄せられていることが想像できます。ではいったい、年間何件くらいの苦情やクレームが銀行等金融機関に寄せられているのでしょうか。ここで全銀協に寄せられた苦情等の総件数から金融業界全体に寄せられた苦情等の件数を推察してみたいと思います。

c　ハインリッヒの法則

さて、その前に読者の皆さんは、「ハインリッヒの法則」をご存じでしょうか。これは、製造業や建設業などの現場における労働災害防止のための経験則の１つであり、一般的には図表Ⅰ－２のように表現されます。

図表Ⅰ－2　ハインリッヒの災害トライアングル

「重傷」以上の災害が１件あったら、その背後には29件の「軽傷」を伴う災害が起こり、300件もの「ヒヤリ・ハット」した傷害のない災害が起きていた。

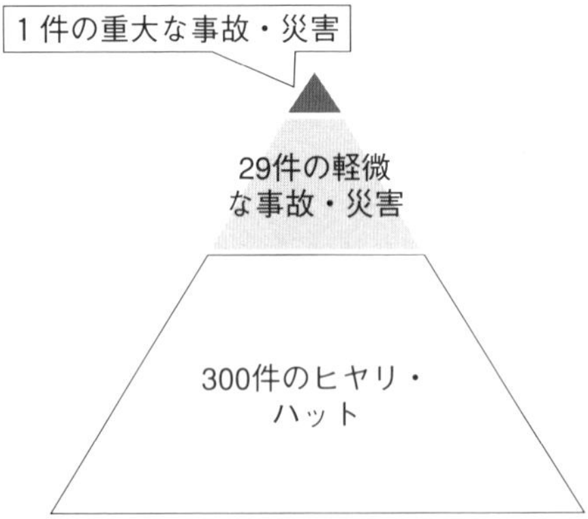

図表Ⅰ－２をトライアングルの下からみると次のように表現できます。

「日常の作業や工事のなかで『ヒヤリ』としたり、『ハット』した傷害のない災害を撲滅することで、『軽傷』を伴う災害は発生しなくなり、結果的に『重傷』以上の災害は防止できる」

製造業とはまったく異なる業種ですが、この法則を金融機関の重大事故やトラブルの発生に当てはめてみると図表Ⅰ－3のようになります。

図表Ⅰ－3　金融機関の苦情・クレームトライアングル

「重大なトラブルや紛争」が1件あったら、その背後には29件の「厳しい苦情やクレーム」が寄せられており、300件もの「ヒヤリ・ハット」した事務ミスや問題のある顧客対応等が起きていた。

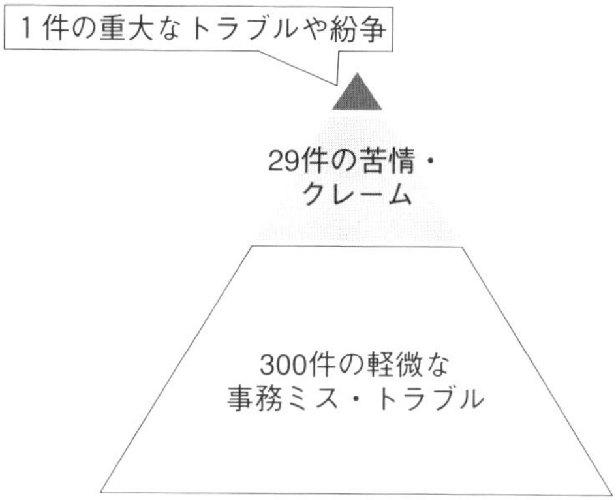

図表Ⅰ－3をトライアングルの下からみると、次のように表現できます。

「日常業務のなかでの『ヒヤリ』としたり、『ハット』した、軽微な事務ミスや問題のある顧客対応等をなくすことで、苦情やクレームは減少し、『重大なトラブルや紛争』の発生は防止できる」

d　銀行等金融機関に寄せられた苦情・クレーム件数

平成22年度、全銀協に寄せられた苦情等は3,081件でした。これを「ハインリッヒの法則」における「重大な事故・災害」と仮定すると、全銀協加盟の金融機関には、「苦情やクレーム」が89,349件（3,081×29）寄せられ、「軽微な事務ミスやトラブル」が924,300件（3,081×300）発生している計算になります。これを全銀協加盟の正会員数123で単純平均すると、1機関当り年間726件の「苦情やクレーム」が寄せられ、年間7,515件の「事務ミスや問題のある顧客対応等」が発生していることになります。ただし、「重大な紛争・トラブル」に該当する事案は全銀協に寄せられた苦情等だけではありません。各金融機関が抱えている係争案件や他の指定ADR機関のADR案件、金融庁や国民生活センター・消費生活センターなどに寄せられた苦情等などもカウントすれば、金融機関には毎年、膨大な件数の苦情やクレームが寄せられていることが推察できます。

(2) 苦情・クレーム内容が多岐にわたる

平成22年度、全銀協が全銀協相談室および前身の東京銀行協会「銀行とりひき相談所」で受け付けた相談および苦情の種類は14項目・162業務にのぼり、苦情の発生原因別分類は12項目・34種類にのぼります（巻末資料No.3参照）。

これらに加えて、実際の金融機関には、全銀協が公表した苦情以外にもさまざまな苦情やクレームが寄せられます。たとえば、「待ち時間が長い」「ATMをふやしてほしい」「店内のトイレが汚い」というような軽微な苦情のほかにも、営業店の所在する地区のお客様から「町の美化にもっと協力すべきだ」「地域の祭りに積極的に参加してほしい」「社宅の子どもが騒がしい」「駐車場に出入りする車の騒音がうるさい」「以前はうちの店で買物をしてくれていたのにこの頃は利用してくれない」というような地域特有の苦情も寄せられます。苦情・クレームの内容は、他の業種とは比べようもないほど多岐にわたっており、これは金融機関における苦情・クレームの大きな特徴といえます。

(3) さまざまなお客様や利用者から苦情・クレームが寄せられる

製造業や建設業、小売業、サービス業、医療など他業種の苦情・クレーム申立者のほとんどは、実際の商品購入者やサービス利用者であり、自社に収益をもたらす、いわゆる収益顧客です。これに対して金融機関の苦情・クレーム申立者は、必ずしもすべてが収益をもたらす収益顧客とは限りません。金融機関では利用者のうちの収益顧客の割合（収益顧客数／全顧客数）は、20%程度といわれています。メガバンク、第一地銀、第二地銀、信金・信組など金融機関の規模や特性により、収益顧客の割合は異なるでしょうが、地域金融機関のなかには、法人顧客の上位５％で法人顧客収益全体の95%以上、個人顧客の上位１％で個人顧客収益全体の40%以上を稼ぎ出しているというような極端なケースもみられます。概して金融機関の収益構造は、ごく一部の高収益顧客に偏在する傾向があり、大半の利用者からは、通帳・キャッシュカードの作成費用やシステム運営費用に見合う収益すらいただけていないというのが実情です。ではなぜ金融機関は収益をもたらさない利用者に対しても収益顧客と同じようなサービスを提供しなければならないのでしょうか。もちろん、金融機関には社会インフラとしての使命があり、ある程度の採算を度外視しても最低限の金融サービスを提供しなければならないという社会的責任はあるでしょう。しかしそれも当該金融機関に十分な体力があり、また利益を与えてくれる収益顧客からの収益で、それ以外の利用者へのコストもまかなえるという前提があってこそ可能となるものですが、昨今の金融機関を取り巻く収益環境の悪化を考えると、いつまでも続けられるとは思えません。

これからの金融機関は、すべての利用者に同等の金融サービスを提供するのではなく、その顧客は収益をもたらす「収益顧客」か、収益が期待できない「単なる利用者」かを判断し、それぞれの顧客から得られる採算に見合ったサービスを提供するという視点が重要になってくるでしょう。

そしてこの視点は、苦情・クレーム対応を考えるうえでも重要なポイントとなります。

理不尽な申立てを延々と繰り返す人物、大きな声で罵詈雑言を発し、支店業務運営に支障を及ぼす人物などの取引状況を調べてみると、収益に結びつくような取引はほとんどなかったというケースを、筆者は支店勤務時代にたびたび経験しています。取引がまったくないにもかかわらず、言い掛かり的な苦情を訴え続け、約３年間も支店を苦しめ続けたクレーマーもいました。

少なくとも、一昔前の「お客様はみな神様です」的な考えに基づく苦情・クレーム対応はむずかしくなっているのが現状だと思います。

第2章 求められる顧客サポート等管理態勢の確立

1 金融検査での位置づけ

社会における重要なインフラである金融機関にとって、ある程度の苦情やクレームの発生は必然的なものですが、近年の金融商品やサービスの多様化と複雑化が、職員の事務ミスや商品知識の不足を招き、苦情やクレームが多くなっているという面もあります。また、長引く不況、デフレの浸透、高い失業率など、最近の経済情勢の悪化に伴う社会全体のストレスの増加が、「言い掛かり」などの悪質な苦情の増加につながっているという面もあり、金融機関は職員の苦情・クレーム対応力を高める必要に迫られています。このような情勢のなか、平成21年3月、金融庁は「顧客保護等管理態勢の確認検査用チェックリスト」(巻末資料№1参照)を発表しました。その冒頭には、「金融機関における顧客保護等管理態勢の整備・確立は、預金者等を含めた金融機関の業務の利用者(以下『顧客』という)の保護及び利便の向上の観点から重要であるのみならず、金融機関の業務の健全性及び適切性の観点から極めて重要であり、経営陣には、これらの態勢の整備・確立を自ら率先して行う役割と責任がある。顧客保護等管理については、金融機関の経営陣をはじめとする各役職員が、顧客の視点から自らの業務を捉えなおし、不断に検証し改善する姿勢が重要であり、金融機関に対する公共の信頼は、このような絶えざる見直しの努力の上に成り立つものであることを十分に理解していることが重要である」と記述されています。顧客保護等管理態勢の整備・確立への取組強化は、金融機関にとって喫緊の課題といえるでしょう。

2　顧客保護等管理態勢について

当局が銀行等金融機関に求めている顧客保護等管理態勢には、「顧客の保護」および「顧客の利便性の向上の観点」から構成される次の６つの管理態勢があります（図表Ｉ－４）。

顧客保護等管理態勢は法令等遵守態勢の隣接領域とされており、特に①「顧客説明管理態勢」と③「顧客情報管理態勢」ならびに⑤「利益相反管理態勢」は、「法令等遵守態勢」とも重複しています。金融検査マニュアルには「法務リスクを管理する部門は『法令等遵守態勢の確認検査用チェックリスト』『顧客保護等管理態勢の確認検査用チェックリスト』に記載している点のうち、当該金融機関の定義に該当するものについて、法務リスクとして認識し、適切な管理を行っているか」という記述があり、法務リスクをオペレーショナル・リスク（キーワード解説参照）管理の観点で取り扱っています。「その他の管理態勢」のなかの「顧客の利便性向上」は、いわゆるお客

図表Ｉ－４　６つの管理態勢

- 顧客保護等管理態勢
  - ①　顧客説明管理態勢
  - ②　顧客サポート等管理態勢
  - ③　顧客情報管理態勢
  - ④　外部委託管理態勢
  - ⑤　利益相反管理態勢
  - ⑥　その他の管理態勢（顧客保護や顧客の利便性向上）

様満足度（以下「CS」とします）にかかわるものであり、リーガルリスク（法的リスク）はないため、オペレーショナル・リスクの管理対象ではないとされていますが、金融サービスを供給できるのは、免許を受けた金融機関だけであり、利便性向上についても、社会的に強い要請を受けていると考えられるため、改善に向けた積極的な取組みが期待されていると考えられます。

「顧客保護等管理態勢」を構成する6つの態勢はどれも、顧客保護、利用者保護の観点から重要なものですが、では金融機関の営業店長にとっていちばん、店内態勢の整備がむずかしいものはどれでしょうか。

いろいろな意見はあるでしょうが、筆者は「顧客サポート等管理態勢」だと考えます。

そもそも「顧客サポート等」（キーワード解説参照）が意味する苦情・クレーム自体、「いつ」「どこで」「だれから」「どのような内容」で発生するか予測できないものであり、加えて相手は、金融機関に対する「負の先入観」をもって苦情・クレームを申し立てていることが多いため、いくら誠実に対応しても円満解決とならないケースが多いものです。このようなものに対する態勢整備を求められているのですから、一筋縄でいかないのも無理はありません。

キーワード解説

○オペレーショナル・リスク

オペレーショナル・リスクは「内部プロセスや人、システムが不適切または間違っていること、または外部事象から生じる、直接または間接的に損失が発生するリスク」と定義されています。

金融機関では、入力間違いや登録忘れ、システムトラブルなど日頃の業務で発生するリスクを費用換算し、経理処理上の雑損や被害の大きいものについては、損益計算書上の特別損失に計上しています。

○顧客サポート等

お客様からの相談・苦情等への対応を指します。「サポート」という言葉からは「支援」「援助」という言葉を連想しがちですが、「相談・苦情等の対応」という意味の専門用語と考えてください。

第３章　苦情・クレーム対応がうまくなるには

「あなたは苦情・クレーム対応は得意ですか、苦手ですか」と質問して「得意だ」と答える自信のある職員はほとんどいません。なぜでしょうか。本章では、まず金融機関の職員が苦情・クレーム対応に苦手意識をもつ理由を探り、苦情・クレーム対応が上達するための心構えについて述べたいと思います

1　なぜ苦情・クレーム対応が苦手なのか

ある金融機関で、職位の違う営業店職員134名に、苦情やクレームの対応経験について質問したところ、一般職員の75％、役席の92％、管理者（支店長クラス）ではすべての方が「対応経験あり」と回答しました。次に「対応経験あり」と回答した118人に、「苦情等の対応は得意ですか」と質問したところ、一般職員の100％、役席の71％、管理者の55％の方が「苦手だ」もしくは「どちらかといえば苦手」と回答しています（図表Ⅰ－５）。

次に「苦手だ」もしくは「どちらかといえば苦手」と答えた89人に「苦情・クレーム対応でむずかしいと思う点」について質問したところ、図表Ⅰ－６のようになりました。

回答者の７割以上が、苦情・クレームが発生した時点の対応、つまり「初動対応がむずかしい」と答えていますが、実際に初動対応が失敗し、以後の解決がむずかしくなったケースは枚挙に暇がありません。ではなぜ苦情・ク

図表Ⅰ－５　アンケート対象

	一般職員		役　席		管理者		合　計	
	人数	比率	人数	比率	人数	比率	人数	比率
対応経験あり	36	75%	46	92%	36	100%	118	88%
対応経験なし	12	25%	4	8％	0	0％	16	12%
合　計	48	100%	50	100%	36	100%	134	100%

・苦情・クレーム対応は？（対応経験ありの人のみ回答）

	一般職員		役　席		管理者		合　計	
	人数	比率	人数	比率	人数	比率	人数	比率
得意だ	0	0％	0	0％	2	6％	2	6％
どちらかといえば得意	0	0％	13	28%	14	39%	27	39%
苦手だ	23	64%	8	18%	7	19%	38	19%
どちらかといえば苦手	13	36%	25	54%	13	36%	51	36%
合　計	36	100%	46	100%	36	100%	118	100%

レーム発生時の初動対応は失敗することが多いのでしょうか。

その原因は、突然発生する苦情やクレームに対して、特別な意識もなく、「無為・無策」で対応していることに尽きます。それはあたかも、ボクシン

図表Ⅰ－6　苦情・クレーム対応でむずかしいと思う点（複数回答あり）

No.	内　容	件数	%
1	興奮しているお客様から苦情・クレーム内容を正確に聞き取ること	44	25%
2	本人確認など決められた手続に不満をもつお客様への説得の仕方	28	16%
3	お客様の怒りを鎮めること	26	15%
4	お客様と冷静に話し合える状態にすること	16	9％
5	こちらの説明にどうしても納得いただけないお客様への対応の仕方	13	8％
6	冷静にお客様と話し合うこと	6	3％
7	言い掛かり的な苦情に対して毅然と応対すること	6	3％
8	クレーマーなど異常者との応対	6	3％
9	謝罪の仕方、言葉遣い	6	3％
10	原因発生時から長い期間が経過しているケースでの事実関係の把握	3	2％
11	謝罪しても許してもらえないケースの応対	2	1％
12	自分の立場（職位）では判断できない事案の説明（役職者が対応してくれないケース）	2	1％
13	電話で苦情を受け付けた時の電話応対の仕方	2	1％
14	高圧的、強行的な申立者への対応	2	1％
15	反社会的勢力（暴力団等）からの言い掛かり的な苦情の対応	2	1％
16	明らかに、当方にミスの原因があるケースの謝罪の仕方	2	1％
17	「上の者を出せ」といわれた時の対応	2	1％
18	その他	8	6％
	計	176	100%

グで経験もない人が練習もしないで突然リングに上がり、戦意旺盛な相手と対戦するようなものです。これでは職員が苦情・クレーム対応に苦手意識を

もつのも無理はありません。苦情・クレームの初動対応が失敗する原因は「無為・無策」で対応していることに尽きるのです。

2 初動対応での失敗をなくすには

では、どうすれば苦情・クレーム発生時の初動対応に失敗することなく、適切に対応できるようになるのでしょうか。その上達法は、読者の皆さんが新入職員として入社した頃、集合研修で金融業務の基礎を覚え、テラー業務や内部の業務、営業セールスの仕方などを覚えた時と同じです。苦情・クレーム対応も、まず基礎知識をしっかり習得し、実戦に則した学習方法で対応の仕方を学ばなければ上達しません。

「いつ発生するか予測不能」「内容は多種多様」「いってくる人もさまざま」……このような苦情・クレームの特徴を考えれば、対応の上達法など本当にあるのかと思われる読者の方もいらっしゃると思います。しかし実際に金融機関で発生する苦情・クレームで整理も分類もできないような突拍子もないものは、ほとんどありません。詳しくは「II　実践編」第３章「申出内容による分類」で解説しますが、金融機関の苦情・クレームは、その発生状況、申出内容、申立者のタイプなどにより、いくつかの種類に「分類」することが可能です。一見、とらえどころのないようにみえる苦情・クレームも、「分類」することでその「正体」がみえてきます。「正体」がわかれば、その対処法もイメージできるようになります。どんな苦情・クレームが発生しても、その対処法がイメージできるようになれば、まず初動対応で失敗することはなくなるでしょう。

II

実　践　編

「基礎知識編」をふまえて、いよいよ実践編に入りたいと思います。実践編では、実際の営業店での苦情・クレーム発生現場を想定した13の事例を設けており、そこには、ある地域金融機関の「お客様相談室」に所属する３人が登場します。３人のプロフィールは次のとおりです。

○勝 室 長……現在49歳。Ａ銀行に入行以来、25年間の支店勤務の後、２年前の異動で現在のお客様相談室長に着任。３カ店の支店長経験がある。若い頃から計数分析が得意で、30代の半ばでFP技能検定１級と中小企業診断士の資格を取得している。行内では「営業に強いたたき上げの人物」というイメージが強いが、店内や行内のさまざまな計数を集計し、問題点を浮き彫りにしていく分析力と、むずかしい問題にも決してあきらめず、解決するまでやりぬく粘り強さは行内でも評価が高い。

○坂本行員……入行７年目、現在30歳の男性行員。３カ店の支店勤務の後、３月の定例異動で当室に配属された。支店では主に法人営業を担当してきたこともあり、苦情・クレーム対応という仕事には、戸惑うことばかりである。

　学生時代はアメリカンフットボールをやっていたこともあり、少々のことにはくじけない芯の強さがある。

○千葉行員……入行13年目のベテラン女性行員。入行後は支店勤務であったが、４年前の異動で当室に配属された。日常の仕事は、お客様から当室に直接かかってくる苦情やクレームの電話対応だが、３カ月に１度開催される経営会議「顧客保護等管理委員会」の資料作成と、行内研修の講師役なども彼女の重要な仕事である。大学時代に始めたマンドリンと休日のボランティア活動が趣味の明るく快活な行員。

本編では、日々発生するさまざまな苦情・クレームに、ひるむことなく、前向きに立ち向かう３人の活躍を通して、苦情・クレームに関する知識と対応ノウハウが修得できると思います。では、まず「突発型の苦情・クレーム」の対応からみていきましょう。

第1章

突発型の苦情・クレーム

苦情・クレームは発生状況により「突発型」と「潜伏型」に分けられます。これを「発生パターンによる区分」といいます。

「突発型の苦情・クレーム」は、職員の接遇・応対やマナー、事務処理の遅延、事務ミスなどが原因で、何の前触れもなく、あたかも突然「火山が噴火するように」発生します。では具体的な事例を通じて対応方法を学習しましょう。

事例1 送金受付時の無責任な回答に対する苦情

今日は3連休明けの月末ということで、店頭は朝から混み合っており、9時30分過ぎにはすでにEQの待ち件数は20件を超えていました。10時前に来店したT商事の経理課長は、自分のEQ番号が呼ばれたので、急いで3番窓口に歩み寄り、「至急、○○銀行△△支店に70万円送金したい」といい、テラーのA行員に通帳、出金伝票、振込依頼書を渡しました。A行員は、いつも来店されるT商事の経理課長であることを確認したうえで通帳・伝票をお預かりし、事務処理をすませ、課長をお呼びしました。課長は窓口に来るなり「先方が資金を急いでいるのだが、何時くらいに着金するだろうか」と早口で尋ねました。A行員は、いま10時10分なのを確かめたうえで、「電信扱いなので遅くとも午後2時までには着金すると思います」と答えました。T氏は少し考え、「2時までには着金するのだね。ではそのように先方にも伝えておく」といい、通帳と領収書を鞄に入れて支店を後にしました。

その日は午後も忙しく、午後2時を過ぎても、EQの「お待ち」件数は30件を超えていました。その時、ほかのお客様と対応しているA行員の前に、いきなりT商事の経理課長が割り込んできて、「先方から、『まだ着金しないがどうなっているのか』と矢の催促が来ている。2時には必ず着金するといったじゃないか。どうして10時に依頼した送金がまだ先方に届いていないのだ。当社の信用にもかかわることなのにいったい、お宅の銀行はどうなっているのだ」と大きな声で非難を始めました。

（驚いて立ち上がるA行員、一瞬にして静まり返る店内、かたずをのんで見守るほかの行員とお客様……）

▶解　説

営業店で発生する「突発型の苦情・クレーム」は大抵このような光景から始まります。苦情・クレームが発生したとき、まず大切なことは、冷静にお客様の申立内容を把握することですが、「突発型の苦情・クレーム」の場合、お客様（利用者）は金融機関に対する不平や不満など「負の先入観」をもって来店しているため、少なからず興奮しています。一方の対応する職員も通常業務の最中に、明らかに「負のオーラ」を放っているお客様（利用者）から突然、苦情やクレームをぶつけられるわけですから、不意を突かれたかたちとなり、少なからず動揺してしまいます。つまりお客様（利用者）も職員も、お互いに平常心で会話できる状態ではないのです。この種の苦情・クレームの初動対応がむずかしい原因は、この対峙する2人のヒートアップしている心理状態にあります。ではこのような心理状態を緩和し、解決に導くにはどうすればよいのでしょうか。そのためには、まず「突発型の苦情・クレーム」の特徴をしっかり認識する必要があります。

1 「突発型の苦情・クレーム」の特徴

⑴ 特　徴

① 何の前触れもなく、突然、職員の目の前で発生する。
② 一時的に職員はパニックに陥り、冷静な対応ができなくなってしまう。
③ お客様（申立者）のボルテージはどんどんあがっていく。
④ 他のお客様・職員の不快感や不安感も大きくなっていく。

⑵ 主な発生原因

① 本人確認に関する事務手続に対するもの
・口座開設時
・大口現金支払時
・10万円以上の現金振込み時　など

② ATMに関するもの
・機能が少ない（例：両替、硬貨の入出金ができない）
・ATMの待ち人数が多い
・本人の勘違いによる金額相違（例：出てきた金額が1万円足りない）
・手数料が高い　など

③ 待ち時間に関するもの

・EQの待ち時間が長い

・窓口の数の割には担当者が少ない（特に昼休みの時間帯）

・自分の受付や事務処理を後回しにされた

・口座開設に時間がかかる　など

④　職員の接遇・応対やマナーに関するもの

・言葉遣いが悪い。挨拶がない。服装が乱れている

・後方の職員が談笑しながら仕事をしている

・たらい回しにされた　など

2　初動対応のポイント

⑴　フォーメーションを組んで対応する

この種の苦情・クレームは店頭での発生件数も多いので、受け付けた職員が責任をもって対応しなければなりません。「ろくに話も聞かず役席に対応を振る」などの行為は、お客様に「たらい回し」「責任放棄」と映ってしまい、不平・不満を大きくする原因にもなります。

しかし担当者に任せていても状況が一向に好転せず、騒ぎが大きくなる場合もあります。このようなときは、フォーメーションを組んで対応します。

「突発型の苦情・クレーム」は、文字どおりいつ発生するかわからないものなので、臨機応変に対応しなければなりません。このため発生時の役割分

担をあらかじめ決めておくことが肝心です。リーダー（内部役席など）が「担当者では沈静化は困難」と判断した場合は、リーダーの指揮に従い、組織として事態の沈静化を図ります。

そうすることで、一時的にパニック状態に陥った支店の顧客サポート態勢（苦情処理体制）の立直しが可能になります。

Point 「担当者では沈静化が困難」と判断した場合はフォーメーションを組んで対応する

(2) 冷静に対応する

この種の苦情・クレームは、発生時に他のお客様や職員に与えるショック（インパクト）は大きいのですが、いわゆるリーガルリスクは少なく、重大なトラブルや紛争に発展することは、ほとんどありません。通常は、冷静に対応すれば、短時間で沈静化するので必要以上におそれることはありません。ただし、悪意をもったクレーマーや反社会的勢力（暴力団等）からの「正当な苦情を装った言い掛かり」は、いくら冷静に対応しても沈静化しません。なぜなら、相手が初めから問題の解決を望んでいないからです。クレーマーおよび反社会的勢力（暴力団等）の対応については第４章「申立者の分類」で詳しく説明します。

Point 「突発型の苦情・クレーム」は必要以上におそれることはない

3　苦情・クレーム対応の「３変法」

事例のように、お客様が感情的になり、冷静な話合いができないような場合は、「**人**」「**場所**」「**時間**」を変えて沈静化を図ります。これを苦情対応の「３変法」といい、最も基本的な対処法といわれています。フォーメーション対応は「３変法」にのっとって行います。

●人

相手が憤慨していて、担当者が真摯に対応しても沈静化が図れない場合

や、すぐには解決がむずかしいと判断される場合は、対応者の「職位」を順に上げて対応します。この方法をエスカレーションといいます。対応者が変わることにより、今までの申立者との関係をリセットする効果があります。申立者も対応者の職位が上がることにより、「自分の意見を誠実に聞いている」「自分の主張を尊重している」と感じ、当初の不快感や不信感が収まり、以後の話合いがスムーズになるという効果があります。また営業店サイドでは、応対者が上位者にエスカレートしていくことにより、前の対応者の経験不足や事務知識不足の部分が補完され、より効果的かつ実現可能な解決策が見出せます。

「苦情・クレーム、トラブルが発生したら、いつも決まった役席（事務次長など）が対応する」という営業店は意外と多いのですが、初めから上位職位者が対応するという策は決して良策とはいえません。たしかに対応がスムーズにいく場合もあるでしょうが、それでは苦情・クレームの原因をつくった職員の責任の所在がなくなります。苦情・クレームは、原因をつくった職員が責任をもって解決するというのが原則です。また、騒ぎが大きくなると、すぐに営業店長が出て行くという店も見受けられますが、これはもっと問題があります。組織の最終意思決定者である営業店長の意見は、相手にそのまま「結論」として受け取られ、次の一手が打てなくなることもあるからです。初めから「真打ち」を出しては、元も子もありません。

Point 対応する職員の職位を順に上げていくことを「エスカレーション」という

●場所

窓口から応接室へ、店内での話合いがむずかしいなら申立者のご自宅や職場へ、というように相対する「場所」を変えていきます。場所が変わることで、今までの申立者との関係をリセットする効果があります。

苦情・クレームの申立者とは店内で応対するのが原則ですが、営業店の側に明らかな非があり、謝意を表さなければならない場合は、職員が相手のご自宅や勤務先等に出向くこともあると思います。ただしその際は必ず役席も同行し、2人以上で訪問しなければなりません。熟知している先であれば1人での訪問も考えられますが、まったく知らない相手の自宅や事務所に1人で訪問した場合、職員の身を守る術はありません。相手に即答を求められ、答えに窮することも考えられます。「謝罪訪問は必ず2人以上で」これは苦情・クレーム対応における鉄則と心得てください。

Point 知らない相手への謝罪訪問は必ず2人以上で行う

●時間

すぐに解決がむずかしい案件は、営業時間内から業務終了後、その日の翌日、当日から数日後、というように応対する日時を変えて対応します。「時間」を変えることで、申立者との過熱した関係に一定の冷却期間を置くことができ、お客様の「負の感情」を和らげることができます。また時間的な猶予が得られることにより、事実確認や申立者の属性情報収集などが可能となり、より適切な対策が立てられます。

Point 解決がむずかしい案件は、日時を変えてじっくり対処する

▶事例解説

事例１の対応を「３変法」を用いて行うと次のようになります。

① Ｂ課長は静かに内部検印席を離れて事務次長席に行く。

Ｂ課長：次長、ご覧のとおり苦情が発生しています。担当者では荷が重いようですので、お客様と応接室に入ります。検印をお願いします。

次　長：わかった。お客様はかなり興奮されているようだから、まずは落ち着かせてくれ。何か急ぎの事務処理や調査事項があったら指示してくれ。

Ｂ課長：はい。では、本件の送金受付状況と後方の事務処理状況の確認をお願いします。

Ｂ課長はＡ行員のカウンターに行き、入替りに次長が内部検印席に入る。Ｂ課長は、「お客様、いかがなされましたか。お話をお伺いしますので応接室のほうへどうぞ」といい、応接室に誘導する。Ｂ課長は10分ほどヒアリングし、いったん応接室を出て、次長にＡ行員の送金受付状況と事務処理状況を確認し、お客様の申出内容を説明する。

② Ｂ課長：お客様は「午前中に送金依頼し、窓口の行員も午後２時には着金するといっていたのに相手から、送金がまだ届いていないとの連絡を受けた。当社の信用問題にもなる。どうなっているのだ」と、かなり立腹しています。

次　長：Ａ行員が送金を受け付けた時、お客様から何時に先方に着金するかと聞かれ、午後２時までには着金するといってしまったようだ。Ａ行員は、送金を特に為替係に「至急扱い」と指示することなく回付したため、通常の送金として処理され、約束の２時までに先方に着金しなかったようだ。今、自店発信の指示をしたので、間もなく先方の口座に入金されるだろう。Ｂ課長から、現在の状況を説明し、丁重に謝罪してくれ。Ｔ商事は当店の取引先なので、明日あらためてお詫びに行くことにしよう。

Ｂ課長：ありがとうございます。では私のほうから丁重にお詫び申し上げ、今日のところはお帰りいただきます。

10分後、T氏は、B課長に誘導されて支店を後にした。業務終了後、B課長はT商事に電話し、明日あらためて謝罪にお伺いしたいと伝えた。

③　翌日、副支店長とB課長、A行員はT商事を訪問し、社長と経理課長に面談しました。あらためて副支店長から「昨日は、大変ご迷惑をおかけしました」と謝罪したところ、社長と経理課長は、わざわざ副支店長まで謝罪に来てくれたことに恐縮しきりであった。今後とも当行をご愛顧くださいますようお願いして3人はT商事を辞した。

対応例では「3変法」にのっとり、流れるように対応しており、危機管理能力の高さがうかがえます。事が月末の送金事務であるだけに一刻の猶予もない状況ですが、各人が苦情発生時の役割分担をよく理解し、フォーメーションを組んで的確に対応しています。

①　あらかじめ、店内体制（フォーメーション）を決めておく。

②　発生時にはリーダー（内部役席など）の指揮に従い、冷静に対応する。

③　定期的にミーティング等で役割分担を確認し、不意の発生に備える。

この3点を徹底することで、「突発型の苦情・クレーム」にも慌てることなく対応ができるようになります。

第2章 潜伏型の苦情・クレーム

「潜伏型の苦情・クレーム」は、文字どおり、過去の事務ミスや不適切な商品・サービスの説明等が時を経て、あたかも時限爆弾が爆発するように発生します。

「突発型の苦情・クレーム」のように、店内が騒然となるようなことは少ないのですが、「相手に実損が生じている」など、リーガルリスクを内包していることが多く、将来、大きなトラブルや紛争へ発展する可能性もあるため、慎重な対応が必要です。

事例2　過去の事務ミスに対するクレーム

例年より10日ほど早く梅雨入りした5／27（金）、H支店の受付相談窓口係のT行員（入行2年目の行員）は、Sと名乗る男性から次のような電話を受けました。

S　氏：私は、10年前に85歳で亡くなったKの親族でSという者ですが、曾祖母（K）の相続について、腑に落ちない点があるので調査してください。

T行員：S様でございますね。いつもご利用いただき、ありがとうございます。相続とおっしゃいましたが、具体的にはどのようなご用件でしょうか。

S　氏：実父（a）は平成9年に、祖母（M）は平成10年に亡くなりましたが、平成13年の曾祖母（K）死亡時、父（a）が相続すべき曾祖母の預金が貴店にかなりあったようです。当時、私は仕事の関係で海外に赴任していましたが、曾祖母の死後、私には何の連絡もなく、父（a）が相続すべき曾祖母（K）の預金は、叔母3人（b、c、d）に払い出された形跡があります。来週の水曜日（6／1）、支店に行くので、当時、貴店でどのような相続手続が行われたのか説明してください（36頁、図表Ⅱ－1参照）。

T行員：わかりました。それでは、S様、曾祖母（K）様、お父様（a）のご住所と生年月日、それとK様、お父様（a）が亡くなられた正確な日付を教えてください。

S　氏：私の住所と電話番号、生年月日は○○……です。曾祖母と父の住所と生年月日は○○……です。曾祖母は平成13年2月○日、父は平成9年6月○日に亡くなりました。

T行員：ありがとうございます。お客様は東京にお住まいなのですね。それでは、当時の相続関係の資料を用意しておきます。ところでS様は、来週の水曜日（6／1）、何時頃ご来店いただけますか。

S　氏：当日の午前中に帰省するので、午後1時頃にはお伺いできると思います。

T行員：当日お時間は、どれくらいいただけますか。

S　氏：翌日（6／2）の始発便で東京に戻る予定なので時間はあります。

T行員：ありがとうございます。それでは、来週の水曜日、午後1時にお待ちしています。よろしくお願いいたします。

S　氏：よろしくお願いします。

電話が終わった後、T行員は、該当者（K）の相続関係書類を保管庫から取り出しましたが、書類は、死亡届、相続届、戸籍謄本、原戸籍謄本など、かなりの量があったため、具体的な話は来週水曜日S氏が来店した時、あらためて詳しく聞こうと思い、特に書類には目を通すことはしませんでした。

翌週の水曜日（6／1）、約束どおりS氏は午後1時に来店されましたが、来店するなり、T行員に「仕事の都合で、今日の午後6時の便で東京に戻らなければならなくなった。早速、当時の状況について説明してくれ」と迫りました。慌ててT行員は当時の相続関係書類をみましたが、謄本などの関係書類が多く、相続関係を確認するだけで、たいそう時間がかかってしまいました。問題の事務処理内容についても、よくわからなかったので、上司の係長にこれまでの経緯を説明し、再度書類を確認してもらいましたが、係長もなぜS氏が相続人から外されて、事務処理が行われたのかわかりませんでした。

午後3時の閉店時間が過ぎ、時計を気にし始めたS氏は、「事前に電話を入れて、調べてほしいと頼んでいたのに、どうしてこんなに時間がかかるのだ。不親切極まりない。もう帰りの飛行機に間に合わなくなるので、今日は帰る。事情がわかったら電話をくれ」と大変憤慨され、時間外出口から出て行きました。

翌日（6／2）、S氏からH支店長に次のような苦情の電話がかかりました。

「先週の金曜日（5／27)、貴店のT行員に、『10年前の曾祖母の相続手続を確認するため帰省するので調査しておいてほしい』とお願いし、昨日（6／1)、約束の時間に支店を訪問したが、T行員はまったく調べておらず、私が訪問してからやっと書類を確認し始める始末で、相続関係を確認するだけで1時間以上もかかってしまった。途中から同席した上司も、T行員の説明を聞くと『相続手続には問題はなかったはずだ』といい、『本人確認が必要なので戸籍謄本をみせてくれ』といわれた。突然、戸籍謄本を出せといわれてももっているはずがない。戸籍謄本が必要なら、なぜ最初に電話した時に教えてくれなかったのだ。こちらは忙しいなか、わざわざ会社を休んで訪問しているのに、ひどいじゃないか。また私の家族関係、親族関係まで勘ぐられるような質問を受け、大変不愉快だった。結局、2時間以上も支店にいたのに、なぜ私を除外して相続手続が進められたのか、まったくわからなかった。お宅の銀行はどうなっているんだ」と大変な剣幕でH支店長は叱責を受けました。

支店長は、昨日の夕刻、事務次長から報告を受けていたので、「大変失礼いたしました。お待たせしたこと、ならびにご満足いただける説明ができなかったことにつきまして深くお詫び申し上げます」といい、「現在、当時の事務を担当していた行員にも確認し、調査していますのでもう少し日数をいただきたい」とお願いしました。S氏は、「当時の相続事務がどのように行われたのか調査するだけなのに、どうしてそんなに時間がかかるのか。いずれにしても早急に調査し、連絡してくれ」とあらためて電話番号を伝えて、電話を切りました。

H支店に苦情が寄せられた翌週、お客様相談室の勝室長はS氏から「先週水曜日、H支店に私の曾祖母の相続に関する調査を依頼したが1週間も経つのに何の連絡もない。無責任極まりない。本店はこの事実を知っているのか」との電話を受けました。

H支店からお客様相談室へ苦情報告はあがっていなかったため、勝室長は慎重に苦情内容をお聞きしましたが、S氏は自分の申出が本部にまったく報告されていなかったことに強い不快感を示したうえで、「法律関係に詳しい友人に、今回の件を相談したところ、『あなたが正当な相続人であるのは間違いのない事実だ。あなたに渡るべき預金が他の相続人に渡っているのなら、銀行の事務ミスか、行員が他の相続人と結託して不正を働いているとしか考えられない。銀行に損害賠償と慰謝料の請求をすべきだ』とのアドバイスを受けている。銀行が真面目に対応してくれないのなら、マスコミにも知合いがいるので相談するつもりだ」といいました。早急に事実関係を調べて報告することを約束し、勝室長は、いったん電話を切らせていただきました。

勝室長は、S氏から電話があった旨をH支店長に電話して支店の調査状況を確認したうえで、所管の事務部と協議し、明日（6／8）、事務部相続センターの上席調査役と坂本行員がH支店を訪問することにしました。そして曾祖母（K）の死亡当時、H支店で本件を担当したW行員（現在は他店で勤務）にも調査に協力するためH支店に出向くよう、行員の所属する支店長を通じて依頼しました。

その翌日、朝からH支店に出向いていた坂本行員は、夕方近くになって、やっとお客様相談室に戻ってきました。

〈お客様相談室にて〉

坂本行員：ただいま戻りました。

千葉行員：お帰りなさい、坂本さん。お疲れ様でした。

勝 室 長：坂本君、お帰り。今日は1日大変だったね。で、どうだった、H支店の状況は。

坂本行員：はい。10時過ぎに相続センターの上席調査役とH支店を訪問し、支店長より調査状況の説明を受けました。次に当時の相続事務を行ったW行員にも面談し、書類をみながら当時の記憶をたどってもらいましたが、なにぶん10年前の事務処理であり、ほとんど得るものはありませんでした。当時、W行員は係替えで受付相談係になったばかりで、相続に関する事務知識も乏しかったことから、現時点では、W行員の知識不足による事務ミスと当時の事務ラインの検証もれの可能性が高いと思われます。

勝室長：ではW行員を含む当時の事務ラインが、しっかりと相続関係を確認せず、S氏以外の相続人に曾祖母（K）の預金を払い出したというのかね。それは厳しいな。では、まず本件の相続関係を説明してくれ。

坂本行員：はい。本件の相続関係は、支店の作成した資料によると次のようになっています（図表Ⅱ－1）。

勝室長：2代の代襲相続が絡んだ、複雑な相続関係だな。

坂本行員：そうなんです。実際の事務処理は、長女（b）の持ち込んだ遺産分割協議書に従って被相続人（K）の預金を相続人6名に支払っていますが、肝心の遺産分割協議書には申立者のS氏の名前が抜けています。これが長女（b）をはじめとした相続人の意図的なものなのか、単なる記入もれなのか、現時点ではわかりませんが、いずれにしても遺産分割協議書の間違いに気がつかなかった当行の責任は免れないだろうというのが相続センターの調査役の意見でした。

勝室長：相続に関する苦情やクレームは、深刻なトラブルに発展することが多いので心配していたのだが、当行の事務ミスが原因だとしたら解決はむずかしいぞ。当行が損害賠償責任を負わなければならなくなることも十分考えられる。ところで千葉さん、当行における相続に関する苦情・クレームの発生状況について説明してくれ。

千葉行員：はい。前年度の相続に関する苦情等は全店で30件発生していますが、これは全苦情・クレームの約5％を占めています。最も多いのが、相続手続が未了なのに「被相続人の預金を出金してほしい」という相続人からのものです。次に多いのが相続預金の残高照会に関するもので、「なぜ残高を教えてくれないのか」というような苦情で

図表Ⅱ－１　曾祖母（Ｋ）の相続発生時の関係図

※年齢は曾祖母（Ｋ）死亡時の年齢

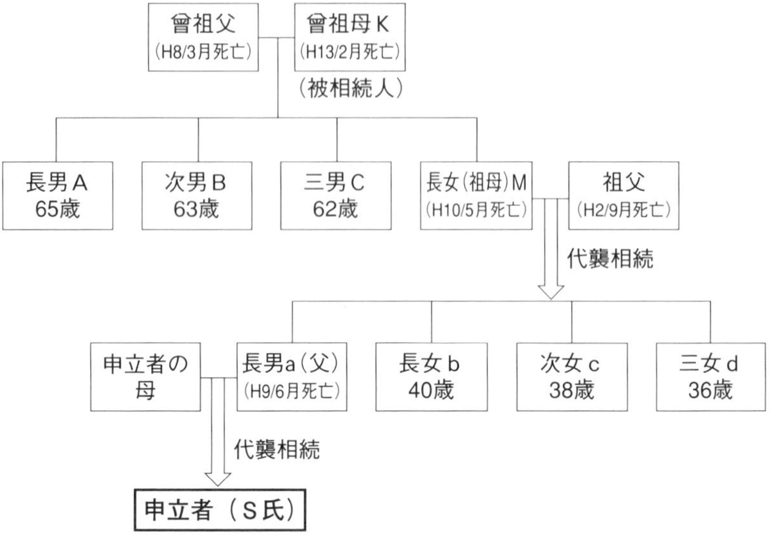

〈曾祖母（Ｋ）の被相続財産〉……2,400万円（すべて預金。遺言書はない）

○当時の遺産分割

- **長男Ａ：600万円**　**・次男Ｂ：600万円**　**・三男Ｃ：600万円**
- 長女ｂ：200万円　・次女ｃ：200万円　・三女ｄ：200万円
- 申立者：０円

※正当な遺産分割

- **長男Ａ：600万円**　**・次男Ｂ：600万円**　**・三男Ｃ：600万円**
- 長女ｂ：150万円　・次女ｃ：150万円　・三女ｄ：150万円
- 申立者Ｓ氏（代襲相続）：150万円

す。現在は相続事務を相続センターに集中しているので、事務ミスに起因する苦情やクレームは、ほとんどありませんが、「相続センター」設置（平成16年）以前の事務ミスに対する苦情やクレームは現在もたまに発生しています。相続に関する苦情等の件数は、全体に占める割合は少ないのですが、深刻なトラブルに発展することが多いのが特徴です。

勝 室 長：相続に関するトラブルは、相続人同士が感情的になり、行員が親族間の相続争いに巻き込まれてしまうケースもあるので特に注意が必要だ。ところで坂本君、H支店の苦情対応については、どのように感じたかな。

坂本行員：10年前の相続事務に問題があるのはいうまでもありませんが、今回の苦情が大きくなった原因の一つは、H支店の初動対応にあると思います。実際、S氏がいちばん憤慨しているのは、事前に電話で調査依頼をしてから来店しているのに、H支店ではまったく準備をしていなかったことです。またT行員とともに応対した係長も、S氏の不信感を助長するような発言をしています。

勝 室 長：私も同感だ。今回の苦情は、相続発生当時の事務ミスが直接の原因だが、H支店がS氏からの調査依頼を受けた後、直ちに調査に着手していれば、もっと早い段階で事務ミスを発見し、問題の深刻さに気づいていたと思う。またT行員のような経験の浅い行員が苦情対応することなく、初めから事務の責任者である事務次長が直接応対していれば、以後の展開はまったく違ったものになっていただろう。

千葉行員：私もそう思います。そこで疑問に思ったことですが、このような事案の初動対応を誤らないためにはどうすればよいのでしょうか？

勝 室 長：よい質問だね。本件は、苦情・クレームの大半を占める「突発型の苦情・クレーム」とは、本質的に異なる「潜伏型の苦情・クレーム」といわれるものだ。では、その特徴と対応のポイントについて説明しよう。

坂本行員、千葉行員：お願いします!!

▶解　説

「潜伏型の苦情・クレーム」は、過去の事務ミスや説明に起因し、時間を経て突然、発生します。発生時、まず初めにしなければならないことは、お客様の申立内容を正確に把握することですが、原因となる事象から随分と日時が経過していることもあり、「当時の担当者は転勤している」「退職している」「当時の書類は支店には保管していない」などの事情で、事実関係の把握が容易にできないケースがあります。このため、早期解決を望むお客様（申立者）から「いつまでたっても調査してくれない」「誠実に対応してくれない」などの不満が生じ、厳しいトラブルに発展することもあります。ではこのような状況を回避し、解決に導くにはどうすればよいのでしょうか。そのためには、まず「潜伏型の苦情・クレーム」の特徴をしっかり認識する必要があります。

1　潜伏型の苦情・クレームの見分け方

⑴　特　　徴

①　職員の過去の事務ミスや問題のある説明（説明責任）などが原因で発生する。

②　申立者に実損等が生じているなど、リーガルリスクを内包していることが多い。

③　申立者は周到に準備し、事前に電話連絡してから来店することが多い。

④　原因発生時から相当の日時が経過しているため、事実関係の把握に時間を要する。

⑤　解決には法律知識や証券・国際業務、融資業務などの分野に応じた専門的な知識が必要。

⑵　典型的なケース

①　事務ミスに関するもの

・相続手続

・口座相違

・為替業務　など

②　説明責任に関するもの

・送金、取立て、外国為替などの受付時の説明

・リスク性商品の販売時の商品説明

・融資、個人ローン案件受付時の商品説明
・案件謝絶時の理由説明　など

2　営業店対応のポイント

「潜伏型の苦情・クレーム」が発生したときの対応のポイントは次の４点です。

⑴　「拙速よりも巧遅」を心がける

この種の苦情・クレームは、トラブルの原因となった時から、かなり日数が経過しているケースが多いので、まず正確な事実関係の調査が必要です。事実関係がはっきりしない段階で、相手の質問に憶測で回答した場合、後日、「この前の担当者は、できるといったじゃないか」というような新たな苦情に発展することもあります。即答を求められても「店内で十分検討してお答えします」「本部と相談してお答えします」などの回答に徹することが重要です。「拙速よりも巧遅」を心がけてください。

⑵　初動段階から責任者（役席）が対応する

担当者任せにせず、初めから責任者（役席）を含む２人以上で慎重に対応します。権限や判断力のない職員が対応しても、いたずらに時間を費やすだけです。即時対応や与信判断等が求められる事案については、初めから営業店長が対応することも考えられます。こうすることで、相手に安心感を与える効果もあります。

⑶　「情」を絡ませない（「説得」しない）

相手の「情」に訴えるような対応はかえって問題をこじらせます。先入観をもたず、５Ｗ１Ｈを意識し、淡々と応対することが肝要です。

⑷　本部支援を仰ぐ

解決には専門的な知識を必要とするケースも多いので、営業店で判断できない場合は、躊躇することなく、本部担当セクションに相談します。

Point　潜伏型の苦情・クレームは「拙速よりも巧遅」を心がけ、初めからベテランが対応する

▶事例解説

1　その後の経過

その後の行内調査の結果、６月14日、原因は当時のＨ支店の相続事務担当者の事務ミスと判明。６月15日（水）、Ｈ支店長は、電話でＳ氏に「調査結果をお伝えするため上京しますのでお会いしたい」と伝え、Ｓ氏の指定した６月19日（日）、勝室長とともに上京し、都内某所で面談しました。

「原因は当時、相続を受け付けた当店担当者の確認不足によると判明しました。大変なご迷惑をおかけしましたこと、深くお詫び申し上げます」との支店長の説明に、当初Ｓ氏は「原因は、銀行の事務ミスでした、すみませんでした、で片づくような問題ですか。私が声を荒らげて調査を要求しなければ、私の相続財産は永久に取り戻せなかったのではないか」と憤慨しましたが、深く頭を下げて謝罪するＨ支店長と勝室長の姿をみて、次第にＳ氏の態度は軟化していきました。支店長の「正当な相続金額150万円および相続手続日（Ｈ13．３／１）から入金日（Ｈ23．６／20を予定）までの利息は、直ちに銀行でお支払します。なお利息は商事法定利息５％の日割りで計算し、国税15％および地方税５％を差し引いてお支払します」との説明に、Ｓ氏は少し考えた後、静かに「まさか支店トップの支店長と本部の責任者が、休日にもかかわらず上京し、謝罪に来てくれるとは思いませんでした。迅速な対応に感謝します。私も都内の某企業で営業課長をしています。会社を代表して謝罪する辛労は幾度も経験しています。元はといえば、親族間の遺産をめぐる思惑から発生した問題であり、私も支店のＴ行員に大人気ないことをいったと今は後悔しています」と話し出し、以後の話合いはスムーズに進みました。

翌週の６月20日（月）、Ｈ支店は、相続金額150万円に税引き後の商事法定利息（618,575円）を加えた金額（2,118,575円）を仮払処理し、Ｓ氏指定の口座に送金しました。

本件に関係する他の相続人（長女ｂ、次女ｃ、三女ｄ）への相続修正、過払金150万円（１人当り50万円）の回収の交渉は難航しましたが、平成23年上期中に3人からすべて回収し、仮払金は決済されました。なおS氏に支払った商事法定利息を、他の相続人に請求することは可能か否か、顧問弁護士に相談したところ、「銀行の過失により発生したものであり、商事法定利息分を他の相続人3名に請求することはむずかしい」との見解を得たので、行内で協議の結果、雑損処理することにしました。

2　迅速対応を可能にしたもの

事例のH支店の「初動対応」には問題は多いのですが、本件の原因が過去の事務ミスにあると判明してからの組織的な対応が迅速であったため、大きなトラブルには発展せず、円満に解決することができました。事件発生から解決までの経過をあらためて日付で示すと図表Ⅱ－2のとおりです。

事実関係の調査の結果、金融機関の側に過失があり、大きな紛争に発展する危険性があると判断した事案では一刻も早い対応が必要です。なぜなら、

図表Ⅱ－2　クレーム発生から解決まで

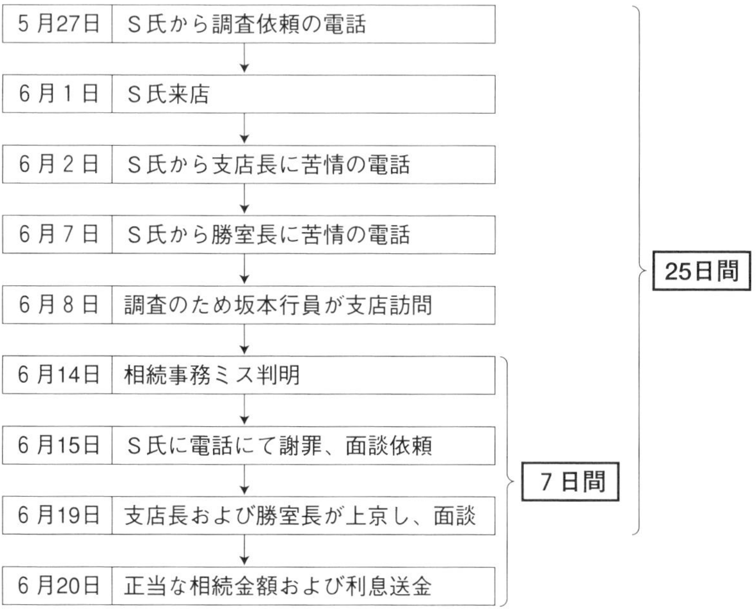

対応が遅れれば遅れるほど事態は悪化し、その後の解決がむずかしくなるからです。

今回のクレームが、円満に解決できた最大の理由は、H支店の対応が、「相続事務ミス判明（6／14）」から「正当な相続金額および利息送金（6／20）」まで7日間という短期間で実現できたことに尽きます。

通常、金融機関では重大なトラブルが発生した場合、対応方針の決定には相当の日数がかかってしまいます。金融機関の伝統的な意思決定方式である稟議制度が迅速な方針決定の障害となるからです。事例のA銀行では、このような「待ったなし」の苦情・クレーム案件が発生した場合、「顧客サポート検討委員会」が緊急に招集され、迅速に対応方針を決定する仕組みがあります（図表Ⅱ－3）。

「顧客サポート検討委員会」は、お客様相談室長からの申請により、顧客

図表Ⅱ－3　苦情・クレーム発生から対応方針決定まで

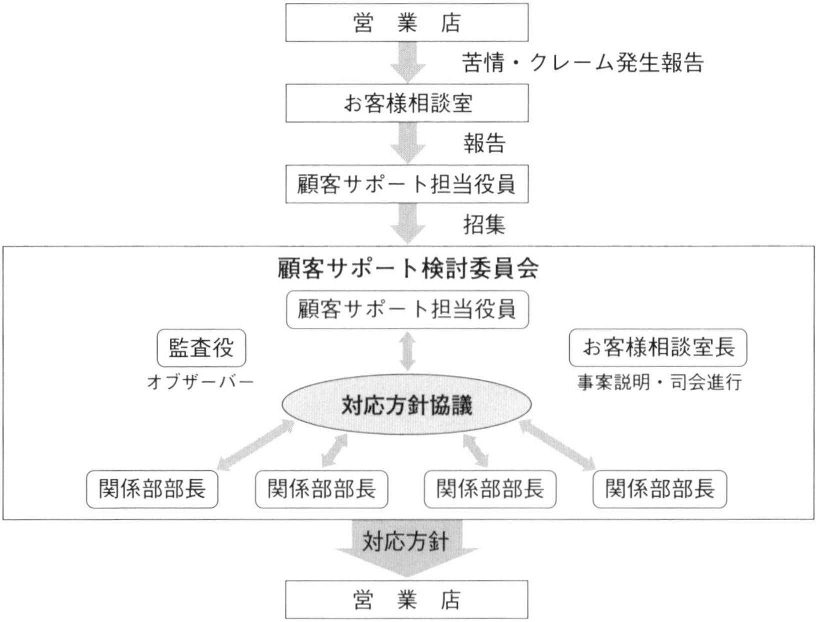

図表Ⅱ－４　初動対応で失敗しないためには……

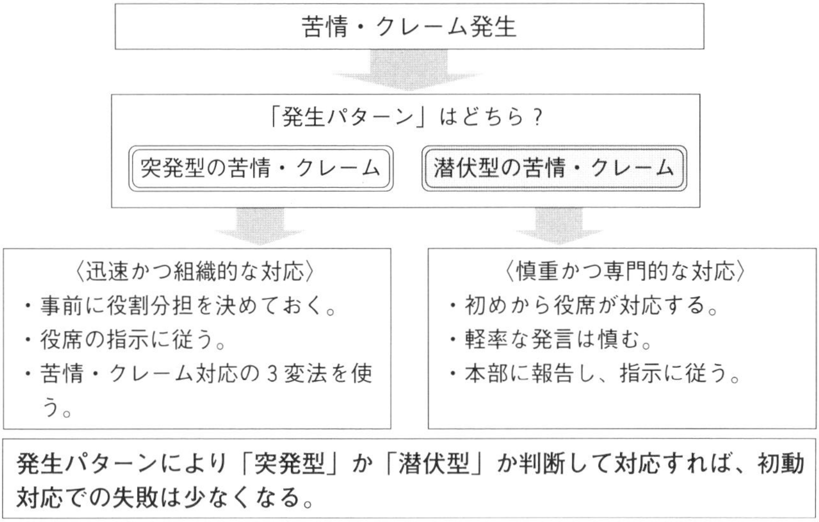

苦情・クレーム発生
「発生パターン」はどちら？
突発型の苦情・クレーム
潜伏型の苦情・クレーム
〈迅速かつ組織的な対応〉
・事前に役割分担を決めておく。
・役席の指示に従う。
・苦情・クレーム対応の３変法を使う。
〈慎重かつ専門的な対応〉
・初めから役席が対応する。
・軽率な発言は慎む。
・本部に報告し、指示に従う。
発生パターンにより「突発型」か「潜伏型」か判断して対応すれば、初動対応での失敗は少なくなる。

サポート統括責任者の担当役員が関係部の部長を招集し、重大な苦情・クレーム案件の対応方針を決定するものです。今回の事案も、相続事務ミスが確定した日（6／14）の夕刻、直ちに委員会が招集され、支店長の謝罪訪問、仮払処理などの重要な対応方針が即日決定しました（なお勝室長は、事前に弁護士意見を聴取して委員会に臨んでいます）。この素早い方針の決定により、その後の支店対応がスムーズに進んだことはいうまでもありません。

一営業店では解決できないような重大な苦情・クレームが発生した場合、これを当該金融機関の全体の問題として迅速に対応方針を決めなければ、解決のタイミングを逸してしまいます。迅速な意思決定には、「顧客サポート検討委員会」のような、組織を横断した機関の存在が不可欠です。

営業店や担当者の責任を問うのは、事案が解決してからでも十分なのです。

第3章

申出内容による分類

「いつ発生するか予測ができない」「内容も解決方法も多種多様」……一見、とらえどころのないようにみえる苦情やクレーム。これが「分類」できるとしたら、あなたの苦情やクレームに対する考えも変わってくるのではないでしょうか。苦情・クレームは、発生状況、申立内容、申立者のタイプにより「分類」が可能です。「分類」することにより、苦情・クレームの「正体」がみえてきます。「正体」がわかれば対応にブレがなくなり、あらかじめ予防策を立てることも可能となります。

第1節　5つの分類

「お客様の声」は申出内容により、「感謝やお褒めの言葉」「相談・要望」「苦情」「クレーム」および「言い掛かり」の5つに分類できます。その際の判断基準はCSです。接遇・応対、サービスや事務水準等に対するお客様のCS評価は、「プラス」なのか「マイナス」なのか、それとも「どちらにも該当しない」のかを判断して分類します。

1　分　　類

(1)　感謝やお褒めの言葉……CSに対するプラス評価

〈定　　義〉

金融機関、営業店、職員に対する好意的な評価であり、CSがお客様の想定以上であった場合に、具体的な「感謝やお褒めの言葉」となって営業店や本部に寄せられます。

〈ポイント〉

a　報告ルールの徹底

金融機関の職員にとって、お客様から「感謝やお褒めの言葉」をいただくことほど嬉しいものはありませんが、実際にお客様が手紙やメールなどのかたちで気持ち（評価）を表すことは、あまりありません。それだけに、窓口などでお礼や感謝の言葉をいただいた場合は、もれなく記録し、上司に報告することが大切です。営業店ではそれを「お客様の声」として本部に報告します。

b　お客様とのキャッチボール

手紙やＥメールなどで「感謝やお褒めの言葉」をいただいた場合は、お客様へのお礼の気持ちを伝えることを忘れてはいけません。礼状を送る、営業店長が訪問してお礼を述べるなどの返礼は、お客様に好印象を与え、いっそうのCS向上につながります。

c　職員へのインセンティブ

本部では、全店から報告された「お客様の声」のなかから、「感謝やお褒めの言葉」を抽出し、「CS好事例」として行内ニュース等で公表します。もちろんニュースには、職員の氏名、所属も記載します。そのなかから、特によかったものを抽出し、その職員を「ベストマナー賞」「ベストホスピタリティ賞」などの名目で表彰すれば、それは他の職員への強いインセンティブとなり、組織全体のCSへの取組みがいっそう活発化します。その際、あまり公表基準や表彰基準などの小さなことにこだわらず、よいことは積極的に公表する、どしどし褒めることが大切です。褒められて嫌な職員はいません。

(2) 相談・要望……CS評価の分岐点

〈定　　義〉

接遇・応対や事務処理、サービス改善などのレベルアップを望むお客様（利用者）の意思表示です。現段階では苦情やクレームには至っていませんが、適切な対応を怠り、放置していると苦情等に発展する危険性があります。その意味では「CS評価の分岐点」といえます。

〈ポイント〉

すぐに改善できるものとできないものに分けられますが、どちらにしても、いただいた相談・要望に対する回答は怠ってはいけません。「営業店では対応できない」と判断した場合も、本部の担当セクションへ報告することにより、改善できることもあります。この段階で改善できれば、苦情・クレームに発展することはありません。「お客様の声」をもれなくすくいあげ、報告するルールの徹底・定着化が必要です。

(3) 苦情……CSのマイナス評価

〈定　　義〉

接遇・応対や事務処理、サービスなどに対するお客様（利用者）からの不満や不快感の意思表示です。相手に実損が生じているか否かで「クレーム」と区別します。「苦情」はあくまでも、感情や心情の問題です。

〈ポイント〉

① 多くの場合、事務ミスや不適切な対応が原因で発生しますが、「言い掛かり」もあるので、まずは申出内容を正確に把握することが大切です。

② 対応を誤ると「風評リスク」が発生する可能性はありますが、慰謝料請

求などの「リーガルリスク（法的リスク）」が発生することは、ほとんどありません。

③　まず、直ちに謝罪します。「事実関係を確認していない段階で謝罪するのは危険だ」という考えもありますが、お客様（利用者）に不快な思いをさせたことに間違いはありません。謝罪は、解決へ向けての大切なステップと考えてください。

④　次に、少なからず興奮している申立者を落ち着かせることが肝心です。「突発型の苦情・クレーム」の章で学習した苦情・クレーム対応の3変法「人」「場所」「時間」を変えて対応するのもよい方法です。申出内容を把握し、「真っ当な苦情」であれば、相手が納得するまで誠実に対応します。感情や心情の問題なので、なかなか沈静化しないケースもあるのですが、粘り強い対応を心がけてください。

(4)　クレーム……リーガルリスクを含むCSのマイナス評価

〈定　　義〉

英語で表すと「claim」であり、「権利として要求する」という意味があります。被った損害やリスクに対する金銭的な補償（損害賠償等）の請求、損なわれた状態の復元を求める要求であり、お客様（利用者）は請求根拠があると考えて申し出ます。事務ミスに起因して発生するケースが多いのが特徴です。

〈ポイント〉

①　トラブルが発生したとき、まず初めに確認しなければならないことは、お客様（利用者）に実損が生じているかどうかということです。実損が生じている場合はリーガルリスクを意識した慎重な対応が必要であり、直ちに本部関係部署に報告しなければなりません。

②　特に「潜伏型のクレーム」は、リーガルリスクが発生する可能性が高いので、初めからベテラン職員や役席が対応しなければなりません。

⑸　言い掛かり……CS評価の対象外

〈定　　義〉

自分のストレス解放や身勝手な欲望を満たすため、職員の接遇・応対や事務処理、店舗設備等に対して不当な要求や批判を行う行為を指します。いわゆる「悪質な苦情やクレーム」がこれに該当します。

〈ポイント〉

① 社会的な背景もあり、「言い掛かり」は近年、増加傾向にあります。ある金融機関では、「お客様の声」を集計した結果、2割近くが「言い掛かり」だったというケースもあります。ふえ続ける「言い掛かり」への対応は、営業店の切実な悩みとなっています。

② 申立者には、いわゆる「収益顧客」は少なく、単なる「利用者」が多いのも特徴の一つです。自分の名前を明らかにしないような悪質なケースも多く、対応に苦慮します。「常識的に考えて実現不能な要求」「過剰なサービスの要求」などがあった場合は、「言い掛かり」を疑ってください。

③ 「言い掛かり」対応に割かれる営業店の時間と労力は大きく、決して看過できるものではありません。悪質な「言い掛かり」と判断した場合は、「毅然として」対応します。CS対応は不要です。

Point　申出内容による「分類」を理解すれば、対応のポイントがわかる

2　分類→仕分け

5つの分類のうち、改善への取組みが必要なものは「相談・要望」「苦情」「クレーム」の3つです。内容により「接遇・応対に関するもの」「事務ミスに関するもの」「その他」に仕分けされます（図表Ⅱ－5）。

図表Ⅱ－5　「お客様の声」の分類と仕分け

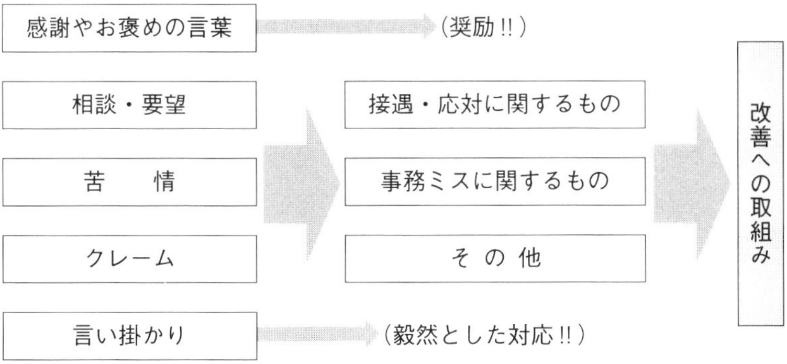

(1)　接遇・応対に関する苦情・クレーム

次の４つに仕分けされます。

①　電話応対に関するもの

②　対面応対に関するもの

③　待ち時間に関するもの

④　店舗設備・その他

(2)　事務ミスに関する苦情・クレーム

次の15に仕分けされます。

①　預金業務（新規・解約、入出金の受付と事務処理、その他）

②　収納事務（税金、公共料金、授業料、その他）

③　諸届（紛失、盗難、残高証明、その他）

④　届出事項変更（名義、住所、印鑑、その他）

⑤　内国為替（振込み、手数料、取立て、組戻し、その他）

⑥　手形交換（発行、取立て、支払、不渡り、取引停止処分事務、依頼返却、その他）

⑦　外国為替（海外送金、外貨両替、外貨預金、旅行小切手、その他）

⑧　チャネル業務（インターネット・モバイル・テレフォンの各バンキング業務、ATM・両替機事務、その他）

⑨　証券窓販業務（公共債、投資信託、その他）

⑩　保険窓販業務（生保、損保、第三分野、その他）

⑪　デリバティブ業務（金利・通貨スワップ、デリバティブ内包預金、その他）

⑫　消費者ローン（カードローン、その他無担保ローン）

⑬　住宅・アパートローン（受付、実行、回収、手数料、担保関係、その他）

⑭　一般事業性貸金（受付、実行、回収、手数料、担保関係、その他）

⑮　その他の銀行業務（公共料金、税金の支払、代金収納、貸金庫、夜間金庫、その他）

※お客様からの苦情やクレームで発覚した「事務ミス」は、顧客サポート（苦情・クレーム処理）上の原因として認識されるとともに、オペレーショナル・リスク上の問題として、本部担当部署が内容を詳細に検証し再発防止に役立てます。

キーワード解説

○「苦情」と「クレーム」

全銀協では、平成16年４月～平成19年10月までの間、「相談」「苦情」のほかに「クレーム等」というカテゴリーを設けて分類していましたが、平成21年４月から「苦情」の定義を「クレーム等」を含むものとし、「相談」および「苦情」を「苦情等」としています。

本書では「相談」「苦情」「クレーム」を、あえて個別のカテゴリーとして分類しています。これは、営業店で実際にトラブルが発生したとき、この分類の違いを意識して対応するべきだと考えるからです。特に「苦情」と「クレーム」の性質は、根本的に異なります。分類の違いを正確に理解することにより、的確な対応と正確な報告が行えると考えます。

第2節　苦　情

事例3　口座開設時の質問に関する苦情

厳しかった残暑が過ぎ、山々に紅葉が目立ち始めた11月初旬、時計の針が午前9時を指すのと同時に、お客様相談室の電話が鳴りました。

「昨日、口座をつくるためS支店に行ったところ、窓口係の女性行員から『免許証の住所は他県なのに、なぜ当店で口座をつくるのか』『使用目的は何か』など聞かれ、『振込みなどに使いたい』と答えたら、次は『振込みの目的は』と質問された。『なぜそんなことを答えなければならないのか』と聞いたら、『答えていただけなければ口座は開設できません』というので、仕方なく『家賃の振込みのためだ』と答えたら、次は『暴力団などの反社会的勢力ではないことを表明し、暴力的な行為を行わないと確約してください』といわれ、署名・捺印するよう迫られた。『私を暴力団組員と思っているのか』といったところ、上司と思われる男性が出てきて、マネー何とかという犯罪防止のためとか、暴力団排除のためだとか説明を受けたが、なぜ銀行にお金を預けるのに、いちいちこんなことをいわれなければならないのか。なぜ自分だけが犯罪者や暴力団組員ではないかと疑われなければならないのだ。行員の態度は、あたかも『何しに来たのか。もう支店には来ないでくれ』といわんばかりであった。私は、先月の異動でこの町に引っ越してきたばかりだが、郷里の金融機関で、こんなひどい窓口応対を受けたことは1度もない。窓口での無礼な質問の根拠を答えてくれ。場合によっては人権侵害で訴えるつもりだ」

電話を受けた千葉行員は、まずご不快な思いをさせたことを謝罪し、次に新規口座開設時の事務手続の必要性を、ゆっくり、丁寧に説明したところ、「手続の必要性はわかったが、それにしてもS支店の行員の対応はひどすぎる。お客様を何だと思っている。絶対に許さない」といい、厳しい批判を１時間近く繰り返した後、「銀行トップの正式な謝罪文を求める」と言い出しました。千葉行員は住所、氏名、電話番号をお聞きし、あらためて謝罪したいと申し上げたところ、相手は氏名を名乗り、「正式な謝罪文がなければ、たとえ頭取が謝りに来ても許さない」といい、激しく電話を切りました。

千葉行員は、この苦情が「お客様サポートシステム」に「お客様の声」として登録されていないことを確認したうえで、勝室長に苦情内容を報告しました。室長は直ちにＳ支店の支店長に電話しましたが、支店長は「エッ、そんな電話があったのですか。それはご迷惑をかけました。その苦情については、部下からまだ報告を受けていません。まったく何やってんだ、うちの役席は……。早速調べて対応します」との回答でした。

次の日、支店長から「昨日の午後４時過ぎ、担当のＫ係長がお客様の職場を訪問し、面会を求めましたが会ってもらえず、午後８時過ぎ、今度は帰宅時間を見計らって自宅を訪問したところ、やっと会っていただきましたが、相手は突然の訪問に強い不快感を示し、かえって火に油を注ぐ結果となってしまいました。先方は、『謝罪文を出せ』『頭取が直接謝りに来い』といっていますが、どうしましょうか」との電話がありました。室長は「支店の責任者である支店長が『どうしましょうか』では困るじゃないですか。今回の苦情は、Ｋ係長に対応を任せきりにせず、直属の上司や次長が直ちに謝罪訪問していれば、解決していたのではないですか。とりあえず明日、当室の坂本行員を貴店に向かわせるので、早急に先方のアポイントをとってください」と指示しました。

室長は坂本行員に、「今回の苦情は、いわゆる『突発型の苦情』であり、ほどなく沈静化するだろうが、問題はＳ支店の顧客サポート態勢だ。担当者や係長は、かなり厳しい苦情を受けたにもかかわらず、上司や支店長にも報告せず、苦情を放置していたと思われる。明日Ｓ支店に行き、本件の対応を支援するとともに、Ｓ支店の顧客サポート態勢にどのような問題があるか調べてきてくれ」と指示しました。

〈翌日のお客様相談室にて〉

坂本行員は、昼過ぎからＳ支店に出向き、夕方７時過ぎに戻ってきました。

坂本行員：ただいま戻りました。

千葉行員：お帰りなさい、坂本さん。お疲れ様でした。

勝 室 長：お疲れ様。で、どうだった、Ｓ支店の様子は？

坂本行員：はい。２時過ぎに支店長、Ｋ係長とともにお客様の職場に行き、一連の対応を謝罪したうえで、「犯罪収益移転防止法」と「暴力団排除条項」について説明したところ、口座開設時の目的確認については納得していただきましたが、「最初に応対した窓口の行員は、明らかに自分を暴力団組員か何かと思っており、あの対応は到底許せない。現に今日も本人は謝罪に来ていないじゃないか。どういうことだ」と言い出しました。支店長は「明日あらためて担当者と謝罪に伺いたい」と申し上げ、支店に戻りましたが、Ｋ係長の話では、「昨日とは違い、お客様の憤りもかなり収まったように思う」とのことでした。

勝 室 長：うむ、じゃあ一件落着とまではいかなかったものの、解決の方向に向かっているようだね。さて今回、坂本君には、Ｓ支店の顧客サポート態勢についても調査するよう指示したのだが、Ｓ支店の態勢について何か感じたことはなかったかね。

坂本行員：はい。Ｓ支店の初動対応に問題があるのはもちろんですが、それよりも、支店長をはじめ、行員の苦情・クレームに対する「問題意識の低さ」が気になりました。

勝 室 長：具体的にいうと、どういうことかな。

坂本行員：はい。まずテラーのＷ行員とＫ係長に苦情発生時の状況につ

いてヒアリングしたのですが、

① W行員が、普通預金口座開設にあたっての説明をしていると、突然、お客様が大きな声で「私を犯罪者かなんかと疑っているのか」と騒ぎ出した。

② W行員は、いったい何が原因で怒り出したのか理解できず一瞬呆然としたが、気を取り直し、何とか落ち着かせようと懸命になだめたが、相手の怒りは一向に収まらず、店内は一時、騒然となった。

③ すぐにK係長は、お客様を応接室に誘導したが、相手はすでに「聞く耳をもたぬ」状態になっており、K係長の説明もほとんど聞かず、「お前に話してもらちが明かない。支店長を呼んでこい」と言い出したので、「あいにく本日、支店長は不在です」と答えたところ、作成中の伝票や自分の印鑑を応接室に放置したまま支店を出て行ってしまった。

④ K係長は業務終了後、あらためてお客様の勤務先に電話したが、出てもらえず、結局その日は連絡がとれなかった。

⑤ K係長は、上司や支店長に報告すべきか迷ったが、支店長は、その日は本部の会議に出席のため1日不在だったので、報告は明日でよいだろうと考え、あえて電話はしなかった。

⑥ 翌日、K係長は上司に朝いちばんで報告すべきであったが、冷静に考えると、今回の苦情は単なるお客様とのいき違いなので、あらためて今日面談した後に話そうと考え、報告しなかった。

K係長に「苦情やクレームが発生した場合、直ちに『お客様サポートシステム』へ登録しなければならないルールとなっているが、なぜしなかったのか」と問いただしたところ、「本部に報告するほどの苦情ではないと判断した」とのことでした。

そしてその翌朝、当室に電話がかかってきた次第です。

勝 室 長：それでは支店長が知らなかったのも無理はないね。

坂本行員：はい。担当者も役席も、苦情・クレームに対する問題意識が、あまりに低いので驚いてしまいました。

千葉行員：室長、S支店では先月、融資受付に関する苦情が発生した際も支店の対応が悪く、直接お客様が当局へ苦情を申し立てたという事案が発生しています。この時も「お客様サポートシステム」への登録がもれていたため、当室は、当局からの電話ではじめて苦情発生の事実を知ったというものでした。S支店の顧客サポート態勢には、かなり問題があると思います。

勝 室 長：うむ……。どうやらS支店では苦情・クレームに対する問題意識と顧客サポート態勢の重要性について認識できていないようだね。今回の苦情も、担当者に任せきりにせず、上司が迅速に対応していれば、「謝罪文書を出せ」「銀行を人権侵害で訴える」というような激しい苦情にはならなかっただろう。

　ところで坂本君、S支店の行員にヒアリングしてみて、何かほかに気になる点はなかったかね。

坂本行員：実は、これは当事者以外の行員と役席にヒアリングした内容ですが、窓口のテラーからは、「苦情やクレームが発生したら、すぐに役席は助けに来てほしい」との意見があり、役席からは、「当店の行員は、苦情が発生したら何もかも役席に振ってしまう。少しは自分で考えて対応してほしい」という発言があり、何かザラリとした嫌な感じがしました。それ以外の行員からも、全員で協力して苦情・クレームに対応しようとする姿勢や熱意が感じられなかったのは、寂しいかぎりでした。

勝 室 長：うむ……、そんな発言があったのか。では坂本君、S支店に限らず多くの行員は、苦情・クレームに対してどのようなイメージをもっていると思うかね。

坂本行員：うまく表現できませんが、行員の苦情・クレームに対するイメージは

・いつ、どこで発生するかわからない厄介なもの。

・さまざまな苦情があるので、対応ノウハウなどはない。

・自分の目の前で発生しても、できれば他の人が対応してほしい。

・できれば表沙汰にせず、穏便にすませたい。

こんなところだと思います。

勝 室 長：なるほど……。これでは、いつまでたっても苦情・クレーム対応は上達しないわけだ。千葉君はどう思うかね。

千葉行員：実は私も支店勤務時代は、苦情はいつ起こるかわからないし、内容も千差万別なので、対応スキルの上達なんて考えてもいませんでした。でも当室に配属となり、全店から報告されるさまざまな「お客様の声」を集計するうちに、実は、銀行に寄せられる苦情やクレームで、分類もできないような、突拍子もないものなどほとんどなく、発生状況、申立内容、申立者のタイプにより正確に分類できるということがわかり、新鮮な驚きを感じました。営業店の行員も、苦情・クレームに関する分類がわかれば、漠然とした不安もなくなり、対応の仕方や解決策についてもイメージしやすくなるのではと思います。

勝 室 長：私も同じ意見だ。当室には年間1,000件近くの「お客様の声」

が報告されているが、さまざまな角度から検証され、正確に分類されている。苦情・クレームの分類を理解することで、苦情・クレームの「正体」がわかり、対応のイメージが頭に浮かぶようになる。そうなれば初動対応の失敗も少なくなる。苦情・クレーム対応上達には、この分類を覚えることは欠かせない。苦情・クレーム対応力の強化は当室の大きなミッションでもある。研修や臨店で行員に接する機会の多い２人には、このことを十分に意識して、指導・育成にあたってほしい。

千葉行員、坂本行員：はい!!

事例解説

1　分　　類

今回の事例は、職員の応対やサービスなどに対する不満や不快感の意思表示であり、申出内容で分類すると「苦情」に該当します。お客様（利用者）に実損が生じておらず、申出内容も申立者自身のストレス解消や身勝手な欲望を満たすためのものではないので「クレーム」や「言い掛かり」ではありません。本件は、お客様から「人権侵害ではないか」との発言が飛び出すほど厳しい苦情となっているため、当時のテラーの応対状況をしっかり調査したうえで、迅速かつ誠実に謝罪する必要がありました。初動対応が悪く、相手の不信感は頂点に達していますが、支店長が自ら謝罪訪問したことで解決に向けた第一歩が踏み出せています。

2　依然多い新規口座開設時の本人確認等に対する苦情

平成19年３月31日、「犯罪による収益の移転防止に関する法律」（以下「犯収法」とします。巻末資料No.４参照）が制定され、平成20年３月１日に施行されており、マネロン、口座売買等を防止するため、口座開設時の目的確認が義務づけられました。また各都道府県における「暴力団排除条例」（以下「暴排条例」とします。巻末資料No.５参照）の施行を機に、多くの金融機関で、各種取引開始時に暴排条例の説明と「反社会的勢力等ではないことの表明および確約」（以下「表明確約書」とします。巻末資料№.6参照）への署名・捺印をお願いするようになり、口座開設等新規申込みのお客様への説明は以前に比べて、かなりの時間を要するようになりました（詳細は第4章第5節「反社会的勢力（暴力団等）」参照）。

店内には「犯収法」や「暴排条例」のポスターやチラシ等を配置し、お客様のご理解・ご協力をお願いしていますが、依然、「口座をつくるだけなのに、なぜそんなことを聞くのか」「なぜ自分だけ犯罪者扱いするのか」「暴力団ではないかと疑っているのか」など、強い不快感や不信感を示されるお客様も多く、しばしば厳しい苦情に発展してしまいます。いったん、職員の対応に嫌悪感を抱いたお客様に対して、他のお客様もいらっしゃる店頭で説得するのはむずかしく、「犯収法」や「暴排条例」の法制化・条例化の背景まで説明すると、「そんなことも知らないの？」と職員がお客様に詰め寄るようなかたちとなってしまい、かえって事態を悪化させることもあります。特に「表明確約書」は、最近、各金融機関で導入されただけに、日頃あまり窓口に来店する機会のない方（会社員など）から厳しい苦情が寄せられることが多いのが特徴です。事例のお客様も、昼休みを利用して家賃振替用の口座を開設するために来店した会社員で、最近単身赴任で引っ越してきたとのことでした。

口座開設時の説明で、お客様が不快感や不信感を抱かれないようにするためには、①口座開設の際の質問は、法律や条例に基づき「すべてのお客様」に行うよう義務づけられている。②「お客様自身が犯罪に巻き込まれないため」「社会から反社会的勢力（暴力団等）を排除するため」に行っている。……この2点に力を入れて説明する必要があります。

3　苦情・クレームへの問題意識を醸成するためには

数日後、勝室長から支店長への提案により、S支店では再発防止のための全体会議が行われました。もちろんテラーだけでなく、他の係の行員も全員参加し、お客様相談室からは千葉行員が出席しました。まず千葉行員が「突発型の苦情・クレーム」と「潜伏型の苦情・クレーム」の違いやお客様の声の分類について講義した後、K係長が今回の苦情の概要を説明し、全員で再発防止策を話し合いました。

「何か意見はないですか」とのK係長の問い掛けに対し、今回の苦情の発端になったテラーのW行員が、真っ先に「このたびは、私の窓口対応が原因でこのような苦情が発生し、皆さんにご迷惑をお掛けしました。すみませんでした。後で冷静になって考えると、自分には、まず新規口座開設に対するお客様への感謝の気持ちが足りなかったのではないかと反省しています。まず『当店を選んでいただきありがとうございます』この言葉が自然に出るようにならなければ、どんなに説明が上手にできても、お客様は『事務的だ』『不親切だ』という印象を抱くのではないかと思います」との発言がありました。この発言を契機に、「口座開設のお客様に感謝の気持ちを伝えるにはこうしたらよいのではないか」「犯収法の説明はこうしたらわかりやすい」「暴排条例をもう一度勉強しよう」などの意見が活発に出されました。そして次の3つの再発防止策が決まりました。

① 「犯収法」や「暴排条例」のポスターを店内の目立つ場所（カウンター側面等）に貼り替える。
② 「口座開設目的の質問」や「反社でないことの表明・確約」について、わかりやすく説明した手づくりパンフレットを作成し、お客様には、このパンフレットをご覧いただきながら説明する。
③ あらためて行員一人ひとりの接遇、応対、マナーを見直す。

最後にK係長の発案で、「CS全店ナンバー１」を目指し、毎月１回、CS勉強会を開催することが決まりました。

今回の全体会議は、S支店にとって「苦情・クレームへの問題意識」「CSへの取組みの重要性」をあらためて全員に問い掛ける、よい機会になったようです。

会議の翌日、支店長から勝室長に「おかげで、行員のCS意識をよい意味で変えることができました。ありがとうございました。これからは全員で力をあわせて『苦情・クレーム対応』『CS向上』に取り組みます。１年後、生まれ変わったＳ支店を楽しみにしてください」という感謝の電話が入りました。

その後、Ｓ支店の苦情・クレーム対応は改善され、窓口応対は見違えるように向上したことは、いうまでもありません。

第３節　言い掛かり

事例４　電話での悪質な言い掛かり

今日は月末を控えた26日です。Ｍ支店融資係のＡ行員は、口座振替不能明細をチェックしていて、住宅ローン利用者Ｂ氏の昨日のローン返済が預金残高不足により不能となっているのに気づきました。Ｂ氏は、先月もＡ行員の電話督促により、やっと月末に入金となった先であり、「やれやれ、またか」との思いで電算登録されている携帯の番号に電話しました。10回ほどの呼出音の後、電話に出た相手に対してＡ行員は、「○○様ですか、また今月も残高不足で引落しができません。あと5,000円、至急ご入金ください。いつまでに入金できますか？」といったところ、少し間を置いて、「お前はだれに電話しているんだ」と低い声で返事がありました。とっさにＡ行員は電話番号を間違えたのかと思い、「失礼ですが、電話番号○○－○○ではございませんか」と問いかけたところ、「その電話番号に間違いはないが、お前はいったいだれに電話をかけているのかと聞いているんだ」と大きな声で詰問されました。ここでＡ行員は別人に電話していると気づき、「大変失礼しました」とお詫びしましたが、相手は「俺は突然、貸した金が延滞になっている。早く返せといわれ、驚いている。だれに電話をかけているのかと聞いているんだ。答えろ!!」と激しい口調で詰め寄りました。A行員は返電を約束していったん、電話を切った後、C次長に事情を説明し、次長から先方にお詫びをいってほしいと頼みました。

C次長は先方に電話し、丁重にお詫びを申し上げ、「失礼ですが、お宅様のお名前は……」と聞きましたが、相手は「何で俺の名前を聞くんだ。迷惑をかけたのはお前のところなんだぞ。謝罪がなってない。俺はお前のところの行員に間違った相手の名前を教えろといっているんだ」と厳しく恫喝されました。そのうち、相手は「お前では話にならない。上の者にかわれ！」と言い出しましたが、支店長は外出中だったため、「支店長は只今外出中で出られません」と答えたところ、「では本店の責任者はだれだ。そいつの電話番号と名前を教えろ！」と厳しい口調で迫られたため、お客様相談室の電話番号と勝室長の名前を教えてしまいました。

事例解説

1　勝室長からC事務次長へのメール

電話による苦情・クレームへの対応は、即座に判断を求められるケースが多く、それだけに対応はむずかしいのですが、次長は支店の顧客サポート態勢の要であることを考えると、問題の多い対応であったように思います。本件については後日、勝室長からC次長へ次のようなメールが送られています。

C事務次長　殿

お客様相談室長　勝　俊介

間違い電話への対応について

お疲れ様です。昨日の貴職の対応について気になる点がありましたのでお伝えします。

⑴ 申出内容の分類について

まず、今回の苦情の原因は「A行員が間違い電話をかけてしまった」というものです。冷静に考えれば、相手に実損を与えたとか、当行に風評等のリスクが懸念されるというたぐいのものではありません。つまり本件の解決策は、A行員の間違い電話について謝るしかない案件であり、申出内容から判断すると、これは完全な「言い掛かり」です。

⑵ 正しい対応について

貴職が、「上の者にかわれ」「本部の責任者の名前と電話番号を教えろ」と迫られた場面の対応ですが、いくら声高に迫られても本件は謝るしかない案件なのですから、貴職としては、「本件の責任は当店にあり、責任者は私です。ぜひ私から謝罪させてください」と、突っぱねるのが正しい対応です。貴職が「謝罪」に徹することで、何か当行に損失やリスクが発生する可能性はあるのですか。相手に損害が発生する可能性はあるのですか。相手は自分の名前も名乗らない失礼なヤカラであり、しかも当行のお客様でもないのですよ。

⑶ 当室に取り次いだことについて

本件は、当行の苦情・トラブル対応の最後の砦であるお客様相談室に取り次いで、どうにかなる案件ですか。取り次いで問題が解決するのですか。当室は、貴店と申立者の事実関係もはっきりしないなかで貴店から、「支店では相手の怒りが納まりそうにないので、かわりに謝ってください」というような感じで対応を丸投げされるのですよ。本件は当室が対応をかわっても、謝るしかない案件なのです。

⑷ 的確な状況判断について

苦情対応のセオリーに「人・場所・時間を変えろ」というものがあり、これを「苦情対応の3変法」といいます。「人」を変える時は、担当の行員から係長、課長というように対応者の職位を順次上げていき、徐々にお客様の不満の鎮静化を図る、「エスカレーション」という手法を使いますが、本件は、そもそもエスカレーションが必要な案件ですか。貴職は、本件の解決を急ぐあまり、当室に電話を取り次ぎましたが、トラブル解決への努力もせずに、初めから当行の最後の「切り札」を出すことの無謀さを考えてください。相手に実損を与えており、当行への損害賠償や風評リスクが懸念されるような深刻なトラブルについては、当室は職務として貴店を支援し、場合によっては直接相手と対峙しますが、本件はそのような重大な事案ですか。本件の本質は、行員が間違い電話を掛けてしまい、運悪く、相手が暴力団風の人物であったため、貴職をはじめ貴店行員が右往左往してしまい、冷静な判断力を失い、パニックに陥ってしまったというものです。

(5) 貴職へのアドバイスとエール

私は、銀行員が課長・次長職時代にいちばん修得しなければならないことは、突発的なトラブルやイレギュラーな事案に対し、冷静に判断し、迅速かつ的確に対応できるようになることだと思います。これはマネジメントの要諦です。どうか腹を据えて苦情・クレーム対応に取り組んでください。苦情・クレームは、初動対応の巧拙で、その後の結果は大きく変わります。初動対応における貴職の役割はきわめて大きいのです。苦情・クレーム対応は、まさにその支店の「危機管理体制」が問われる業務なのです。

少々厳しいことを申し上げましたが、貴職への期待の表れだと思い、許してください。今後の貴職のご活躍を期待しています。

2 「電話での悪質な言い掛かり」への対応

事例では、「間違い電話」という日常生活でも起こりうる、軽微なミスに対し、相手は執拗に恫喝を繰り返しています。分類としては典型的な「言い掛かり」です。事例のような電話を利用した悪質な「言い掛かり」は近年増加しており、対応に苦慮した経験のある方も多いと思います。相手が目の前にいないだけに対応はむずかしいのですが、その特徴と対応のポイントを理解していれば、初動対応を誤ることは避けられます。

(1) 特　　徴

① 終始電話だけで激しく非難する。

② こちらの言葉尻を捕まえて、少し生意気だと感じた相手には、日頃の鬱憤を晴らすかのように大声で突っかかってくる。

③ 「お会いして謝罪したい」といっても、「ではいまからすぐに出張先に来い」「深夜に帰宅するから夜の12時に来い」「頭取が謝るのなら会う」など、無理な要求を繰り返して会いたがらない。

④ クレーム対応はまず、しっかり申出内容を確認することが原則だが、面談できないので一向に話は進まない。

⑤ 2～3時間は平気で話し続ける人物もいる。電話を切るタイミングを与えてくれない。

⑥ 正面から「誠意を示せ」「慰謝料を出せ」とは切り出さないが、暗に金

銭的な償いを求めてくる。

⑦　自己のストレスを解消するだけのために、コールセンターなどのフリーダイヤルを利用する悪質なケースもみられる。

⑵　対応のポイント

①　事例のように、ちょっとしたミスに乗じて「言い掛かり」をつけてくる人物の頭のなかには、次（図表Ⅱ－6）のような思考回路が組み込まれています。

図表Ⅱ－6　悪質な「言い掛かり」をつける人物の思考回路

何らかのミスがあった → 迷惑をかけられた → 償いを受けるのが当然だ → できるだけ多額の金銭を脅しとろう

②　相手は、「担当者をいかにして動揺させるか」の１点に絞り激しく攻撃してきます。その手口は、お年寄りの子どもや孫になりすまし、「交通事故を起こした」「会社で不祥事を起こした」などの嘘で、お年寄りを動揺させ、大事な老後資金を巻き上げる「オレオレ詐欺」の手口と同様であり、きわめて悪質です。このため対応は、職員に任せきりにせず、役席が応対する必要があります。

③　相手は会話内容を録音していることも十分考えられるので、激しい脅し

に屈して、個人情報や取引情報などをもらさないよう注意が必要です。電話といえども恐喝等があった場合は犯罪が成立します。後日の証拠にもなるので、できればこちらも会話内容を録音したほうがよいでしょう。

④　このような相手には、何よりも隙をみせない「毅然とした対応」が肝心です。無礼な要求に対しては、「これ以上、電話でのお話はできません」とキッパリいい、電話を切ることも必要です。

Point　悪質な「言い掛かり」に「時間」と「人」を割く愚は避けなければならない

第4章

申立者の分類

本章では、申立者のフェースによる分類を説明します。「I　基礎知識編」第1章3で説明したように、銀行の苦情・クレームは、収益顧客というよりも単なる利用者から寄せられることが多く、そのため申立者のフェースは多種多様です。なかには、悪質なクレーマーや反社的な人物もまぎれ込んでいます。多種多様な申立者への対応が、ワンパターンで成功するわけがありません。申立者の分類やタイプを見極め、臨機応変に対応することが肝心です。

第1節　分　　類

1　分類で異なる対応の難易度

ある金融機関の苦情・クレーム対応研修で、受講生に「研修で最も学びたいこと」についての事前アンケートをお願いしたところ、半数近くが「苦情発生時の初動対応」と答え、次に「クレーマー対応」「反社（暴力団等）対応」と続きました。

また、「クレーマー対応」については職員・役席が、「反社（暴力団等）対応」については管理職が高い関心を示しました（図表II－7）。クレー

図表Ⅱ－7　研修で修得したい項目（複数回答あり）

	一般職員	役　席	管理者	合　計
苦情発生時の初動対応	61%	39%	38%	47%
クレーマー対応	31%	32%	14%	27%
反社（暴力団等）対応	3％	12%	24%	12%
暴力団等排除条項について	0％	6％	7％	4％
金融ADR制度について	5％	11%	17%	10%
合　計	100%	100%	100%	100%

マー、反社（暴力団等）対応は、発生件数こそ少ないものの、いったん発生してしまうと、その対応には多大な時間と労力が必要となり、なかには営業店の業務に大きな支障が生じるケースもあります。

アンケート結果は、職位の高い方ほどクレーマー、反社（暴力団等）対応に強い問題意識があることを示しています。

2　フェース確認の重要性

筆者は以前、医療、福祉、教育機関、ホテル・旅館業などの他業種でも苦情・クレーム対応の講義を行ったことがありますが、参加者に事前アンケートで「苦情等の対応で最もむずかしいと思うことは何ですか」という質問をしています。その結果、どの業種でも「申立者の人物把握」という回答が多かったのを覚えています。また福祉関係の研修では、参加者の１人から次のような話を聞きました。

ある高齢者の入所手続で事務ミスをしてしまい、ご親族の方に謝罪したところ、思いもよらぬ激しい苦情が寄せられた。所長以下、多くの職員が丁寧かつ真摯に謝罪したが、一向に納得してもらえず、その後、激しい恐喝を受けるようになった。この段階で初めて申立者の人間性を疑い、その筋に調査依頼したところ、暴力団関係者であることが判明した。以後は警察にも協力をいただき、やっと解決できたが、申立者が暴力団関係者と判明するまでに相当の時間を要してしまい、激しい攻撃を受けた職員は鬱状態で長期欠勤、所長は定年前にもかかわらず身に危険を感じて退職してしまった。もっと早く警察に相談すべきであった。……何とも悲惨な話でした。

苦情・クレーム申立者のほとんどは「一般の利用者」ですが、数パーセントの確率で、間違いなく、悪質な申立者も存在します。相手が悪質なクレーマーや反社であれば、闇雲に謝罪しても決して問題は解決しません。それどころか、「非を認めるなら誠意を示せ」というように、恐喝もどきの攻撃を受けることになります。苦情・クレーム発生の初期段階で、最も重要なことは申立者の正確なフェース確認です。この点、他の業種とは違い、金融機関では申立者の多くが預金者であるため、金融機関内のデータベースなどから、住所、年齢、勤務先、家族構成、過去の口座振替状況など、基本的な属性情報を把握することができます。また金融機関によっては、新聞・雑誌等で得た犯罪情報等を丹念にデータベースに蓄積し、クレーマーや反社など注意人物への対策に活用しているところもあります。「申出者のフェース確認がしやすい」……これは金融機関にとって大きな利点といえます。

申立者のフェース確認ができれば、次は分類に入ります。申立者は「一般のお客様（利用者）」「精神障がいが疑われる人物」「クレーマー」「反社」の４つに分類できます。

Point　申立者はフェースにより４つに「分類」できる

3　分　　類

(1)　一般のお客様（利用者）

〈定　　義〉

窓口でのテラーの対応や事務ミスなど、金融機関側に苦情・クレームの原因があり、通常想定される程度の不満や不快感を示す人。申立者の大半がこの「一般のお客様（利用者）」です。

〈留 意 点〉

申出方法は通常、次の方法で行われます。

①　店頭で直接、職員に申し出る。

②　手紙を送り付ける。

③　電話で訴える。

④　金融機関のホームページ上の書込欄に記入する。

②～④は、本部担当者や営業店長など責任者が直接受け付けるので、申立者への対応や再発防止等の取組みは確実に行われるのですが、①の場合は受け付けた職員による「握込み」や「無視」もありうるので、包み隠さず「窓口日誌」や「情報メモ」等に記入し、上司に報告するよう徹底する必要があります。

〈対応のポイント〉

早急に面談し、謝罪することが肝心です。そのうえで、申出内容を正確にヒアリングし、「お客様の貴重なご意見はたしかに承りました」という真摯な姿勢で対応することが大事です。

(2)　精神障がいが疑われる人

〈定　　義〉

「認知症」のような精神障がいが疑われる人。突然店頭で声を張り上げるなど、常識では考えられないような異常言動があります。高齢のお客様（利用者）などに多く、いわゆる「木の芽時」など季節の変わり目に多くなるのが特徴です。

〈留 意 点〉

社会の高齢化を背景に、この手のお客様（利用者）の常習的な営業妨害行為に苦慮している営業店も多いと思いますが、この場合、「お客様（利用者）」というよりも、「病人」として親切・丁寧に対応することが大切です。

〈対応のポイント〉

家族や近親者は、本人の異常な言動に気づいているケースが多いので、家族等に連絡して「お引取り」に来ていただくことを考えます。家族等の協力が得られず、常習的な苦情・クレームに歯止めがかからない場合は、残念ながら「クレーマー」対応へと移行します。

(3) クレーマー

〈定　　義〉

① 自己の満足感、ストレス解消のために、常習的に苦情やクレームを申し立てる人。

② 謝罪だけですむような些細なことを執拗に責め立てる。結局、「相手が困りさえすればよい」と考えて行動している。

③ 客観的にみれば「醜く恥ずべき行為」なのですが、本人に「恥」の自覚はなく、逆に自己の行動を正当化しエスカレートしていく傾向があります。

(4) 反社会的勢力（暴力団等）

〈定　　義〉

暴力団を中核とし、暴力団員および暴力団の周辺で活動している者。

第２節　一般のお客様（利用者）

事例５　一般のお客様からの苦情

〈ある日のお客様相談室にて〉

坂本行員：室長、今日は申立者の「分類」について教えてください。

勝 室 長：申立者の分類は、申立者の「フェース」、つまりその人物の属性やタイプにより分類する方法だが、これは毎月、支店から報告される「お客様の声」を集計・分析している千葉さんから説明してもらおう。

千葉行員：はい。当室では「お客様サポートシステム」に登録される「お客様の声」から申立者を、「一般のお客様（利用者）」「精神障がいが疑われる人物」「クレーマー」と「反社」の４つに分類していますが、ほとんどの苦情やクレームは、事務ミスや不適切な接遇・応対、行員の説明不足など、当方に原因があり、「これはお客様が怒るのも無理はない」と思われるようなものばかりです。つまり申立者のほとんどが「一般のお客様（利用者）」だということです。昨年度の統計でいえば、「精神障がいが疑われる人物」や「クレーマー」「反社」からの悪質な苦情・クレームは全体の５％にも満たないものでした。そういえば、先週も当行のホームページにこのような書込みがありました。

［ホームページに投稿された苦情］

お宅の銀行は、なぜ書類を小出しにするのですか。わざわざ有給休暇をとり、名義変更手続のため母と一緒にＴ支店に行ったのに、Ｔ支店の担当者は、１つの書類が終われば、後ろの上司にお伺いを立て、次の書類を出し、それが終われば次の書類を出してきて、また後ろの上司に確認する。それが数回続き、手続がすむまでに1時間以上もかかってしまった。なぜお宅の銀行は、まとめて書類を出さないのですか。担当者が不慣れなら、どうして後ろの上司が出て来て1回で終わらせようとしないのですか。ほかの銀行はベテランの行員が応対して1回で手続をすませてくれたのに、お宅の銀行はまるで「伝言ゲーム」のように、あっちでコソコソ、こっちでコソコソ相談し、担当者に伝えて、書類をもってくる。それでも担当者はわからない点があるらしく、また後ろの上司に相談にいく。何度も裏でコソコソされたら相当に感じが悪いですよね。やっとすんだと思って家に帰ったら、「押印もれがあるので、明日にでも来店してほしい」との電話。お宅の銀行は、お客の時間をいったい何と考えているのですか。私の有給休暇を返してくれ！

T支店の窓口対応の悪さは近所の評判になっています。ぜひ改善してください!!

これは、一般的なお客様（利用者）からの真っ当な苦情ですが、本当に情けなく思いました。

勝 室 長：その件については、千葉さんからの報告を受け、T支店の支店長に電話し、当時の状況を調査するよう依頼したところ、1時間ほどして支店長から「受付相談窓口の担当を2年目行員にかえ、経験の意味で対応を任せていましたが、このお客様は通帳の名義変更だけでなく、口座振替、インターネットバンキングなどほかのサービスの名義変更もあったので、担当者には荷が重かったようです。お客様への配慮が足りなかったと反省しています。ご迷惑をかけました」との電話があった。

実戦で早く担当者を育てたいという気持ちもわからないでもないが、先輩や上司に聞かなければ事務処理できないような行員に、実際のお客様との応対を任せきりにするのはいただけない。お客様のおっしゃるとおり、事務に詳しい行員や役席がすぐにかわって対応すべきだ。先輩の事務処理を担当者にみせるのも立派なOJTなのだから。

本件は支店長自ら謝罪に出向き、お客様との関係を修復できたからよかったものの、そもそもホームページへの書込みがなければ、支店長は自店窓口の問題点に気づきもしなかっただろう。

坂本行員：１人のお客様からの苦情が、支店の問題点を浮彫りにしたってことですね。

勝 室 長：そのとおりだ。１人のお客様からいただいた苦情は、まさに「氷山の一角」であり、行員が気づかなかった業務の問題点を教えてくれる貴重な意見だ。見方によっては「当行（支店）への期待の声」であるともいえる。１つの苦情を契機に、苦情の原因となった問題点を解消できれば、同じような不満を抱いていた他の多くのお客様の不満も解消することになるからね。苦情等の解決がCS向上に資する効果は、レバレッジ（てこ）のように大きい。また支店では解消できなかった問題も、本部のCS担当部署や経営陣に報告することにより、商品やサービスの改善、新商品・新サービスの開発など、経営改善に役立つ「貴重な情報」に生まれ変わることもある。

当室の業務は、当行の経営に役立つ貴重な情報をすくいあげる業務

でもある。全店から報告される「お客様の声」は件数が膨大なだけに、役立つ情報として加工するには、かなりの労力と分析力が必要だ。情報の収集と分析は主に千葉さんに担当してもらっているが、これからも頑張ってくれ。

千葉行員：はい!!

▶事例解説

マーケティング分野の研究で、ある商品を購入した人のうち、不満をもった人の意識と行動パターンについての調査をしたところ、図表Ⅱ－8のような結果が出ました。

これをそのまま、金融機関のお客様（利用者）に当てはめることはできま

図表Ⅱ－8　不満をもった人の意識と行動

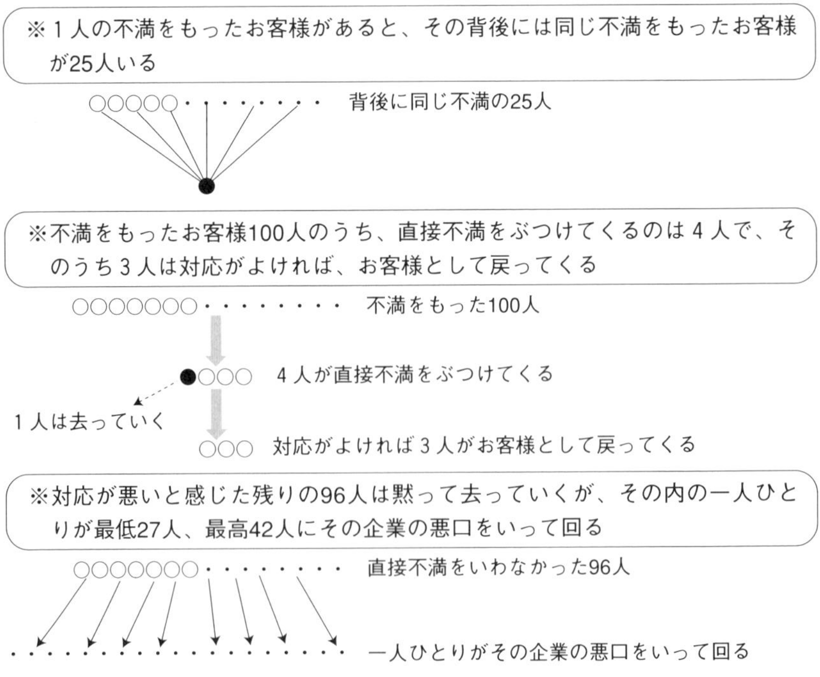

※１人の不満をもったお客様があると、その背後には同じ不満をもったお客様が25人いる
背後に同じ不満の25人
※不満をもったお客様100人のうち、直接不満をぶつけてくるのは４人で、そのうち３人は対応がよければ、お客様として戻ってくる
不満をもった100人
４人が直接不満をぶつけてくる
１人は去っていく
対応がよければ３人がお客様として戻ってくる
※対応が悪いと感じた残りの96人は黙って去っていくが、その内の一人ひとりが最低27人、最高42人にその企業の悪口をいって回る
直接不満をいわなかった96人
一人ひとりがその企業の悪口をいって回る

せんが、次の点はCSにも利用できる興味深い考え方です。

① 不満をもったお客様と同じような不満をもっている方がほかにもいる。

② 不満をもったお客様のうち、実際に不満を申し出る人は、ほんの一握りである。

③ 不満を申し出たお客様への対応がよければ、半数以上のお客様は戻ってくる。

④ 戻ってこなかったお客様は、多数の友人や知人にその企業の悪口をいって回る。

最近の苦情等の申立ては、従来の「窓口での申出」「手紙」や「固定電話」にかわり、「携帯電話」「電子メール」「ウェブへの書込み」等が圧倒的にふえています。同じように、金融機関の対応に不満を抱いたお客様（利用者）は、「電子メール」や「ブログ」「フェイスブック」など、以前にはなかった手法で、不特定多数の人に自分の不快感を瞬時に手軽に伝えることができます。前述の調査では「対応が悪いと感じ、黙って去っていった96人の一人ひとりが、最低27名から最高42名にその企業の悪口をいって回る」としていますが、現代では、やろうと思えば、数え切れないほどの人に瞬時に「悪口をいって回る」ことができます。以前では考えられないほど風評リスクは、生じやすくなっているといえます。

第３節　精神障がいが疑われるお客様（利用者）

事例６　認知症が疑われる高齢者からの苦情

桜の花もそろそろ散り始めた３月下旬の水曜日、今日は来店客も少なく、いまもロビーには４人のお客様がいるだけでした。BGMの流れる落ち着いた店頭の雰囲気を切り裂くように、突然その事態は発生しました。

「あなた、私のいうことを信じないの。私は20年前に○○さんに預けた30万円がどうなっているのか教えてほしいといっているだけじゃない。どうして教えてくれないの!!」

窓口でＧ行員と話していた白髪の女性客が、突然、店内に響き渡る甲高い声で叫びました。みると年齢は70歳を少し過ぎているようにみえます。営業室内の行員は一瞬にして凍りつき、ロビーのほかのお客様はかたずをのんで見守っています。テラーのＧ行員は一生懸命、なだめようとしていますが、相手は、すでにかなり興奮しており、何をいっているかよくわかりません。受付相談係のＴ係長が駆け寄り、何とかなだめようと試みますが、そのお客様の怒りはおさまるどころか、いっそう、ヒートアップしているようにみえます。

〈これまでの経緯〉

当店で年金を受給しているＳさんが、初めて苦情をいってきたのは昨年春でした。内容は「20年前に外回りの○○さんに30万円を預けたが、まだ定期預金証書をもらっていない。ここに、○○さんの名刺もある。30万円がどうなったか調べてほしい」というものでした。その時は、当時の担当者の不祥事の可能性もあるため、本部に報告のうえ、慎重に調査を行いましたが、不祥事の形跡はなく、「Ｓさんの記憶相違」との結論になりました。Ｂ課長がＳさん宅を訪問し、ご家族（Ｓさんの息子夫婦）にも立ち会っていただき、調査内容を丁寧に説明したところ、Ｓさんは渋々ですが、納得したようでした。その後しばらくＳさんの来店はなかったのですが、今年１月、Ｓさんは、前回にも増して激しい口調で同じ内容の申立てを行いました。その時は、Ｂ課長が応接室で約１時間にわたり説明し、何とか帰っていただいたのですが、今年に入ってこれで３度目の騒動となっています。

内部検印をしていたＢ課長は、静かに席を離れ、Ｈ事務次長席に行き、「次長、またＳさんが来店しましたので、打合せのとおりＳさんと応接室に入ります。検印をお願いします」といいました。実は支店では、次回Ｓさんが来店した時の対応について店内で打ち合わせていたのです。

Ｈ次長：わかった。例のＳさんだな。みたところ、かなり興奮されているようだから、まずはよくお話を聞き、落ち着かせてくれ。

Ｂ課長：わかりました。ではよろしくお願いします。

Ｂ課長は、Ｇ行員のカウンターに行き、入れ替りに、Ｈ次長が内部検印席に入りました。

Ｂ課長：Ｓさん、いかがなされましたか。

Ｓさん：まあ、課長さん。よいところに来てくれたわ。私、この名刺の人にたしかに30万円預けたっていうのに、この子ったら調べてくれないのよ。

みると、Ｓさんの手には古い名刺が握りしめられていました。

Ｂ課長：それは失礼をいたしました。続きは応接室で伺いますので、どうぞ。

Ｂ課長は、Ｓさんを誘導し、一緒に応接室へ入りました。それから30分ほどして、ＳさんはＢ課長に連れられて、通用口から引き上げていきました。Ｓさんの顔には安堵感が漂っていました。

Ｂ課長：次長、検印ありがとうございました。やはり前回と同じ内容でした。しばらく、あいづちを打ちながらお話を聞いていると、次第に興奮は収まり、今日はお帰りいただいたのですが、あの様子だとまた近いうちに来店すると思います。

Ｈ次長：そうだろうな。また今日のように興奮し、ロビーで大声を出されても困るので、明日にでもＳさんのご家族に事情を説明し、協力をお願いしよう。早速、ご家族に連絡してくれ。

Ｂ課長：はい。

業務終了後、Ｂ課長はＳさんにとっては嫁に当たる奥様に、「明日、義母様の件でお伺いしたい」と伝えました。

翌日、Ｈ次長とＢ課長は指定された時間にＳさん宅を訪問し、奥様に昨日のＳさんの銀行での様子を伝えました。奥様は、「昨年の秋口あたりから、義母は物忘れが激しくなり、時々塞ぎ込んでしまう日もあるので、夫と２人で『認知症ではないか』と心配していたところです。大変ご迷惑をおかけしました」とおっしゃり、恐縮しきりであった。

Ｈ次長は、まずご家族へ労いの言葉を述べ、ゆっくり、そして慎重に次の３点を説明しました。

① これからも昨日のような状況が続くようだと、支店業務に支障が出るので、当店としてもなんらかの手を考えなければならない。再度、お母様が来店したら電話をかけるので、お引取りに来ていただきたい。

② もしお母様が、当行窓口で出金等の銀行取引をしようとしても、「認知症」の疑いもあるとのことですから、申出に応じることはできません。その点についてご家族のご了承をいただきたい。

③ 認知症のお客様の銀行取引に応じるために、「成年後見制度」というものがあるので、一度、専門家に相談することをお勧めします。

そして、Ｈ次長は持参してきた「成年後見制度」のパンフレットを渡しました。奥様は、Ｈ次長の話を熱心に聞き、十分ご理解いただけたようでした。奥様は、あらためて銀行に迷惑をかけたことを謝り、「今度、義母が支店に行くようなことがあったら、遠慮なくお電話ください。私か夫が迎えに参ります」といいました。Ｈ次長とＢ課長は、今後とも当店をご愛顧くださいますようお願いして、Ｓさん宅を辞しました。

事例解説

1　対応手順

事例のような「精神障がいが疑われる人」からの度重なる苦情やクレームに対しては、まずご家族など近親者に事情を説明し、連れて帰っていただくようお願いします。当の本人は家族にいわれるのを嫌がりますが、なにぶん、相手は「病人」なのですから、ご家族に協力してもらうのは当然と考えたほうがよいでしょう。結果的に来店しなくなるなどの効果が期待できます。

認知症など高齢者によくみられる「意思能力の低下」は、ある日突然現れるというよりも、周囲の人も気づかないうちに、徐々に低下するケースが多いといわれています。特に、意思能力の境界をさまよい、正常と異常の間を彷徨する、いわゆる「まだら認知症」といわれるケースでは、その傾向が強いようです。お客様（利用者）が高齢であり、意思能力に問題がある場合は、たとえ窓口に本人が通帳と届出印を持参して払い出したとしても後日、親族から「本人の意思により出金したものではない」として、「無効」を主張される可能性があるので注意が必要です。

Point 精神障がいが疑われる高齢者はいわゆる「病人」なので、まずご家族に協力していただく

2 「成年後見制度」の説明

事例のように、ご家族も薄々、異常に気づいているような場合は、「成年後見制度」の利用を勧めるとよいでしょう（実務上はまず家庭裁判所や専門医など専門家への相談を勧めることとなります）。

「成年後見制度は手続が煩雑だ」として、制度の利用に難色を示される方もありますが、一度じっくり営業店の立場を説明することは、後日トラブルが発生したときに役立ちます。

3 苦情を繰り返す場合

ご家族の協力が得られず、常習的な苦情やクレームが続くような場合は、残念ながら「クレーマー対応」に移行することとなります。高齢者をクレーマー扱いするのは少し気が引けるのですが、器物破損、暴力行為等が懸念される場合は、直ちに警察に通報してください。

4 頻繁に苦情の発生する支店では……

店周に30年以上前に開発された団地などがあるなど、いわゆる「団地店

舗」では、事例のような高齢者によるトラブルが後を絶ちません。同時期に同年代の方が自宅を建設しているため、団地開発から30年もたつと、団地内にはお年寄りが目立つようになり、40年を過ぎると団地内の住民のほとんどが70歳以上のお年寄りになってしまうのです。このような団地に立地する店舗では、高齢者とのトラブルは日常茶飯事のようになっています。

高齢者対策といっても、なかなか有効なものはないのですが、福祉関係の専門家を講師に招き、店内研修会で高齢のお客様の対応方法を全員で学んだところ、店頭での接遇・応対力が向上し、苦情やトラブルが少なくなったという例もあります。また、介護資格「サービス・ケア・アテンダント」の資格取得を奨励し、全店で高齢者に対するホスピタリティーの向上に取り組んでいる金融機関もあります。

高齢化社会の進展は「待ったなし」で進んでいます。高齢者からの苦情が多い営業店は、まず全員で「高齢者への接し方」を学ぶことが肝要です。

Point 高齢者からの苦情が多い営業店は、全員で「高齢者への接し方」を学ぶ

第４節　クレーマー

1　増加傾向にあるクレーマーによる被害

些細なことに固執し、執拗に苦情・クレームを繰り返す「クレーマー」。

クレーマーの存在が、広く社会に知られ始めたのは、まず小学校や中学校などの教育現場からでした。自分の子どもに対しての自己中心的な要求を繰り返す親権者（いわゆるモンスターペアレント）と教師との壮絶な紛争は、教育現場というある意味「閉ざされた場所」のなかで発生していただけに、表面化した時の世間の驚きは大きなものでした。「児童の保護者に追い込まれた教員が心的疲労のあまり抑うつ状態になって休職する」などの被害も出ており、今も教育現場の大きな課題となっています。

同様に、医療機関や医療従事者に対して自己中心的で理不尽な看護要求を突きつけ、暴言や暴力を繰り返す患者（いわゆるモンスターペイシェント）は、人の命をあずかる医療現場でトラブルを引き起こすだけに深刻な問題と

なっています。その後、市役所などの行政の窓口、高級品を扱うデパートや高度の接客を求められるホテル、鉄道や地下鉄などで、自己の主張が通らないことがわかっていながら、被害者然として言い掛かりをつける悪質なクレーマーによる被害が新聞やテレビで報道されるようになり、クレーマーの存在は身近な社会的問題として認識されるようになりました。

金融機関においても近年、悪質なクレーマーによる言い掛かり的な苦情が多くなっており、これに対応する現場の「時間」と「労力」、職員の心理的な負荷（ストレス）は大きく、営業店運営の障害となるケースもあります。

本章では、金融機関に特有なクレーマーの存在を明らかにするとともに、これをタイプにより分類することで、営業店における適切な対処法を学んでいきたいと思います。

2　クレーマー判定法

事例 7　クレーマー判定法

〈ある日のお客様相談室にて〉

桜の開花も近いと思わせる暖かい日が続いた3月中旬、お客様相談室の坂本行員は、朝からクレーマー対応を支援するためK支店に出向いていましたが、夕方になって、やっと当室に戻ってきました。

坂本行員：ただいま戻りました。

千葉行員：坂本さん、お帰りなさい。お疲れ様でした。

勝 室 長：お帰り。お疲れだったな、坂本君。で、どうだった、K支店のクレーマーM氏との面談は。

坂本行員：はい、一応、今日のところは帰っていただきましたが、支店の応接室に3時間も陣取られ、延々と同じことを繰り返し聞かされたので、K支店の副支店長も私も、正直疲れてしまいました。

勝 室 長：そうだろうね。私も以前、M氏と対峙したことがあるが、

「こちらの話を聞かない」「自分の主張を執拗に繰り返す」「大きな声を出す」というような、典型的なクレーマーの態度だったね。

坂本行員：おっしゃるとおりです。とにかく声が大きいのには辟易しました。ところで室長、支店のほうでもM氏をクレーマーとしてマークしていましたが、一般のお客様とクレーマーとでは、どのような違いがあるのですか。「大きな声を出す」「執拗に繰り返す」などの特徴があることは理解できるのですが、明確な基準はないですよね。

勝 室 長：うん、いい質問だね。実はあまりオープンにはしていないが、クレーマーには、当行独自の判定基準がある。これについては千葉さんから説明してくれ。

千葉行員：はい。当行では、言動が異常と思われるお客様（利用者）からの苦情やクレームについては、「お客様の声報告書」に次のチェックシート（図表Ⅱ－9）を添付するよう指示しており、送付された「チェックシート」は次の要領で採点します。

① 「1」～「8」までの項目に「✓」があれば、1項目1点とする。

② 「9」の項目に「✓」があれば、当室の苦情・クレーム履歴を調べ、過去5年間に苦情等の申立てがあれば1点、3回以上あれば2点とする。

③ 合計点が6点以上であれば、「クレーマー」判定を検討する。

6点以上の申立者について、過去の苦情・クレーム内容をあらためて検証し、異常性が確認できれば、関係各部、役員の稟議承認を得て、「クレーマー」として登録します。

坂本行員：なるほど。クレーマーかどうかの判定は、明確な基準を設けて、かなり慎重に行っているのですね。

千葉行員：ええそうよ。この判定基準と手続は、支店が「普通のお客様（利用者）」からの苦情やクレームも、「クレーマーからの一方的な言い掛かりだ」と勝手に決めつけ、誠実な対応を怠ってしまうことを防止する目的もあるのよ。

図表Ⅱ－9　チェックシート

No.	チェック項目	チェック
1	大声で暴言をいう	
2	こちらの話を聞かない	
3	言葉尻をとらえる	
4	上の者を出すように迫る	
5	即答を求める	
6	長時間、応接室などに居座る、なかなか電話を切らせない	
7	苦情やクレームをつけること自体を楽しんでいる様子がある	
8	現在、無職である	
9	過去にも執拗な苦情やクレームで対応に苦慮したことがある	

（注）　該当項目があればチェック欄に「✓」印を記入してください。

勝室長：少し付け加えると、いわゆるクレーマーとは、「常習的に苦情やクレームを申し立てる人」を指す。「大きな声で苦情やクレームをいう人」＝「クレーマー」ではないので注意が必要だ。

たとえば、銀行の事務ミスが原因で、相手に実損が生じていれば、だれでも損害賠償を請求し謝罪を要求するだろう。なかには声高に批判する方もいるだろう。これに対して担当者が「大きな声を出す」「こちらの話を聞いてくれない」「なかなか納得してくれない」というだけで、お客様（利用者）を「クレーマー」と決めつけることのないようにしなければならない。担当者としては「相手はクレーマーだから解決はむずかしい」「むずかしい相手と交渉しているのだから、自分の苦労を認めてほしい」という心理もあり、だれでも「クレーマー」と呼んでしまう傾向にあるのだが、お客様にしてみれば「銀行のミスで自分が被った損害を、何とかしてほしいとお願いしているだけなのにクレーマー扱いされ、非常に不愉快だった」という２次的な苦情が発生することもある。クレーマーの判定基準を定め、本部が慎

重に判定しているのは、こういう事態を防止する意味合いもあるんだ。

坂本行員：なるほど、よくわかりました。ところで千葉さん、当行には「クレーマー」といわれる人は、どのくらいいるの？

千葉行員：行内には公表していないけど、過去５年間に３回以上苦情やクレームを申し立てた人は、約100名、そのうちクレーマーと判定した人物は約80名です。これは５年間の苦情等申立者総数の約３％に当たります。

坂本行員：へえー、80名ですか。私はもっと多いと思っていました。案外少ないのですね。

勝 室 長：そうとは限らないぞ、坂本君。この100名にも満たない、ほんの一握りのクレーマーが、１人で何度も苦情やクレームを繰り返すのだから対応する支店は、たまったものじゃない。１年間に10回以上も同じような苦情を繰り返し、しかもその被害は８カ店に及んだというケースもある。行員に苦情をぶつけるのを楽しんでいるのだ。

被害が同じ支店であれば行員も顔を覚え、それなりに対応はできるだろうが、毎回違う支店に現れるのだから手の打ちようがない。きわめて悪質だ。ほんの一握りのクレーマーとはいえ、対応に要する時間と労力は、決して軽視できるものではない。このように支店を渡り歩いて苦情を繰り返す悪質なクレーマーへの対策として、当行ではクレーマー情報を当室で一元管理している。

千葉行員：支店から、「かなり執拗で様子も尋常ではない」「いつも窓口行員に難癖をつけて困っている」「以前、他の支店でもクレームをつけたといっている。調べてほしい」などの要請があれば、当室で検索し、情報提供できるようにしています。相手がクレーマーであれば、過去の対応を参考にして対応策もアドバイスできます。

坂本行員：へえー、そんなこともやっているのですか。支店にとっては「頼もしい味方」っていうとこですね。ところで以前、室長は、「クレーマーにもいろいろなタイプがある」とおっしゃっていましたが、クレーマーも分類できるのですか。

勝 室 長：もちろんクレーマーも分類できる。現在、当室では、クレーマーを７つのタイプに分類し、これに応じた対応法を支店に指示している。以前は、クレーマーの攻撃を受けると、どうしても、クレーマーかどうかの判別や対策を指示するのに時間がかかり、対応が後手に回ったため、被害が拡大したというケースも多かったのが、今はまず「チェックシート」でクレーマー判定を行い、被害の状況からクレーマーのタイプを判断し、タイプに応じた対応法を指示できるようになったため、被害が拡大することはなくなった。

　クレーマーへの対応は、決して短時間で片づくものではない。クレーマーとの「駆引き」ともいえる長い戦いになることもある。「スピード解決」よりも、まず「スピード対応」が肝心なのだ。では千葉さん、「クレーマーのタイプ別対応法」を説明してくれ。

千葉行員：はい。

Point クレーマーは7つのタイプに「分類」できる

3　クレーマーのタイプ別対応法

クレーマーは、ある意味、特殊（異常）な人物なので、ピッタリと「タイプ」に当てはまらないケースも多いのですが、執拗な申出を受けた場合、まず申出内容や発生状況により、大まかに「タイプ」に当てはめ、対応をイメージし、迅速に対応することが肝心です。対応の難易度は、「ヒステリック型」から順に「愉快犯型」へと上がっていきます。

(1)　ヒステリック型

〈特　　徴〉

① みるからにヒステリックな感じの人。はたからみてもイライラしているのがわかる。少しの待ち時間も我慢できない。

② ロビーからじっと自分の通帳や書類の動きを目で追い、少しでも「自分の通帳や書類が乱暴に扱われた」「事務が後回しにされた」などと感じると大声で騒ぎ始める。こうなると頭に血がのぼり、職員の説明も聞かず、通帳や現金など放置して帰ってしまうこともある。

③ このタイプからの苦情は、季節替わりに多発する傾向がある。いわゆる「木の芽時」は特に注意が必要。

〈対応のポイント〉

① 該当者が来店した時は、特に慎重な対応を心がけ、待ち時間が長くなる場合は「おそれ入りますが、事務処理にあと○分ほどかかります。ご了承のほどお願いいたします」というような「声かけ」を行う。相手の感情の悪化を先回りするような対応を心がけること。

② 通帳や書類などをコピーする場合は、必ず了承を得てから行うこと。

③　「自分は大事にされている」「自分の存在に気づいてくれている」と感じさせることがポイント。手間はかかるが、適切な対応により沈静化の方向に向かう。

⑵　時間持て余し型

〈特　　徴〉

①　現役の時は肩書と権威で生きてきた「誇りの塊」のような人。とにかくプライドが高く、「自分は偉いのだから、自分の相手は相応の人でないと認めない」というタイプ。引退して、とにかく暇で時間を持て余している。１週間に１度、多い時には毎日のようにやって来る。

②　エライ人と話したくなる「蟲（ムシ）」が騒ぎ出すと、わざわざ話をするための問題（トイレが汚れている、職員の挨拶がだめだなど）を見つけ出して来店する。

③　長々と応接室に居座り、昔、部下を教育したように役席や営業店長をさとし出す。相手にされないと感じると、「今度の担当はだめだ」「支店長は何もわかっていない」「お客様のことを軽視している」など公然と非難を始め、平気で現場を飛び越して、直接本部や役員に電話をかけたり、手紙を差し出したりする。実に困ったタイプ。

〈対応のポイント〉

①　大手企業の元役員や公職に就いていた人、地元の名士だった人などが多く、残念ながら金融機関のOBも見受けられる。大口預金者であるケースも多いので、「追い返す」などと考えず、上席者が応対すること。またそうしなければ相手の気がすまない。

②　こちらが暇だと思えば、相手は何時間でも応接室に居座り説教を続ける。「応接室に入って、きっかり20分経過したら、室中に電話する」など、事前に来店時のルールを決めておき、「急用ができたので今日はこの辺で……」と面談を打ち切るのも一つの策。

③　相手は、自分の欲求が満たされさえすれば満足するのだから、変に特別

待遇したり、贈答品を渡すなどの行為はしないこと。

④　厄介な人物ではあるが、大切なお客様であることに変わりない。終始、親切・丁寧な対応を心がけること。

⑶　精神異常型

〈特　　徴〉

①　精神異常が疑われる人。認知症が疑われる高齢者が典型的なケース。

②　話がやたらに長く、内容が堂々めぐりし、途中から脈絡があわなくなる。職員の応対が悪いと、突然大声をあげ激しく非難するなど、営業妨害といえるような行動に出る。

③　この手のクレーマーは、現場では単に「少しおかしな客」「面倒なお年寄り」などとして片づけられるケースも多いが、無視や粗雑な対応を受けると、すぐに本部や当局、マスコミに電話するなどの行動に出る。

〈対応のポイント〉

①　高齢化社会の到来に伴い、この手のクレーマーは増加傾向にあるが、相手はいわゆる「病人」であり、雑な応対はできない。

②　テラーが親切に対応しないのをみて、ほかのお客様から「お年寄りに不親切だ」「お年寄りがかわいそう」などの非難が出ることもあるので注意が必要。

③　事前に店内で対応ルールを決めておき、対象者が来店した時は、店内の定例行事として、粛々と対応すること。相手が男性だと男の役席、女性の場合はベテランの女子職員というように、あらかじめ担当者を決めておくと、慌てることなく対応できる。対応には時間がかかるため、周りの職員が応対者の仕事をカバーするなど、あらかじめフォーメーションを決めておくこと。

④　ブレーキをかけるべき近親者などがいない場合、徐々に言動がエスカレートすることもある。「ロビーの備品が壊された」「職員へ危害が及んだ」などの場合は、躊躇することなく警察に通報し、支援してもらうこ

と。

⑷　プライド回復要求型

〈特　　徴〉

① 「プライドを傷つけられた」として激しく謝罪を求める。「お前じゃ話にならない。店長を呼べ」とくるケースが多い。要求に応じて営業店長が応対すると「お前じゃ話にならない。本部の責任者を呼べ」「頭取を呼べ」となる。

② 感情的なものもあるので、なかなか解決しない。「新聞やテレビに公表する」などの発言がポンポン飛び出すようになり、次第にエスカレートしてくるが、結局は「傷つけられたプライドはどのように回復してくれる。誠意を示せ」となり、慰謝料の請求に発展することも多い。

〈対応のポイント〉

① 直ちに本人と面談し、お客様に不快な思いをさせたことは事実なので、その点はしっかり謝罪する。ただし、ミスや過失を認めて謝罪するのではないので、言葉遣いには注意を要する。

② 「上位者にかわれ」と言い出すことも多いが、上位者にかわっても同じように謝罪するだけなので、問題の解決にはならない。かえって相手を勢いづかせることもあるので担当者は、「本件の責任者は私です。ぜひ私と話をさせてください」という強い意思を示し、自分で解決する決意をみせること。

③ 慰謝料を請求されるケースもあるが、申立者に明確な実損を与えたわけではなく、精神的苦痛を算定することもできないので、当然、請求には応じられない。謝罪に徹すること。

④ いつまでたっても解決の糸口がみえず、長期化するケースが多く、営業店の負担も大きい。このタイプは、「時間をかけて強硬姿勢を貫けばいずれ金融機関のほうが折れるだろう」「妥協案を提示してくるだろう」と高をくくっているケースが多く、最終的には、本部に相談したうえで、「こ

れ以上話合いをしても意見の隔たりが大きく、平行線をたどるばかりです。そろそろ中立的な第三者に判断を委ねてはいかがでしょうか」と切り出し、金融ADR制度を説明することも有効。説明した翌日から、ピッタリとクレームが収まるケースが多い。

⑸ 説明責任徹底追及型

〈特　　徴〉

① 「このような処理は納得できない。法的な根拠を示せ」「システム上できないなどという説明は納得できない。それならシステムを変更すればいいじゃないか」「十分な説明を受けていれば、このようなことにはならなかったはずだ。だから金融機関が賠償するのは当然だ」という趣旨のことを延々と主張する。

② 文章や書類を示して説明しても、頑として納得しないので、一向にらちが明かない。

〈対応のポイント〉

① 真摯な対応は必要だが、すぐに結論が出せないケースが多いのでこちらも身構えて対応すること。

② 現在の金融商品や金融サービスは複雑なものが多く、徹底的に説明を求められると営業店では対応がむずかしいケースも多い。本部に相談のうえ、エビデンスをそろえてから慎重に回答する。

③ 相手は、こちらがすぐには回答できないと知っていて即答を迫ってくることもあるが、即答を求められても軽率な発言はしないこと。誤った説明をすると、次はその説明に対して、徹底的に説明を求められ、回答に窮することになる。

④ とにかく粘り強い対応が要求される。うっかり金融機関内の情報をもらしたりしないよう気をつけること。相手がクレーマーだということを忘れてはいけない。

⑹　世直し追求型

〈特　　徴〉

①　「時間持て余し型」のレベルを少し高くしたようなタイプだが、実態は悪質なクレーマー。

②　とにかく頭がよくアイデアが豊富。勝手に「市民の声の代弁者」「企業や行政のアドバイザー」などと自任し、頼んでもいないのに次々と改善などの提案（要求）をしてくる。要は時間を持て余している。

③　過去に、大きな声を出し、恐喝的な言動を行うことで自分の主張が通ったという成功体験をもっており、「大声で要求を繰り返せば少々の無茶も通る」「行政や大企業も自分の意のままに動かせる」と考えている。

④　自分のあふれるまでのアイデアや提案を、自分では実現できないので、それを企業や行政にやらせようと躍起になり、自分の意見が実現されるまで決して引き下がらない。自分の提案に対して、相手が無視したり、軽くあしらったりすると、「態度が悪い」「お客に冷たい」「誠実さがない」などと、ところ構わず大声で騒ぎ出す。少しでも不条理と感じることがあれば、徹底的に攻撃してくる。

⑤　金融機関だけでなく、行政機関、バスやJRなどの公共交通機関、電力会社などにも頻繁に現れており、本部や役員室、マスコミや当局などへの接し方も慣れている。まったく躊躇しない。

⑥　金品の要求が目的ではないだけに、対応はむずかしく、容易には解決しない。手強い相手との認識が必要。

〈対応のポイント〉

①　相手の発言に対し、すぐに反論したり意見をいったりしない。

②　即答を求められても応じる必要はない。じっくり相手の話を聞いたうえで、「本部と協議したうえでお答えします」と慎重に回答する。

③　相手の提案を飲み、「事務手順を変える」「提案内容を店頭掲示する」などの成果をもたせると一時的には軟化するが、一定期間が過ぎると、また

次から次へと新たな提案や要求と突きつけてくる。容易な妥協は禁物。

④　やたらと文書回答を求めてくるが、相手は文書を証拠書類として、さらなる要求をしてくることもあるので応じてはいけない。営業店で勝手に文書を作成して交付したため、取り返しのつかない事態に陥ったケースもある。

(7)　愉快犯型

〈特　　徴〉

①　企業や公的機関、行政などに強烈な苦情やクレームを突きつけ、「相手をやり込める」「謝らせる」ことに無類の快感を覚える、きわめてタチの悪いタイプ。ある種の「開き直り」がある。

②　企業をパニックに陥らせるのが目的なので、やたらと即答を求めてくる。電話を頻繁に使い、２～３時間話すのも厭わない。

③　クレーム内容をテレビやインターネットなどに流す術（すべ）を知っており、まったく躊躇しない。

④　クレームにより大企業や行政を変えた、謝らせた、裁判に持ち込み勝訴したことなどを勲章にしており、やたらと問題を大きくしようとする。

⑤　大声での要求や、マスコミを利用することで自分の意見が通ったという成功体験をもっており、性格は、まさに理屈っぽく、とにかく利口。世の中のことによく通じている。反論できない相手を選んでいじめる傾向があり、相手を脅すにも法律スレスレのところで脅す。自ら金品を要求することはないので、なかなか警察沙汰にもならない。

⑥「どんなにひどいことをいわれようと、お客様は神様」などと下手に応対していると、本題から離れた、関係のないことにまで次々と要求され、とんでもないことになる。

〈対応のポイント〉

①　言動はきわめて悪質であり、もはや「反社」のカテゴリーに入れてもおかしくないタイプ。「なかなか勝てない相手」と割り切り、早々に対応を

営業店から切り離し、交渉の窓口を本部に一本化する。このタイプのクレーマーを追い払うには、組織をあげて粘り強く戦うしかない。相手は、風評リスクをチラつかせて攻撃してくる。場合によっては事前に当局へ報告することも必要。

② 文書回答は原則行わないが、やむをえず回答する場合も、本部が文章を作成し、弁護士チェックを受けたうえで交付する。

③ 「そのような要求には応じられません」「対応できません」「情報開示には応じられません」と何度答えても聞いてもらえず、「今後は本部が窓口になります」と伝えても、営業店への不当な要求を繰り返す場合は、「法的対応」を検討することになる。弁護士に相談し、事業活動を妨害する行為を差し止める「仮処分命令」を裁判所に申し立てることも検討する。このタイプから攻撃を受けた場合、交渉経過を５Ｗ１Ｈのルールにのっとり、正確に記録しておくことが肝要。

Point クレーマーは、その「タイプ」がわかれば、ひるむことなく対応できる

4 担当者へのメンタルケア

クレーマー対応は、多くの場合、１人の職員が申立者への対応を一手に受け持つことになります。通常、営業店担当者は自分の仕事を遂行しながら異常なクレーマーへの対応を行うことになるので、精神的、肉体的な負担は相当なものになります。特に解決に長期間を要する案件では、担当者１人が孤軍奮闘の状態になり、最悪の場合、上司が気づかないうちに、担当者が精神的に参ってしまうこともあります。

上司は、定期的に案件の進捗確認を行い、「労いの言葉」をかけるなど、担当者のメンタルヘルスに注意する必要があります。「上司は自分の苦労や努力をみてくれている」「自分１人で戦っているのではない」そう思うだけ

で、担当者のストレスはかなり軽減できます。クレーマー対応におけるメンタルケアは、忘れてはならない営業店管理者の責務です。

Point 長期化するクレーマー対応では、担当者のメンタルケアも大切

第5節　反社会的勢力（暴力団等）

金融機関の職員として普通の社会生活をしている限り、「反社会的勢力（暴力団等）」（以下「反社」とします）に属する人物に遭遇することは、ほとんどありません。それだけに金融業務を遂行するなかで、突然、暴力団関係者など反社に属する人物からの攻撃を受けると、大抵の職員は動揺してしまい、冷静な判断力を失ってしまいます。金融庁の金融検査マニュアル「顧客保護等管理態勢の確認検査用チェックリスト」（巻末資料№１参照）では、「反社会的勢力による相談・苦情等を装った圧力に対しては、通常の相談・苦情等と区別し、断固たる対応をとるためコンプライアンス統括部門等に速やかに連絡し、必要があれば警察等関係機関との連携をとった上で適切に対処しているか」としていますが、反社からの攻撃は多くの場合、職員のちょっ

とした事務ミスや不適切な交際などがきっかけで始まります。職員は正常な苦情やクレームとして誠意をもって対応するのですが、そのうち、次第に激しい恫喝や恐喝を受けるようになり、これに屈して、相手の要求に譲歩した結果、取り返しのつかない事態に陥ってしまったケースもあります。

反社案件は、件数こそ少ないのですが、いったん発生すると、その対応はきわめてむずかしく、解決までに長い時間と労力を要します。このため、初動段階から、組織をあげて、断固とした対応を行わねばなりません。

なお、本書は「苦情・クレーム対応」をテーマとしていますので、「通常の苦情・クレームを装った反社圧力」には、どのように対応すればよいか、という点に的を絞って説明したいと思います。

1　反社会的勢力（暴力団等）とは

「反社会的勢力（暴力団等）」という言葉は、平成８年に社団法人「日本経済団体連合会」（以下「経団連」とします）が企業行動憲章を改定した際に、主として暴力団や総会屋を指す言葉として用いられたことが始まりです。反社会的勢力とは、暴力団を中核とし、暴力団員および暴力団の周辺で活動している者を指す概念であり、暴力、威力、詐欺的手法を使い、経済的利益を追求する集団または個人を指します。では、なぜストレートに「暴力団」としないのかというと、その背景には「暴力団員による不当な行為の防止等に関する法律」（以下「暴対法」とします）施行後の暴力団員の潜伏化があります。暴対法では、国家公安委員会から「暴力団員」と指定された者は、向こう３年間は、暴力団活動や生活に重いペナルティが科せられます。日常生活や暴力団員としての活動がやりにくいため、この法律の施行以降、組のバッジを外し、潜伏しながら活動を行う暴力団員がふえたといわれています。なお、警視庁は、暫定数字ながら、平成22年末現在の暴力団構成員の数は36,000人、準構成員の数は42,600人と発表しています。警察庁の「組織犯罪対策要綱」では、反社を次の７つに分類しています。

① 暴力団……その組織の構成員が集団的、または常習的に暴力行為、不法行為を行うことを助するおそれのある団体。ただし、この組織自体が取引の主体となることはない。

② 暴力団員……暴力団の「構成員」

③ 暴力団準構成員……暴力団員以外の暴力団と関係を有する者。暴力団員と共謀して犯罪を実行した者や、最近まで暴力団員であった者等を指す。

④ 暴力団関係企業……通称「フロント企業」ともいう。暴力団を背景とした企業活動を行い、その利益を暴力団に提供している企業、またはその経営者を指す。

※「フロント」には「先兵」という意味があります。

⑤ 総会屋等……いわゆる総会屋のほか、ブラックジャーナルや会社ゴロをいう。企業等を対象に不正な利益を求めて暴力的な不法行為を行うおそれがある者を指す。

⑥ 社会運動等標ぼうゴロ……いわゆる「えせ同和」「えせ右翼」をいう。「えせ」とは、「似ているが本物ではない、見せかけだけのもの」という意味がある。えせ同和行為とは、同和、部落を名乗る個人あるいは団体が、企業団体に対し同和問題への取組みなどを口実に賛助・献金を要求したり、企業・行政機関等の業務に差別問題を当てつけて抗議を行い、示談金名目でゆすり・たかり等の不正行為を行うことを指す。

⑦ 特殊知能暴力集団等……一定の知識を有している者で、暴力団の威力を利用した活動を行ったり、暴力団の資金獲得活動に関与している者を指す。最近では、金融機関の元行員やIT企業の経験者、元公認会計士等の特殊な知識をもった者が、暴力団の資金獲得活動に関与する例がある。

平成23年12月22日、警察庁は、以上の７つの分類に、「共生者」「密接交際者」「暴力団員の犯罪に荷担した者」を加えて、同庁の暴力団勢力データベース（以下「DB」とします）に登録し、暴力団排除条例を拠り所に、暴力団等との関係遮断を進めている自治体や企業等に情報提供すると発表しました。「共生者」と「密接交際者」の定義は次のとおりです。

⑧　共生者……暴力団の資金獲得に協力しながら、その威力を利用して、自らの利益拡大を図っている者。暴力団準構成員としてDBに登録される。

⑨　密接交際者……組員との会食やゴルフなどを繰り返す者。たとえば組長が中心となるゴルフコンペで賭けゴルフをして検挙された者などが該当し、DBに登録される。

日常業務のなかで、特にこの分類を意識する必要はありませんが、このように広い範囲の人物や集団が一般社会に紛れて潜伏し、恐喝行為や不法行為を行っているという事実は認識する必要があります。

2　金融機関の反社対応

(1)　政府指針

平成19年６月、「犯罪対策閣僚会議幹事会申合せ」で「企業が反社会的勢力による被害を防止するための指針について」(いわゆる「政府指針」)が発表され、これに基づき金融庁の各業態向けの「総合的な監督指針」が一斉に改正されました。この指針のなかでは「もとより金融機関として公共の信頼を維持し、業務の適切性及び健全性を確保するためには、反社会的勢力に対して屈することなく法令等に則して対応することが不可欠」と記載されています。

監督指針のなかに反映されている政府指針の要点は次の５つです。

①　組織としての対応

②　外部専門機関との連携

③　取引を含めたいっさいの関係遮断

④　不当要求発生時における民事と刑事の法対応

⑤　裏取引や資金提供の禁止

この内容をふまえ、金融機関では、反社会的勢力（暴力団等）との関係遮断を目的に、普通預金規定や当座勘定規定、貸金庫取引規定、銀行取引約定書等に「反社会的勢力排除条項」を導入しました。

(2) 暴力団排除条例

平成22年4月1日、福岡県で初めて「暴排条例」が施行されて以来、全国の都道府県で暴力団排除の気運が高まり、平成23年10月1日、東京都・沖縄県の施行を最後に、全都道府県で「暴排条例」が施行されました（巻末資料No.5参照）。この条例の大きな特徴は、暴対法とは異なり、暴力団等を利用するとか、活動を助長するような商取引を行った企業や一般人まで規制の対象にしたことです。この条例を受けて、ほとんどの金融機関では、窓口で普通預金口座等の開設申込みを受け付けた際に、「表明確約書」（巻末資料No.6参照）への署名・捺印を求めています。これには、預金口座等の開設希望者が「自分は反社（暴力団等）には該当せず、暴力的な要求や行為は行わない」旨の記載がされており、記入・捺印を拒む場合には新規取引自体をお断りし、また口座開設後に虚偽の申告が判明した場合には、取引停止または口座解約がされても異議を申し立てないことが盛り込まれています。

(3) 反社チェック

平成22年4月から、全銀協では、金融機関における反社との取引排除の取組みを支援する目的で、新聞報道等から収集した反社関係者の属性情報を全銀協データベースに登録し、会員各金融機関が活用できるようにしており、これに対して会員金融機関も平成23年4月から、未取引先を含む顧客から不当要求行為を受けた場合は、その行為情報をすべて全銀協に提供するようにしています。

多くの金融機関では、独自に収集した犯罪情報等に、このような業界団体から入手した情報を加えた「反社に関するデータベース」を保持しており、このDBにより普通預金等の新規口座開設時の「反社チェック」を行っています。しかし、これだけでは、金融機関の暴排条例による対応の正確性を担保することはできないため、反社チェックでヒットした対象者については、あらためて警察や暴力追放運動推進センター（以下「暴追センター」とします）等へ問い合わせて、反社に間違いがないか確認しています。なぜこのように慎重な確認作業が必要かというと、仮に、一般のお客様を暴力団関係者等と誤認し、取引停止・口座解約等の対応を行ってしまった場合、金融機関は名誉毀損、慰謝料の請求などのきわめて大きなトラブルを抱える可能性があるからです。警察や暴追センター等への確認で、「暴力団関係者等に間違いない」との結果が出た場合には、口座解約（強制）や取引停止のプロセスに進みます。口座開設の申出から口座解約・取引停止までのプロセスは図表Ⅱ－10のとおりです。なお、反社チェックにヒットした該当者に送付する口座解約通知等は、金融機関名で作成し、問合せ先は本部のコンプライアンス担当部署とします。そうすることで該当者に対し、組織をあげて反社排除に取り

図表Ⅱ－10　反社からの口座開設の申出から解約までのフロー

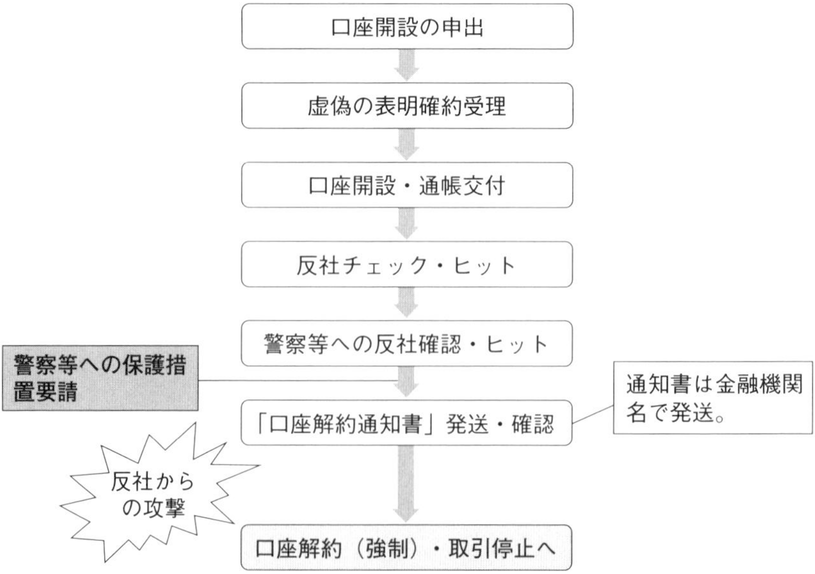

組んでいることを強く印象づけることができます。

(4) 関係遮断を行う際の警察への支援要請

実際に金融機関が反社と断定した該当者に口座解約通知を発送した場合、該当者やその所属する暴力団等からの強い反発が予想されます。これに対して各都道府県の暴排条例には、暴力団関係者等が関係遮断を妨害する場合、これを「妨害行為」として取り締まり、事業者を保護する規定（これを「保護措置」という）が設けられています。口座解約通知の発送など解約手続を開始する際には、営業店や担当者が暴力団関係者等から危害を受けることのないよう、事前に金融機関本部から警察や暴追センター等に警戒活動を要請する必要があります。

Point 反社との関係遮断には警察や暴追センター等への支援要請が欠かせない

3 手口による分類

反社は、金融機関の事務ミスや不良債権先への貸金回収、職員不祥事の調査などの過程で突然、現れて攻撃してきます。手口は大きく分けて「攻撃型」「接近型」の2つに分類され、「攻撃型」は、①事務ミスつけ入りタイプ、②フロント企業取引タイプ、③融資先企業乗っ取りタイプの3タイプ、「接近型」は、①古典的タイプ、②口利きタイプ、③営業協力タイプ、④職員癒着タイプの4タイプに分けられます。特徴と手口は次のとおりです。

(1) 攻撃型

① 事務ミスつけ入りタイプ

事務処理、接遇・応対等で生じた営業店のミスや過失に乗じ、通常の苦情を装い、厳しい「言い掛かり」をつけてくる。担当者を自分の事務所や自宅に呼びつけ、いかに被害を被ったか、精神的な被害を受けたかなどを言い立てて、脅迫的な態度で危機感を煽る。相手は金融機関本体に金銭的な請求をしても無理なことを十分承知しており、担当者や営業店長の言質をとる、自筆の謝罪文書を要求するなど、さまざまな手段で迫ってくるが、結局は、金銭目当てなので、「事業資金を融通してくれ」「ローンを申し込むので便宜を図ってくれ」「示談金を出せ」などというように、不正な金融取引や現金の要求に発展するケースが多い。少しでも要求を受け入れ、妥協する姿勢をみせると、次から次へと要求がエスカレートする。営業店が最も攻撃を受けやすい反社のタイプ。

② フロント企業取引タイプ

平成4年3月の暴対法施行以降、「フロント企業」は巧妙に姿をくらまし潜伏化している。最近では、資本金や事業資金は暴力団の資金でありながら、経営陣には暴力団関係者と思われるような人物は見当たらず、従業員もまったく普通の企業に勤めていると思い込んでいるような、巧妙なケースも見受けられる。営業店は、通常の与信先と思って取引していた企業が、傷害事件や暴力団に関する記事・報道で、はじめてフロント企業と気づくケースもある。業況不振や粉飾決算発覚などで、与信姿勢が厳しくなると、途端に「フロント企業」としての正体を現し融資を迫る。

③ 企業乗っ取りタイプ

企業の経営陣に入り込み、不法に利益を得ようとする。経営状態はよくないが、知名度があり、のれんなど含み資産が多い老舗企業がねらわれることが多く、経営者の弱みなどにつけ込んで入り込む。営業店が業況不振先として決算書を精査している過程で、不自然な資金移動、異常な預金の増加や減少、異常な固定資産などに気づき、調査する過程で反社の存在が判明するケースもある。

⑵ 接近型

① 古典的タイプ

突然雑誌や機関誌を送りつけてきて、数カ月後に購読料や賛助金を請求してくるタイプ。最初に届いた時に、直ちに理由をつけずに送り返せばすむのだが、右翼など反社の出版物と気づいた時にはすでに長期間受領しており、相手から「いままでの購読料金を支払え」「いままで送付した本をすべて返せ。できなければ代金を支払うのは当然だろう」などと言い掛かりをつけられる。最近はこのようなタイプは、あまりみられなくなったが、営業店では覚えのない不審な刊行物等が送り届けられた時は、直ちに本部に報告し、受領拒否文章を添えて返送することが肝要。

② 口利きタイプ

さまざまなケースがあるが、たとえば、「企業が設備投資や不動産取得に際し、ネックとなっている問題を、口利きや融通により解決することを見返りに、フロント企業が、建築や土木工事を受注する」といった手口がある。正味の工事金額に反社に支払う成功報酬分を上乗せする形で営業店に融資を申し込む。融資金額の妥当性の検証が甘く、不正を見過ごした場合は、融資金の一部が、反社に流れることになる。きわめて巧妙に仕組まれるので、貸付担当者が、常に問題意識をもって資金の流れをチェックしていないと発見できない。業況の悪い企業が、いったん反社と関係をもつと、容易に関係を絶てなくなる。融通手形のグループに組み込まれ、結局は破綻に追い込まれるというケースも多い。

③ 営業協力タイプ

法人営業担当者が、フロント企業とは気づかずに建設会社や土木会社を訪問し、「どこか新規設備投資を計画しているところはありませんか」「家を建てるなどの情報はないですか」というような声をかけ、紹介を受ける。こちらから声をかけた手前もあり、当該企業の十分な調査もせずに、担当者とフロント企業の関係が始まる。最初は優良な案件を紹介され、担当者も喜んで対応していると、次第に、とても与信対象とならない先への融資相談がもちかけられ、上司や本部が不審な稟議内容に気づき、担当者と反社の関係が表面化する。営業担当者の情報入手先には十分な注意が必要。

④ 職員癒着タイプ

職員がプライベートな飲み会や地域のイベント等を通じ、反社関係者と知らずに知合いとなり、個人的な悩みごとなどの相談に乗ってもらううちに、抜き差しならぬ関係となる。取引先から頻繁に高額な接待を受ける過程で、いつの間にか暴力団組員やその周辺者などと知合いになり、弱みを握られ、不適切な関係ができてしまう。相手はこちらが金融機関の職員と認識したうえで接近し、しきりに恩を売り、顧客情報、営業情報等の入手を図る。関係が長くなればなるほど、こちらの頼みごとも多くなり、相手はそのたびに親身になって応えてくれるので、相手からの無理な要求でも、これまでの恩を返す意味で応じるようになる。相手の最終的な目的は、金融業務（融資等）を通じて多額の現金を騙しとることなので、癒着の発覚が遅れた場合は、大きな不祥事となり、金融機関の信用を大きく傷つけることになる。融資担当者や営業担当者に次のような兆候が表れたら注意が必要。

・以前はよく営業店行事にも参加していたが、最近は付合いが悪くなった。
・外線電話の利用が多くなり、長いこと話し込んでいる。
・何かむずかしい案件に取り組んでいるようだが、上司への報告はない。
・「不審な人物と交際があるのでは」という黒い噂がある。……など

このような兆候に気づいたら、営業店長は直ちに本部セクションに報告のうえ、事実関係を徹底的に調査する必要がある。

以上、反社のタイプ別分類と手口を説明しましたが、実際にはこれ以外にもさまざまな手口があると思います。しかし、反社のタイプや手口の知識があるのとないのとでは、実際に攻撃を受けた時の初動対応が違います。金融機関の職員には必須の知識といえるでしょう。では「通常の苦情・クレームを装った反社圧力」には、どのように対応すべきか、これも事例により、み

てみましょう。

Point 反社のタイプや手口は、職員には必須の知識

4 通常の苦情・クレームを装った反社圧力

事例8 個人情報漏えいに対する反社圧力

うだるような暑さが残る9月の初旬、A支店の顧客X氏（20代の女性）は、支店駐車場で名刺入れを拾いました。まだ営業時間中であったため、支店の窓口に行き、「駐車場に、名刺入れが落ちていましたよ」といって、テラーのS行員に手渡しました。S行員は丁重にお礼をいい、名刺入れをいただき中身を確認すると、数枚の名刺とキャッシュカードが2枚入っていました。S行員は、規定で定められている営業店拾得物届出票に、氏名・電話番号を記入するようX氏にお願いしたところ、「拾って届けただけなのに、なぜ名前や電話番号を書かなければならないの」といい、いったんは記入を拒否されましたが、S行員が「申し訳ございません。規則ですのでよろしくお願いします」と重ねてお願いしたため、X氏は少し不満気だったが、自分の名前と携帯電話の番号を記入しました。

S行員は営業店拾得物届出票をC行員（新入行員。事務担当4カ月）に渡し、C行員は所定の電算登録手続をすませた後、キャッシュカードの名義人であるT氏に落とし物をとりに来るよう電話でお願いしました。

翌日のお昼前、C行員は、来店したT氏に受領印をいただき、名刺入れとキャッシュカードを渡しましたが、その際T氏から「キャッシュカードがだれかに悪用されなくて、本当によかった。ぜひ拾ってくれた方にお礼がいいたいので名前と電話番号を教えてほしい」と頼まれまし

図表Ⅱ－11　事件の関係図

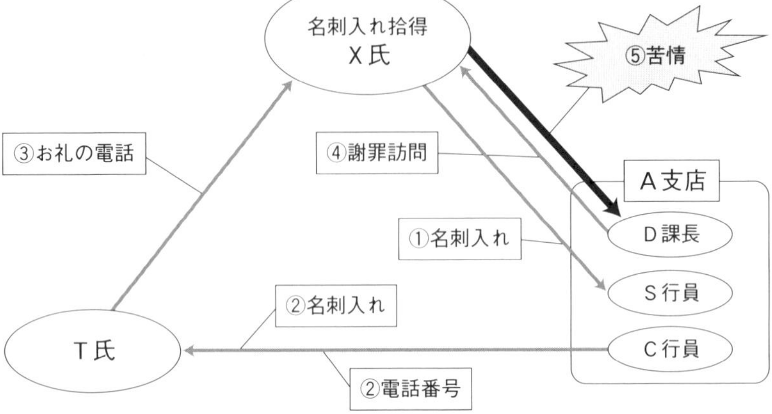

た。C行員は名前と電話番号を教えることに少し躊躇しましたが、営業店拾得物届出票に拾得者本人の署名があり、電話番号も記入されていることから、「教えても問題ないだろう」と考え、X氏の名前と携帯電話の番号を教えてしまいました。

その翌日、正午を少し回った頃、X氏から「知らない男性から突然、電話があった。どうして私の携帯電話の番号を教えたの！」と、激しい苦情の電話が入りました。

行員から電話をかわったD課長はC行員のミスを認め、何度も謝罪しましたが、頑として許していただけません。「いまからお伺いし、直接お詫びしたい」と申し出たところ、少し間があってから、「午後7時には自宅に帰るので、それ以降なら構わない」との返事がありました。

約束の午後7時、D課長は一人で支店から車で20分ほど離れたX氏のマンションをたずねました。呼び鈴を押し、出てきたX氏に玄関先であらためてお詫びしようとしたところ、部屋のなかに入るようといわれ、居間に通されてみるとそこには、居間のソファーに深々と座り、みるからに風体の悪い40代の男性と20代の男性2名が待ち構えていました。

ギョッとし、課長は心のなかで「しまった!!」と叫びましたが後の祭り。無理矢理３人の前に座らされ、激しい恫喝が始まりました。

20代の男性２名は激しく応接テーブルを叩きながら、「個人の携帯番号を無断で他人に教えるのは個人情報の漏えいだろう」「このことでXはショックを受け体調をこわしている。この場で土下座して謝れ」「この落とし前はどうしてくれる」「マスコミに触れ回るぞ」などといい、約２時間にわたりD課長を責め続けました。

遅い帰店を気遣った支店からの携帯電話が救いとなり、40代の男性から「銀行としてどのように誠意を示すのか、真剣に支店長と相談して、あらためて出直せ！」といわれ、課長は追い出されるようにしてX氏宅を引き上げました。

翌朝、A支店の支店長から報告を受けた勝室長は、直ちに支店に出向き、D課長に詳しく状況確認し、今後の対応について支店長に細かく指示しました。

その日の夕刻、D課長は、法人営業のS課長と２人で、あらためてX氏宅に出向きましたが、昨日と同じ３人が居間に陣取り、前日と同じような恫喝を受けました。最後に40代の男性は「自分は、この世界では少しは名の知れた男だ。個人情報の漏えいが世間にバレて困るのはお前たちだろう。Xはあれ以来、寝込んでいる。この落とし前はどうつけるつもりだ。謝罪文を出せ！」と迫られましたが、D課長とS課長は「本部と協議のうえ、回答します」との姿勢を崩さず、1時間ほどでX氏宅を引き上げました。

翌日本部では、勝室長からの要請を受け、直ちに「顧客サポート検討委員会」が開かれ、次の3点が緊急決定されました。

① 「個人情報漏えい」という行員のミスをネタにされ、相手から脅しを受ける現状は好ましくない。また銀行が事実を隠ぺいしていると思われるのも相手の思うツボである。すみやかに当局に個人情報漏えいの事実を報告する。

② X氏に迷惑をかけたのは事実なので、相手の出方をみて、場合によっては弁護士に相談のうえ、謝罪文を渡す。

③ 謝罪文には支店長名は記載せず、銀行名で作成し、支店長が持参する。

その後も連日、支店には激しい恫喝の電話がかかり、呼びつけられたD課長はS課長とともに数回、X氏宅を訪問しましたが、そのつど「Xは入院している。治療費はどうしてくれる」「明日にでもマスコミに情報を流すつもりだ。それでもよいのか」「支店長を呼んでこい」「この場で謝罪文をつくれ」など、次々に新しい要求を突きつけられました。しかし、両課長は「現在、本部と協議中です」「本件の責任者は自分です。要求は、すべて私が承ります」との答えに徹し、相手の攻撃を必死に耐えました。

9月初旬、支店長とD課長は、謝罪文書をもってX宅を訪問しましたが、居間には、いつもの40代の男性と、これまでみたことのない背広姿の30代の男性が座っていました。初めて面談する支店長は、あらためて謝罪のうえ、本部と協議して作成した謝罪文書を手渡し、本件についてはすでに当局に報告ずみであると伝えました。

2人は、少し驚いたような表情で顔を見合わせましたが、40代の男性が「そこで少し待ってろ」と言い捨てて、謝罪文をもって２人で隣室に入っていきました。10分ほどして出てきた40代の男性は、今までとは打って変わった口調で「支店長さん、こちらはことを荒立てる気はないんだ。銀行に慰謝料を出せなんていうつもりは毛頭ない。だが、けじめはつけなければならない。そうだろう！　落とし前として、うちの若い者に金を貸してくれないか。あなたの力なら、簡単にできるはずだ。それで今回の件は丸く収めようじゃないか」と言い出しました。支店長は一呼吸置き、落ち着いた声でゆっくりと「融資するには正式な申込みが必要です。資金が必要なら、支店で正式に受け付け、通常の貸付審査を行います。ただし、特別な配慮や便宜はいっさい行いませんので、そのつもりでご来店ください」と断言しました。40代の男性は、もう１人の男性の顔をみてうなずいた後、「まあ、今日のところはこの辺で勘弁してやる。近いうちに、若い者が申込みに行くから、支店長のいう正式な申込みとやらをさせてくれ」といいました。同席している30代の男性は、その間、一言も発しませんでした。支店長とＤ課長は、あらためて謝罪し、Ｘ氏宅を辞しました。

それからしばらくの間、Ａ支店では、関係者のローン申込みに備え、態勢を整えていましたが、それらしき人物の来店はありませんでした。以後、Ｘ氏とその関係者からの電話はいっさいありません。

▶解　説

一昔前の金融機関では、「暴力団等への対応は営業店長が身体を張って行うもの」という感覚があり、本部も「注視はするが、対応は基本的には営業店に任せる」としていました。しかし現在では、このような考えは一掃されています。理由はバブル期に暴力団等に営業店が攻撃を受けているにもかかわらず、本部対応が遅れたために、つけ入られ、気がついた時には経営陣まで「のっぴきならない状態」に追い込まれていたというケースが頻発したからです。

金融庁監督指針では「反社会的勢力による苦情等を装った圧力に対しては、通常の苦情等と区別し、断固たる対応を取るため、関係各部署に速やかに連絡し、必要に応じ警察等関係機関との連携を取った上で、適切に対処する態勢を整備すること」としています。反社からの不当要求行為を受けた場合の対応は、当該金融機関のみの問題ではありません。反社との関係遮断は、すべての企業に求められている社会的ミッションなのです。反社の攻撃を受けた際の対応のポイントは次の4点です。

1　直ちに本部へ報告！

暴力団組員などが脅しをかけるとき、自ら暴力団員と名乗ることはまずありません。そんなことをすれば「暴対法」により直ちに逮捕されることを彼らは十分知っています。職員が不当要求を過小に判断し、不適切な処理をしてしまうことを彼らはねらっているのです。よって営業店では、少しでも相手に「反社の臭い」が感じられたら、直ちに反社対応の本部セクションに報告する必要があります。

2　本部は直ちにバックアップ！

営業店から報告を受けた本部は、反社による不当要求と判断した場合は、何よりも先に現場（営業店）に急行し、断固とした組織対応を行うためのバックアップをしなければなりません。本部の全面的なバックアップがあれば、営業店は動揺することなく、落ち着いて対応することができます。

3　決して自分（営業店）で勝手に解決しようとしないこと！

たとえ事務ミスなどで、こちらに落ち度があっても、決して自分（営業店）で勝手に解決しようとしないこと。事務ミスなどが原因で反社から要求を受けた場合、担当者（営業店）が、当該ミスの発覚をおそれ安易に解決しようとする心理が働きます。反社からの攻撃は、単なる「苦情」ではありません。通常の苦情を装った「不当要求」なのです。

4　すべてオープンにする！

反社は、最終的には組織ではなく、個人の弱い部分に対して集中攻撃してきます。不当要求に屈しないためには、職員も営業店長も「ミスやトラブル

をオープンにする勇気」が必要なのです。

Point 反社対応ではミスやトラブルをオープンにする勇気が必要!!

▶事例解説

事例の反社は「攻撃型」の「事務ミスつけ入りタイプ」です。

反社の上層に位置する人物は、総じて人間観察眼に優れており、「おびえている」とふんだ相手には、あの手この手で金銭を巻き上げようとします。その点、事例では、営業店と本部セクションの迅速な連携により、反社につけ入られることなく、毅然とした対応に終始しています。今回の対応でよかったのは次の点です。

① D課長が激しい恫喝を受けた時点で、支店では「反社ではないか」と考え、すみやかに本部へ報告している。

② 報告を受けた本部（勝室長）は、直ちに関係各部に報告のうえ、自らA支店に出向いて、本部のバックアップ姿勢を示し、支店の動揺を抑えている。

③ 本部では、直ちに臨時の「顧客サポート対策委員会」を開催し、当局への報告、弁護士への相談、謝罪文の作成などの対応方針を迅速に決定して

いる。

④　以後、支店は本部と連絡を密にして、冷静に対応している。

なかでも特によかった点は、「支店長登場のタイミング」です。D課長は、何度も呼びつけられましたが、S課長と2人で相手の圧力に必死に耐え、最後の謝罪文書持参まで、決して支店長を出しませんでした。これは本編第1章「突発的な苦情・クレーム」で学んだ、対応の極意「エスカレーション」(26頁参照) そのものです。また支店長も本部の全面的なバックアップを得て、終始、毅然とした態度で相手の要求を跳ね返しています。事例に登場する反社と思われる人物は、これからは「A銀行はガードが堅い」との印象をもち、攻撃することはないでしょう。反社と対決するには、組織をあげて毅然とした態度で臨むことが最も効果的なのです。

Point　反社との対決は、営業店長登場のタイミングに気をつける

さて、では最も悪かった点はどこでしょうか。「個人情報を他人に教えてしまったこと」……これは当然問題でしょうが、それとは別に、苦情・クレーム対応で必ず守らなければならないルールを破ってしまっているのに、読者の皆さんは気がついたでしょうか。

それは、謝罪のため、知らない相手を訪問する場合は「必ず2人以上で訪問する」というルール (27頁参照) です。幸いにもD課長は、最初の訪問で怪我もなく無事に帰店していますが、これは不幸中の幸いといえるでしょう。よく知っているお客様であれば、1人での訪問もいいのですが、まったく面識もない相手宅を1人で訪問するというのは、金融機関の職員として無謀といわざるをえません。しかも1人では、どのような事態が起こったかを証言する人もいません。相手の確認も、D課長の記憶に頼るしかないのです。苦情・クレーム対応で、最優先としなければならないことは、職員の身の安全なのです。

第６節　クレーマー・反社情報の管理と承継

金融機関の職員は、早ければ１～２年間の短期間で転勤してしまうのに対し、クレーマーや反社は、地元に根づいていることが多く、いったんトラブルが沈静化しても、期間を経て再び営業店を攻撃することがあります。過去のトラブル内容や対応状況、相手のフェース等を、その営業店の情報として記録していれば、同一相手から再度攻撃を受けたとしても、過去の記録を参考に、適切な対応が可能となります。また本部で、全店のクレーマーや反社の情報をデータベース等で一元管理していれば、どの営業店が攻撃を受けたとしても、すぐに検索し、的確な対応を指示することが可能となります。クレーマーや反社の情報はその営業店のみならず、その金融機関の貴重な「負の情報資産」なのです。「当時の担当者は全員異動していたため、クレーマー（反社）とは気づかなかった」では、営業店としての情報管理は失格です。転勤する営業店長は、クレーマーや反社で苦労した経験を「㊙情報」として正確に後任の営業店長に引き継いでください。

Point　「負の情報資産」の引継ぎは、大切な営業店長の責務です

第5章

リスク性商品に関するクレーム

近年、各金融機関とも与信業務による収益が伸び悩むなか、確実な収益が見込める分野として、リスク性商品の販売に積極的に取り組んできましたが、リーマンショック以降の株式市場の低迷、円高の進行、長引く不況などの影響から、赤字を抱えた契約者からの販売時の「説明責任」や「適合性の原則」を問うクレームが増加しており、各金融機関ともその対応に苦慮しています。本章では、リスク性商品に関するクレーム、とりわけ深刻なトラブルに発展することの多い、高齢者へのリスク性商品販売に関するクレームを事例として取り上げ、この種のクレームの特徴、対応のポイントを考えたいと思います。

事例9－1　高齢者へのリスク性商品販売に対するクレーム

正月気分もまだ抜けきらぬ1月初旬、お客様相談室の勝室長は、Kさん（現在71歳、一人住まいの女性、W支店に年金受取口座あり）の長男（Y）と名乗る人物から次のような電話を受けました。

「私は、W支店を利用しているKの息子でYといい、○○証券に勤務しています。正月に帰省した折、偶然、銀行から送られてきた運用報告書をみたところ、いつの間にか母名義の投資信託が600万円あり、しかもその元金の30%以上が損失となっていた。驚いて母に問いただしたところ、『2年前、W支店係長のEさんに熱心に勧められて、600万円の定期預金を中途解約し、何とかいうむずかしいカタカナの名前の金融商品に切り替えた』とのことだった。相場が下がり、今のままでは償還日に600万円の元金が400万円以下に目減りして償還されると説明しても、『永年お世話になっているA銀行さんが、元金が減るような商品を勧めるわけがない。Eさんからもそんな話は聞いていない』といって信じてもらえない。たしかに母は契約書に署名・捺印したようだが、契約した商品は「ノックイン条項」(キーワード解説参照)のついた日経平均連動型の仕組債であり、きわめてリスクの高い商品だ。こんな複雑な仕組みの商品を、母が十分理解して契約したとは到底思われない。銀行が70歳になるような高齢者に、このような商品を勧めたこと自体、納得できない。先日、母と一緒にW支店に行き、当時の担当者だったE係長に面談を求めたが、すでに転勤しており、かわりに出てきたF係長は、当時の資料を出してきて、『契約の際、E係長が行った商品説明に問題はない。このとおり、K様も納得して署名・捺印している』といい、母に『この署名は、あなたの筆跡に間違いないですね』『当時のE係長の説明は理解できましたね。だから署名・捺印したのですよね』と詰め寄る始末で、まったくこちらの話に耳を傾けてくれない。失礼な態度を注意したところ、『契約の相手は、あくまでもK様なので、ご本人に確認しています。自己責任で契約した商品なので、銀行は損失を補てんすることはない』というではないか。頭にきて、『当時の説明状況も調査しないで、そのようなことをいうのはおかしいのではないか』というと、『では調査のうえ、後日あらためて説明する』と不機嫌そうにいっていたが、もう1週間もたつのに何の連絡もない。親子で銀行の姿勢に不信感を募らせている。そもそも一人住まいの高齢者宅に連日のように押しかけて、リスクの高い金融商品を売り付け、高い手数料を巻き上げること自体、高齢者を食い物にする悪徳商法の業者と同じではないか。あの600万円の定期預金は、5年前に亡くなった父の生命保険を定期預金にしたもので、母の大切な老後の生活資金だ。即刻、信託契約を解約し、元の定期預金に戻してほしい」と一気にまくし立てられました。

勝室長は、「W支店に事情を確認のうえ、あらためて電話を差し上げます」といって、いったん電話を切らせていただきました。勝室長は、直ちにW支店の支店長にクレーム内容を伝えるとともに、証券営業部のH調査役にクレーム内容を報告したところ、H調査役は「できるだけ早く先方に出向き、ご意見を聞きたいので、Y氏とKさんの都合のよい日を聞いてほしい」との意見でしたので、勝室長はK氏に電話して、翌週の金曜日に面談することとなりました。そして坂本行員に、「来週の金曜日、証券営業部のH調査役とともにW支店に行ってくれ。今回の苦情は、金融商品の販売等に関する法律（以下「金販法」とします）上の業者としての説明責任が果たされているか、適合性の原則にのっとった販売が行われたかが問われるむずかしい案件だ。長男のY氏は○○証券の社員ということで、十分な証券知識をもっており、当行に対してかなり強い不信感を抱いているので、場合によっては係争に発展することも十分考えられる。具体的なヒアリングはH調査役が行うが、坂本君はお客様と冷静な話合いができるよう、H調査役をフォローしてくれ」と指示しました。

キーワード解説

○ノックイン条項

あらかじめ定められた期間中に、当初定めた一定の株価水準を１度でも下回ると、株式による償還が確定するといったように、一定条件に達すると権利が発生するオプションが組み込まれているものを指します。

事例９－２　お客様相談室にて

〈翌週の金曜日〉

勝室長の指示により朝からW支店に出向いていた坂本行員は、夕方５時過ぎになって、やっと当室に戻ってきました。

坂本行員：ただいま戻りました。

千葉行員：お帰りなさい、坂本さん。お疲れ様でした。

勝 室 長：お帰り、坂本君。今日は朝から大変だったね。で、状況はどうだった？

坂本行員：はい。相手の希望で、午後１時過ぎに支店長と証券営業部のＨ調査役とともにＫさん宅を訪問し、本人とＹ氏に面談しました。

勝 室 長：Ｋさんの様子はどうだった？　かなりご立腹の様子だったかね。

坂本行員：それが、怒っているという様子はほとんどなく、すべて息子に任せているという感じでした。こちらは、お年寄りのＫさんが深刻な顔で切々と苦情を訴える場面もあるのではないかと身構えていたのですが、面談の間、Ｋさんは質問されれば答える程度で、もっぱら発言するのはＹ氏でした。「一人住まいの年寄りが、嫌といえないのをいいことに、リスクの高い金融商品を売り付け、高い手数料を巻き上げる銀行の販売姿勢は断じて許せない。知人には弁護士もいるので場合によっては訴訟も辞さない」と、Ｙ氏が厳しく批判していたのには正直驚きました。

勝 室 長：やはりそうか……。最近の高齢者へのリスク性商品の販売に関するクレームは、契約者本人より、息子や娘などの近親者が激しく申し立てるケースが多くなっている。先日も「証券・金融商品あっせん相談センター」（以下「FINMAC」とします）の関係者のコメントとして次のような記事が新聞に掲載されていた。

> 日本証券業協会主催の金融ADR機関である「FINMAC」に寄せられる苦情では、被害を受けた高齢者よりも子息が訴えるケースが目立っている。投信などを購入して、結果的に損失を蒙った高齢者が、「涙ながらに訴えることはまずなく、淡々としている半面、息子や娘が金融機関側の説明不足などを問題視し、親を説得して

ADRに持ち込むケースが目に付く」（関係者）という。

ところで、なぜ契約者でもない子息が親にかわってクレームを寄せてくるのだろう。この点について千葉さんはどう思う？

千葉行員：私も先ほどから考えていたのですが、やはり大きな損失を被った親を子どもとして不憫に思っての発言ではないでしょうか。

勝 室 長：うむー、その点もあると思うが、あくまでも本人が担当者の説明に納得して署名・捺印したのならば、本件のように、契約に立ち会ってもいない息子が銀行に対して、「損失を被った親が可哀想だから、赤字となった責任をとれ」といわれても、「はいそうですか」と応じるわけにいかないだろう。それでは銀行のリスク性商品の販売自体、成り立たなくなってしまう。でも子息が親に成りかわり、激しく銀行を批判する理由は、それだけだろうか。

坂本行員：たしかに現場で聞いていて、Ｙ氏の激しいクレームに対し、当のＫさんは淡々としていることに、何か釈然としないものを感じましたが、それが何を意味するのかわかりませんでした。

勝 室 長：私も確信があるわけではないのだが、これにはＹ氏が契約者本人の「推定相続人」であるという事実が関係していると思う。相続という意味では、間違いなくＹ氏はＫさんの利害関係者だ。将来、自分が受け取るであろう相続財産が、自分の知らないうちにリスク性商品に振り変わり、大きく目減りしているのだから、心中穏やかではないだろう。それで、次の展開はどうなった？

坂本行員：はい、当初は、Ｙ氏の当行への批判が激しく、また本人が証券会社に勤めていることもあり、専門用語がポンポン飛び出してきて、「これは大変なことになるぞ」と内心、ハラハラしていたのですが、一通りＹ氏の主張を聞いた後で、Ｈ調査役が、相手を刺激しないよう、言葉を選びながらゆっくりと次の４点を説明しました。

① 金商法第39条では、リスク性商品に対する「損失補てん」は禁止

されており、お客様の申出に基づいて契約を無効にするには、金融庁の確認が必要になる。

② あくまでも損失補てんの可否を決めるのは、当行ではなく金融庁である。

③ 手続にはある程度時間がかかり、今後お客様に追加資料の提出などをお願いすることもあるので、その時はご協力をお願いしたい。

④ 最後に、お客様がこの場で「損失補てんを求める行為」も、「当行が損失補てんに応じる約束をすること」も、金商法第39条違反であり、双方が刑事罰の対象になるので、ご注意をお願いしたい。

すると、Y氏の今までの激しい口調は鳴りを潜め、後はH調査役がKさんに、契約当時の状況を淡々とヒアリングすることとなりました。

勝 室 長：うむ……、さすがH調査役だ。それで、最後に調査役は金融ADR制度についての説明もしたのだろ？

坂本行員：あっ、どうしてわかったのですか？ おっしゃるとおり、調査役は金融ADR制度のパンフレットに沿って、制度の概要と利用上の注意点について説明しました。私自身、金融ADR制度について、よく勉強していなかったので、お客様と一緒に聞いて、とても勉強になりました。

勝 室 長：当室の担当者が、「ADR制度についてよく勉強していなかった」ってのは、いただけないが、実際の「あっせん」に立ち会うことも多い証券営業部の調査役の説明を、直で聞く機会はそうないだろうから、いい経験になっただろう。特に金融ADR制度については、相手への「紹介のタイミング」がむずかしいのだが、

① Y氏が証券会社に勤務しており、相当に準備して申し出ている。

② 「知人に弁護士がいる。場合によっては訴訟も考えている」との発言があり、初めから紛争性が高い。

③ 本件は適合性の原則に関する判断がむずかしいケースであり、最

終的には損害賠償の金銭比率が争点となる可能性が高い。

以上の3点を考えると、銀行の主張とK氏側の主張が平行線をたどることは容易に想像でき、いたずらに時間を費やせば、交渉が決裂し、訴訟に発展することも十分に考えられる。そういう点を考慮してH調査役は早々に金融ADR制度の利用を切り出したのだろう。それで、その後の話合いはどうなった？

坂本行員：Y氏から、「ADRに持ち込む前に、しっかり銀行の説明を聞きたい」との発言がありましたので、調査役は「ごもっともです。私どもも十分調査を行ったうえで、できれば話合いで解決したいと考えております」とかたちどおりの返事を行い、今後のスケジュールを説明してKさん宅を辞しました。

勝室長：ところで坂本君は、初めて証券営業部の調査役に同行し、お客様と対応したことになるが、何か感じるところはあったかな？

坂本行員：はい。正直にいいますが、今回の案件は、支店の役席と私だけで対応していれば、問題は解決するどころか、解決の糸口さえ見つけ出せず、かえって問題をこじらせていたと思います。H調査役が同行してくれて、本当によかったと思いました。

勝室長：そうだね。本件のような法的な紛争が予想されるむずかしい案件は、十分な法律知識や対応経験がなければ、解決への道筋は描けない。過去には、支店がトラブルへの発展をおそれるあまり、本部に相談しないで安易に妥協案を示した結果、取り返しのつかない問題に発展したケースもある。本件のような事案は、できるだけ早い時期に本部支援を要請すべきなんだ。

実は、私が支店長をしていた頃、苦情・クレーム対応の過程でいちばん悩んだのは、「本部支援を要請するタイミング」だったんだ。「こんなことで本部に支援要請してよいのだろうか」「もう少し、支店で粘ったほうがよいだろうか」など、今考えると些細なことで悩んでいたと思う。

そもそも苦情やクレーム自体、イレギュラーな出来事なので、よほどトラブル対応の経験があるか、本部経験が豊富で、担当部署に知人がいるなどでなければ、安易には本部に相談しがたいものだ。このような心理から、重大なトラブル事案にもかかわらず、対応が後手に回り、傷口が大きくなってから、はじめて事態の深刻さがわかり、慌てて本部に相談するような失態が発生する。こういう事態を防止するため、関係各部と協議し、千葉さんに作成してもらったのが、この「苦情・クレーム申立者別フロー表」だ（図表Ⅱ－12参照）。先日の全店支店長会議で初めて配布したのだが、これが意外に好評で、たくさんの支店長から「苦情・クレームの全体像がわかりやすい」「これで本部に応援を頼みやすくなった」などの好意見をいただいた。また本部のほうからも「支店が責任をもって対応すべき領域と本部主導で対応すべき領域がはっきりしていて参考になる」との意見が多く寄せられた。私が支店長時代に悩んでいたことは、結局、多くの管理職も同じように悩んでいたってことだ。

千葉行員：そういっていただき、とても嬉しいです。実は、この表でいちばん苦心したのは、ADR機関を申立者に紹介する「タイミング」なんです。これからの紛争は、ADR制度を利用するケースが多くな

図表Ⅱ－12　苦情・クレーム申立者別フロー表

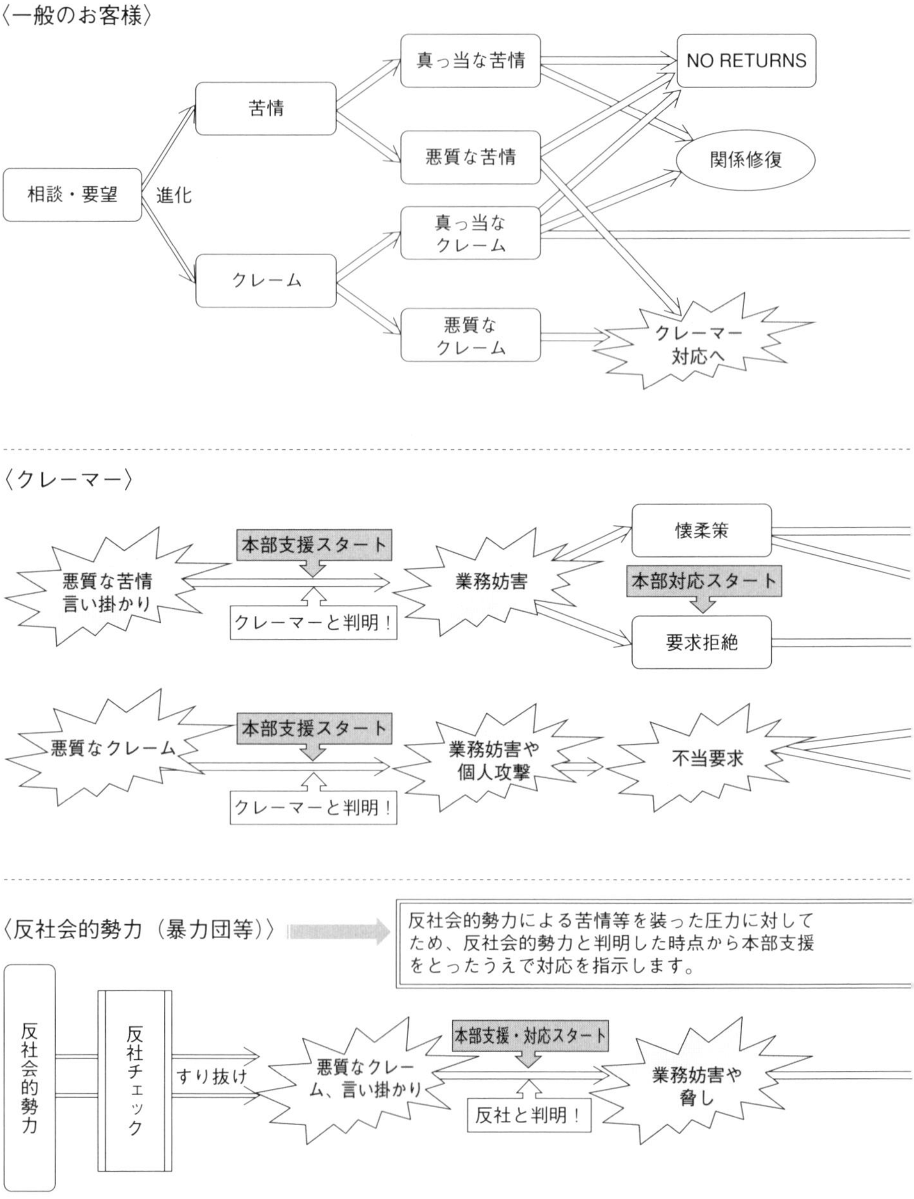
〈一般のお客様〉
相談・要望
進化
苦情
クレーム
真っ当な苦情
悪質な苦情
真っ当なクレーム
悪質なクレーム
NO RETURNS
関係修復
クレーマー対応へ
〈クレーマー〉
悪質な苦情言い掛かり
本部支援スタート
クレーマーと判明！
業務妨害
懐柔策
本部対応スタート
要求拒絶
悪質なクレーム
本部支援スタート
クレーマーと判明！
業務妨害や個人攻撃
不当要求
〈反社会的勢力（暴力団等）〉
反社会的勢力による苦情等を装った圧力に対して
ため、反社会的勢力と判明した時点から本部支援
をとったうえで対応を指示します。
反社会的勢力
反社チェック
すり抜け
悪質なクレーム、言い掛かり
本部支援・対応スタート
反社と判明！
業務妨害や脅し

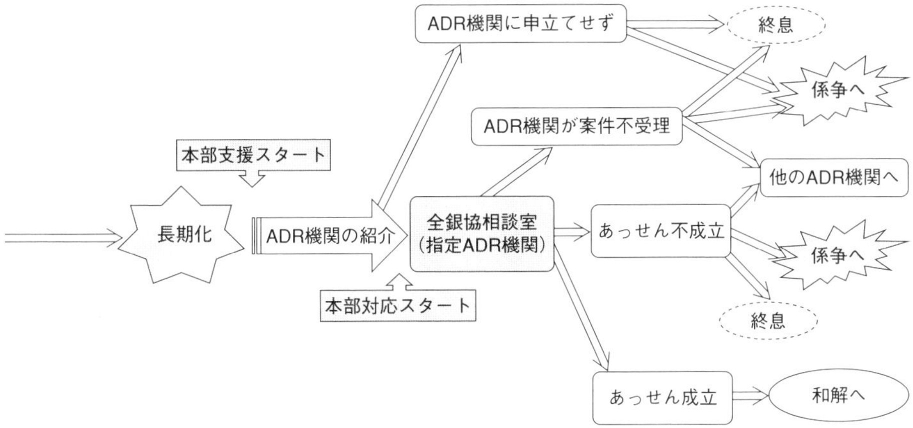

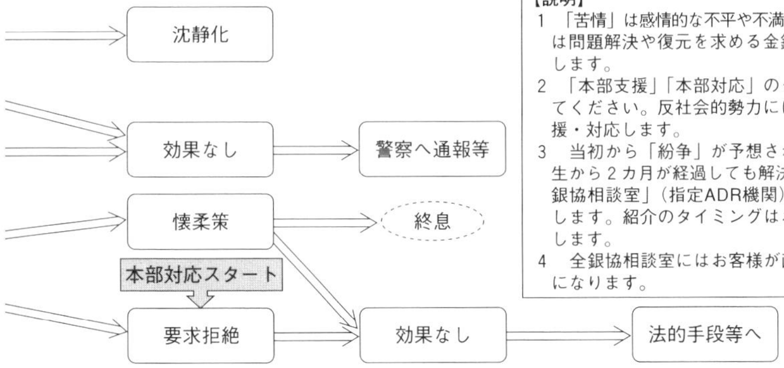

【説明】

1 「苦情」は感情的な不平や不満の表明、「クレーム」は問題解決や復元を求める金銭的な請求などを指します。
2 「本部支援」「本部対応」のタイミングに注意してください。反社会的勢力には初めから本部が支援・対応します。
3 当初から「紛争」が予想される場合や苦情等発生から2カ月が経過しても解決しない場合は、「全銀協相談室」(指定ADR機関)をこちらから紹介します。紹介のタイミングはお客様相談室が指示します。
4 全銀協相談室にはお客様が直接申し立てることになります。

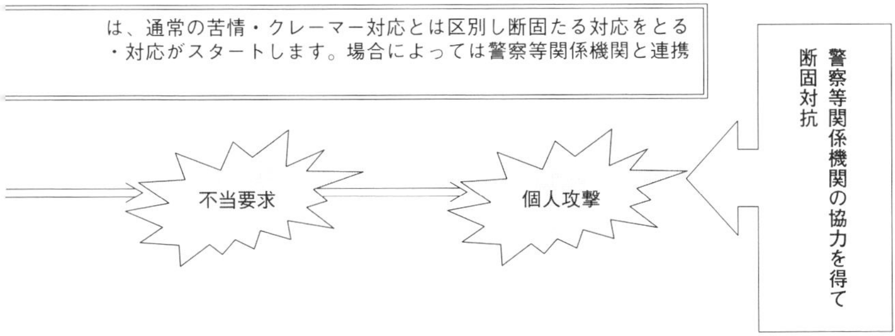

ると思うので、その意味でも、この紹介するタイミングの理解はとても大切だと思います。また、お客様から支店の窓口担当者が金融ADR制度について説明を求められることも考えられるので、この制度に関する正確な知識を習得してほしいと思います。

勝 室 長：行員の苦情・クレーム対応力の強化は、当室に与えられた大切なミッションだが、特に金融ADR制度は最近導入されたばかりの制度なので、行員の理解度も低いのが現状だ。研修を担当する機会の多い千葉さんには、行員をしっかり指導してほしい。

千葉行員：はい！

▶解　説

1　リスク性商品に関する苦情・クレームの傾向

平成22年度中に全銀協相談室および前身の東京銀行協会「銀行とりひき相談所」が受け付けた、苦情の業務別内訳は図表Ⅱ−13のとおりです。

平成22年度中に寄せられた苦情3,081件のうち、「デリバティブ」「証券業務」「保険業務」の３業務に関するものは680件であり、全体の22%を占めています。一方、増加件数をみると、全体の増加件数1,330件のうち、この３業務に関するものは、デリバティブ（＋281件)、証券業務（＋150件)、保険業務（＋57件）となっており、合計で488件の増加となっています（「Ⅰ　基礎知識編」第１章４、５頁もあわせて参照)。

リスク性商品に関する苦情が急増した背景には、「日本版金融ビッグバン」以降の規制緩和の流れのなかで、債券や投資信託、デリバティブ商品、個人年金保険などの分野で取り扱う商品が飛躍的に増加したことや、金融機関が手っ取り早くフロントで収益を稼げるリスク性商品の販売に傾注してきたことがあげられますが、お客様と営業店職員の双方にも次のような問題があります。

・お客様……長年、預金に慣れ親しんだお客様、とりわけ高齢者は、いくら説明を受けてもリスク性商品の仕組みやメリット、デメリットの理解はむ

図表Ⅱ－13　平成22年度苦情の業務分類別割合

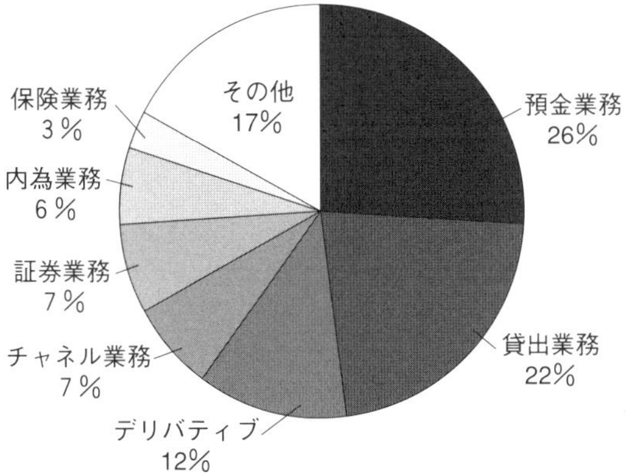

平成21年度	①預金業務	②貸出業務	③内為業務	④チャネル業務	⑤デリバティブ	⑥証券業務	⑦保険業務	⑧その他	計
件　数	577	422	128	110	82	61	49	322	1,751
割　合	33.0%	24.1%	7.3%	6.3%	4.7%	3.5%	2.8%	18.4%	100%

平成22年度	①預金業務	②貸出業務	③デリバティブ	④チャネル業務	⑤証券業務	⑥内為業務	⑦保険業務	⑧その他	計
件　数	791	667	363	234	211	182	106	527	3,081
(前年度比)	214	245	281	124	150	54	57	205	1,330
割　合	25.7%	21.6%	11.8%	7.6%	6.8%	5.9%	3.4%	17.1%	100%
(前年度比)	－7.3%	－2.5%	7.1%	1.3%	3.4%	－1.4%	0.6%	－1.3%	
(うち説明態勢)	33.0%	21.0%	68.6%	……	60.2%	……	72.6%	……	

(注)　全銀協の分類では「苦情」のカテゴリーのなかに、本書の「クレーム」が含まれています。

ずかしい。

・職　員……あまりに金融商品の変化が激しいため、営業店の現場でリスク性商品に関する一定レベル以上の知識をもった人材の育成が追いついていない。

全銀協に寄せられた苦情のうち、金融機関の「説明態勢（説明不足、説明相違等)」が原因で発生した苦情の割合は、「デリバティブ」が68.6%、「証券業務」が60.2%、「保険業務」で72.6%となっており、この問題を裏付けるかたちとなっています。リスク性商品販売を今後とも収益の柱としたい金融機関にとって、リスク性商品の販売態勢見直しと顧客サポート態勢の強化は喫緊の課題となっています。

Point リスク性商品販売時の説明責任が問われる苦情・クレームが急増している

2　クレームの特徴

リスク性商品に関するクレームには次の特徴があります。

(1)　クレームをゼロにすることはできない

リスク性商品を購入したお客様は、だれでも損はしたくないと思って購入しています。しかし、運用が期待どおりにいかず、不幸にして損が発生してしまえば、だれでも文句の一つもいいたくなるでしょう。それが人の常です。特定の金融機関と長年預金取引だけをしてきたお客様が、職員に勧められるままに、十分商品内容が理解できていないリスク性商品を契約し、その結果、損失が出てしまえば、「こんなに損失が出るとは聞いていなかった。話が違うじゃないか」「こんなリスクがあるなんて聞いていない。損失が出たのは金融機関の責任だ。損害を弁償しろ」などというようなクレームが発生することは、十分考えられます。勧誘・販売の各段階で、業者としての金融機関に「なんら落ち度がない」としても、結果としてお客様が損をすれば、クレームの発生する可能性は、十分にあるのです。

長年、ノーリスク（ペイオフのリスクはあります）の預金商品を扱ってきた金融機関の職員にとって若干抵抗はあるのですが、リスク性商品の販売には「クレームをゼロにすることはできない」という特徴があります。

(2)　「円満解決」となることはほとんどない

① リスク性商品に関するクレームには、多くの場合、発生の時点ですでに相手に「実損」が生じているという特徴があります。金融機関は、運用によっては「益」が出ることもあれば、「損」が出ることもあるリスク性商品の結果責任を、契約者が確実にとることを前提にリスク性商品を販売し

ています。リスク性商品に関するクレームは、つまるところ、契約者自身が負うべき結果責任を、販売した業者（金融機関）に責任転嫁しようとするものなので、クレーム発生時の金融機関の対応は、シビアなものにならざるをえません。勧誘・販売の過程で、業者としての金融機関側に、「実質的な説明責任」や「適合性の原則」に関するなんらかの落ち度があり、それによりお客様に実損が生じたのであれば、当局に届け出て、業者として誠実に損失補てんに応じるしかないのですが、金融機関側にまったく落ち度がないのであれば、この責任転嫁の申出を不当請求として退けなければなりません。

② リスク性商品に関するクレームは、多くの場合、まずお客様からの「自分が被った損害の原因は金融機関の落ち度にある」との主張から始まります。その後、双方の話合いでの解決を目指すのですが、その結果にどうしても納得できないのであれば、ADR機関や裁判所の判断を仰ぐしかありません。つまりリスク性商品のクレームは、「紛争」へと発展する可能性が高いという特徴があるのです。

③ 通常の苦情・クレームは、まずお客様（利用者）への「謝罪」から始まり、金融機関側の誠実な対応等により問題が解決すれば、優良なお客様（収益顧客）として戻ってくることも多いのですが、リスク性商品の販売に係るクレームが「紛争」に発展した場合、残念ながら、「雨降って地固まる」的な「円満解決」となることは、ほとんどありません。これはADR機関からお客様（申立者）に有利な「あっせん案」が出て、双方が和解した場合も同じです。だから誠実な対応をしなくてもよいというのでは決してないのですが、多くの場合、申立者は「紛争」を契機に当該金融機関との取引を解消し、他の金融機関に取引を移すなどの行動に出ます。

④ リスク性商品に関するクレームは、ADRや裁判に発展する危険性の高いものであり、その結果も「円満解決」となることはほとんどないという認識があれば、営業担当者が勧誘・販売時に記録する交渉履歴（接触履歴）は、おのずと充実したものになるでしょう。なぜなら、後日、ADRや裁

判に発展したときに、担当者を守る最後の砦は、まさに交渉履歴（接触記録）しかないということに気づくからです。

(3) 営業店だけでは解決しない

リスク性商品に関するクレームは、対象となる商品の仕組みが複雑であることに加え、なにぶん、過去の勧誘・販売状況が調査の焦点になるため、事実関係の確認には時間がかかります。また話合いには、証券や保険、マーケット、関係法令などの専門的な知識や金融ADR制度・裁判などの知識も必要となるため、しかるべき時期に本部の専門部署へバトンタッチすることになります。「この種のクレームは営業店だけでは解決できない」「営業店の役割はここまでで、出過ぎてはいけない」「後は上手に本部に引き継ぐことが営業店の役割だ」という認識があれば、申立者との受け答えも慎重になります。

3 営業店の役割と対応上の注意点

リスク性商品に関するクレームは典型的な「時限爆弾的なクレーム」ですので、多くの場合、申立者は事前に十分準備してやってきます。つまり相手は、戦闘モードでやってくるのです。これに対し営業店が、「無為無策」では初動対応が失敗するのは明らかです。次のポイントを押さえて、対応してください。

(1) 営業店の役割

リスク性商品に関する苦情やクレームを受けたとき、求められる営業店の役割はどのようなものでしょうか。それは初動対応時にしか聞けない、申立者の「素直な感想」を聞くことだと思います。

実際の係争では、原告や被告の供述内容が、いくつかの裁判の過程を経て、徐々に変わっていくことがあります。同じようにリスク性商品の苦情・クレームも、申立者の発言が自己の都合のよいように変化していくことがありますが、発生時には申立者も担当者に対し、素直な感想を述べることが多く、本心が聞ける可能性が高いのです。あくまでも淡々と「聞き役」に徹することが大切です。

⑵　対応は必ず２人以上で

対応は、必ず役席を含めた２人以上で行い、１人が「聞き役」、１人が「記録役」に徹します。通常の苦情・クレーム対応では必要な「冒頭謝罪」は不要です。何とか金融機関から「謝罪→損失補てん」という図式を引き出そうとしている申立者が、「金融機関は自らの『落ち度』を認めた」との誤解を招くおそれがあります。聞き役と記録役の役割は次のとおりです。

①　聞き役

相手と敵対しないことを心がけ、「このような申出があること自体、何か原因があるはずだ」という謙虚なスタンスで面談に臨み、次の項目についてヒアリングします。相手から意見が得られた場合は、内容をオウム返しで確認するくらいの慎重さが必要です。

・今回、クレームを申し出ようと思った動機
・当時の担当者が行った商品説明について（覚えている範囲でよい）
・その説明に対する感想
・契約書に署名・捺印した意図
・「投資状況のお知らせ」をみたときの感想

※営業店の初動対応は、長い紛争の緒戦かもしれません。個人的な意見を述べたり、反論したい気持ちをグッと抑え、申出内容の確認に徹してください。営業店の役割は、意見を戦わせ、「相手を説得すること」ではありません。

②　記録役

「５Ｗ１Ｈ」のルールにのっとり、会話内容を詳細に記録することはもちろんですが、相手の服装や受け答えの様子などももれなく記録してください。

⑶　本部へのバトンタッチ

最後に「本日お聞きした内容を本部に報告し、当時の担当者にも状況確認を行ったうえで後日、本部担当者とともに訪問いたします」と申し上げ、今後の交渉は、本部とともに行うことを伝えます。金融機関として、誠実に対応する姿勢を示すことを忘れないでください。

▶事例解説

1　事例の結末

その後、K氏側と銀行との間で計２回、話合いが行われましたが、「銀行側の販売姿勢に問題があった」と主張するK氏側と、「当時の勧誘・販売の各段階で法令違反となるような行為はなかった」と主張する銀行側との溝は埋まることはなく、最初の申出からちょうど１カ月が経過した頃、K氏側はFINMACに苦情の申立てを行いました。銀行はFINMACからの調査依頼により、詳細な報告書を提出し、これに基づきFINMACは調査結果をK氏側に報告しましたが、K氏側は「納得できない」として、あらためてFINMACに「あっせん制度」利用を申し出ました。

その後、市内某ホテルの会議室で、銀行側の陳述書をもとに、あっせん委

図表Ⅱ－14　お客様（申立者）からみた一般的な金融ADRの流れ

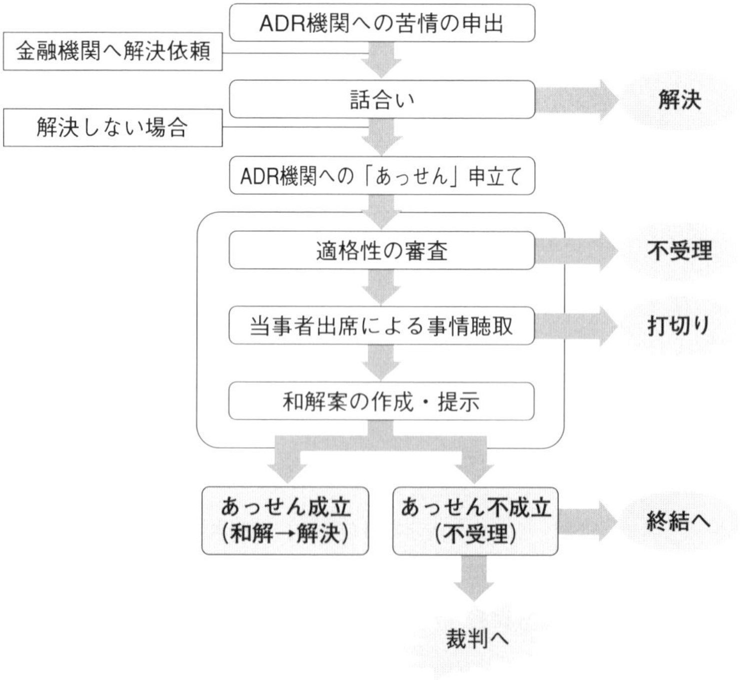

員（弁護士）の仲介による「あっせん」が、計２回行われました。「あっせん」には、申立者のＫさんとＷ支店の当時の担当者であるＥ係長も招集され、双方に対し当時の勧誘・販売状況についての聴取が行われた結果、あっせん委員は、「Ｅ係長にはＫ氏に商品内容を理解させるだけの商品知識はなかった」「Ｋ氏には、国債や中国ファンドの購入経験はあるものの、高リスク商品を購入するだけの『経験』も『ニーズ』も認められない」とし、銀行側に「説明責任義務」と「適合性の原則」に反する行為があったと認定とし、Ｋ氏側と銀行の双方に「銀行側にＫ氏の損害額（約200万円）の７割支払」の和解案を提示しました。

銀行側は和解案を持ち帰り、協議した結果「受入れやむなし」との結論になり、10日後に和解解決書に調印し本件は終結しました。

2　リスクが高い高齢者へのリスク性商品の販売

高齢者に対するリスク性商品の販売については、各地の金融機関に多くの苦情やクレームが寄せられています。そんななか、平成22年８月26日、大阪地裁から、高齢者へのノックインタイプの高リスク投信販売で、金融機関に対して初めて損害賠償が認められた判決が出ました。訴訟の申立者は、契約当時79歳の一人住まいの女性でした。本判決では、「顧客の意向と実情に反して、明らかに過大な危険を伴う取引を積極的に勧誘するなど、適合性の原則から著しく逸脱した証券取引を行わせたときは、当該行為は不法行為法上も違法となると解するのが相当である」としたうえで「不法行為の成否に関し、顧客の適合性を判断するに当たっては、具体的な商品特性をふまえ、これとの相関関係において、顧客の投資経験、証券取引の知識、投資意向、財産状態等の諸要素を総合的に判断する必要がある」と判示しています。また説明義務については「業者と顧客との知識、経験、情報収集力の差異からすれば、業者には信義則上、当該顧客が商品の仕組みや危険性を具体的に理解することができる説明を当該顧客の経験、知識、理解力等に応じて行う義務がある」としたうえで、「原告が高齢者であること、被告担当者が知識不足で説明能力に疑義があること、原告がリスクを理解できたとはいえないこと、被告担当者の説明がリスクを認識させる程度のものではなかったこと等から、被告の説明義務違反を認め、これが不法行為を構成する」と判断しています。今回の判決のキーワードは、「高齢者」「女性」「一人住まい」です。特にこの３点に該当するお客様に対するリスク性商品の販売は、たとえ、相手が納得し、契約書に署名・捺印したとしても後日、係争となった場合には、不法行為とされる可能性が高いので相当に注意が必要です。これは、デリバティブ（金融派生商品）を組み込んだ投資信託に限らず、「変額個人年金保険」「仕組預金」「外貨預金」など、高リスクの商品全般に当てはまります。特に「仕組預金」については、「預金」と名前がついているため、元本保証の預金と間違いやすく、中途解約時の「損失金」や「違約金」に対して、多くの苦情やクレームが寄せられているので注意が必要です。

高齢者へのリスク性商品の販売は、「原則、推定相続人の同意を必要とする」等のガイドラインを設けている金融機関が多いと思いますが、なかには、「原則」を削除し、例外規定のない「推定相続人の同意」を条件とするなど、法務リスクへの対策を強化している金融機関もあります。

いずれにしても、高齢のお客様の潜在意識にある「お堅い銀行のいうことだから……」「地元の金融機関だから……」という認識に甘えたまま、営業担当者が「押込み」のような販売をしてしまうと、そのツケは将来、大きなリスクとなって現れる可能性が高いということを十分認識すべきでしょう。

3　無理な販売が大きな損失に……

事例のＫさんは、代々資産家の家に生まれ、５年前に亡くなったＫさんのご主人は、Ｋ家の婿養子でした。Ｋさんの自宅はＷ支店から500ｍほどの近距離に所在することもあり、大地主であった曾祖父の代からの大口預金先でしたが、今回のトラブルを契機に、支店取引はすべて解約され、競合するライバルのＢ信金に移されてしまいました。ADR機関が仲裁に入るほどの紛争になれば、取引解消も致し方ないかもしれません。

和解案をのむことで銀行が被る損害が大きいことはいうまでもありませんが、子々孫々まで支店の優良取引先、よき収益顧客であったと思われる取引先を失うことのほうが、より大きな損失であることは間違いありません。営業担当者の勧誘が積極的になりすぎ、「適合性の原則の拡大解釈」や「商品リスクの説明不足」などの法令違反を犯すことのないよう、営業店管理者は、常に目を光らせておく必要があります。

Point 無理なリスク性商品販売は、後日、大切な収益顧客を失うことになる

［金融ADR制度について］……補足説明

金融ADR制度は平成22年10月１日、為替デリバティブ関連の損失や株価の下落による投資損失など、金融取引をめぐるトラブルが増加するなかでスタートしたこともあり、さまざまな意味で金融機関の苦情・クレーム、トラブル・紛争の解決法に変化をもたらしています。これまでは、「苦情申立者との間で争点や要求内容が明確でない案件」や「申立者の主張と金融機関の主張が平行線をたどり長期化してしまった案件」などの解決は、裁判所に持ち込まざるをえなかったのですが、新制度が導入されてからは、「話合い」と「係争」との中間に位置する「使い勝手のよい制度」として周知されつつあります。実際に金融機関がADR機関からの「あっせん」を受けるとなれば、その後は主に本部担当部署が担当している金融機関が多いと思うので、ここでは営業店の皆さんがお客様から金融ADR制度について説明を求められた際、または制度を紹介する際の注意点やポイントに焦点を絞って説明したいと思います。

1　制度の概要

金融ADR制度の「ADR」とは、「Alternative Dispute Resolution」の略であり、これを直訳すると「代替的な紛争解決」となり、次のように表現されます。

「主務大臣が指定した、金融分野における苦情処理や紛争解決を行う法人・団体（指定ADR機関）が、紛争解決の中立性と公正性を確保しながら、調停、仲裁等の当事者の合意に基づき、金融機関に手続応諾、資料

図表Ⅱ－15　金融ADR制度の仕組み

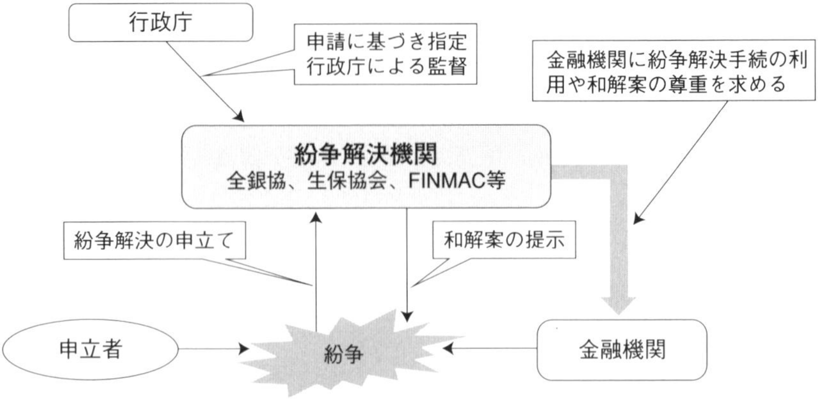

・紛争解決機関が指定されない段階では、金融機関自身に苦情処理・紛争解決への取組みを求め、利用者保護の充実を図る。
・和解案は弁護士・認定司法書士等からなる紛争解決委員が策定する。

提出、和解案の受諾などを求め、紛争解決を図る、金融分野における苦情処理・紛争解決の枠組み」

金融ADR制度の仕組みは図表Ⅱ－15のとおりです。

2　裁判との相違点

金融ADR制度を利用する場合、お客様（申立者）には裁判を利用する場合と異なる次の６つのメリットがあります。

①　簡 易 性

苦情・クレーム申立者が、電話や手紙で簡易に紛争解決の申立てができる。

②　迅 速 性

専門家である紛争解決委員が手続を先導するため、紛争内容に応じた迅速な紛争解決手続が可能。通常の裁判では、結審（結論）までに１年以上もかかることもあるが、この制度では通常、４カ月以内での解決を目指している。

③　低 廉 性

通常の裁判では、弁護士への経費の支払などで数十万円から数百万円の費用がかかることもあるが、この制度の運用費用は主として金融機関から徴収されるので、申立者の経済的な負担は原則、ない。紛争解決手段として申立者が利用しやすくなっている。

④　専 門 性

一定の資格や要件をクリアした紛争解決委員が手続を行うことから、当事者が納得する紛争解決が期待できる。

⑤　柔 軟 性

当事者である金融機関と申立者の間の交渉力等の格差や取引状況に応じて柔軟な紛争解決を行うことが可能であり、また業態ごとの取組状況等に応じた柔軟な対応ができる。

⑥　非公開性

裁判は、原則「公開」で行われるが、金融ADR制度の手続は、原則「非公開」としており、当事者の率直な意見や主張をふまえた紛争解決が可能。

3　ADR機関を紹介する際の注意点

金融庁の監督指針や検査マニュアルでは「苦情等の内容や顧客の要望等に応じて適切な外部機関等を顧客に紹介する」としています。最近の為替デリバティブ関連のクレーム事案では、金融機関がADR機関を紹介する前に与信先企業が申し立てるケースも見受けられますが、ほとんどの申立者は、金融ADR制度の存在自体知らないので、金融機関のほうから金融ADR制度を説明し、ADR機関を紹介することになります。その際の注意点は次のとおりです。

(1)　適格性のないものは受理されない

ADR機関はすべての紛争を解決してくれるわけではなく、あっせん申立ての適格性のないものは受理しません。たとえば銀行業界の指定ADR機関である全銀協相談室では、適格性のないものとして次の８つをあげています。

① 取引の名義が当該顧客本人でない場合（ただし相続等明らかに合理的な理由がある場合を除く）。

② 消滅時効期間が満了していることが明らかである場合。

③ 訴訟が終了または民事調停が終了したものである場合。

④ 過去に、あっせん委員会によるあっせんを受け付け、その手続が終了したものである場合。

⑤ 他の指定紛争解決機関や紛争の解決を実施する外部機関によるあっせん、仲裁等の手続が終了または、手続中である場合。

⑥ 加入銀行の経営方針や融資態度、あるいは銀行員等個人にかかわる事項等、事柄の性質上、紛争解決手続の利用が適当でないと認められる場合。

⑦ 申立てが申立書の記載内容全体からして失当であることが明らかである場合。

⑧ 不当な目的で、もしくはみだりにあっせんの申立てをしたと認められる場合。

⑵ 受理の見通しについて

営業店担当者がお客様（申立者）から、あっせんの見通しを質問された場合、各ADR機関が公表している不受理のケースを示し、初めから受理されないと判断される案件を申し立てることのないよう説明する必要があります。また申立てを受けたADR機関が受理するかどうかの見通しを聞かれることもあるかと思いますが、受理するかどうかはADR機関が判断するので、楽観的な見通しを述べることは禁物です。申立者への説明は次のようになります。

a：お客様の案件は、「案件を受理しないケース」の⑥に該当すると思われますが、実際に受理するか否かの判断はADR機関が行うため、見通しは申し上げられません。恐縮ですが、お客様から直接、ご希望のADR機関にお電話していただき判断してください。

b：指定ADR機関（全銀協相談室など）から示されている受理しないケースは次の一覧表のとおりです。お客様の案件は、直接このケースに該当しませんが、受理されるか否かはADR機関の判断によるため見通しは述べられません。大変恐縮ですが、お客様から直接ADR機関にお電話いただき、ご自身で判断をお願いします。

(3) 紹介を要するケース

次のケースでは、お客様（申立者）により広い選択肢を与えるためにも金融ADR制度の説明とADR機関の紹介を行う必要があります。ただし前述のADR機関における「あっせん申立ての適格性」を充足するものに限ります。

① 申立者と金融機関の主張の隔たりが大きく、初めから紛争性が高いと思われるケース。

② 申立者が初めから裁判を想定して、弁護士などに相談しているケース。

③ 申立者が、金融機関の過失が明確な証拠等をもち、損失補てんや契約解除を迫るケース。

④ 申立者と金融機関の争点や要求内容が必ずしも明確でなく、公平な第三者の視点からの事実認定が必要と思われるケース。

⑤ 申立者と金融機関の双方に落ち度があり、最終的な損害賠償の金銭比率が争点となるケース。

⑥ リスク性商品の販売における適合性の原則に関する判断がむずかしいケースで、双方の主張の隔たりが大きく、金銭面での責任割合の調整等が必要なケース。

(4) 紹介するタイミング

お客様（申立者）にADR機関を紹介するうえで、最も注意が必要なのは紹介するタイミングです。タイミングが早すぎても、遅すぎても次のような苦情の発生が考えられます。

〈紹介が早すぎる場合〉

・なんら解決の努力をせず、安易にADR機関の利用を勧めた場合、お客様が「金融機関は自らの努力による誠実な解決を放棄した」と判断し、紛争の解決が、かえって困難になる。

・金融機関が紹介することにより、なかなか解決しない問題をADR機関が解決してくれるものと思い込み、結果として申出が受理されなかったり、申立者が納得できるような「あっせん案」が出なかった場合、新たな苦情が発生する。

〈紹介が遅れた場合〉

・「本来なら金融ADR制度を利用することで金銭的な負担もなく紛争解決を試みることができたのに、金融機関が説明してくれなかったため多額の費用をかけて専門家（弁護士等）に相談してしまった。なぜ金融ADR制度を教えてくれなかったのか」というような苦情が発生する。

このような苦情を発生させないためにも、担当店が独自にタイミングを判断して、ADR機関を紹介するより、本部担当部署が営業店からの報告により紹介するタイミングを営業店に指示するほうがよいと考えます。

Point　ADR機関紹介のタイミングがむずかしい

(5)　お客様への切り出し方

金融ADR制度をお客様に説明する際は、こちらから積極的に勧めるというよりも、提案するというスタンスのほうがお客様の納得を得やすいと思います。この際は、次のような切り出し方が考えられます。

「金融機関としてできる対応にこれ以上のものはありません。これ以上、話合いを続けても、平行線をたどるばかりと考えます。このあたりで、公正な第三者の意見を聞くというのはいかがでしょうか」

(6)　ADR機関について

お客様から金融ADRを受け付ける窓口は、所属する金融事業者の属する業界団体に指定ADR機関が「ある場合」と「ない場合」では異なります（指定ADR機関は図表Ⅱ－16のとおりです）。全銀協会員の金融機関では、全銀協相談室が窓口となり苦情を受け付け、相手方の金融機関に苦情内容を通知し迅速な解決（苦情処理）を求めます。金融機関はこれを受け、お客様と

図表Ⅱ－16　指定ADR機関一覧

団体名	業務の種別等
㈳生命保険協会	・生命保険業務 ・外国生命保険業務
一般社団法人全国銀行協会	・銀行業務 ・農林中央金庫業務
一般社団法人信託協会	・手続対象信託業務 ・特定兼営業務
一般社団法人日本損害保険協会	・損害保険業務 ・外国損害保険業務 ・特定損害保険業務
一般社団法人保険オンブズマン	・損害保険業務 ・外国損害保険業務 ・特定損害保険業務 ・保険仲立人保険募集
一般社団法人日本少額短期保険協会	・少額短期保険業務
日本貸金業協会	・貸金業務
特定非営利活動法人証券・金融商品あっせん相談センター（FINMAC）	・特定第一種金融商品取引業務

（注）　金融庁ホームページより（平成24年４月）

「話合い」を行いますが、「話合い」で解決できない場合、お客様は全銀協が設置する「あっせん委員会」の「あっせん」を受けることができます。信用金庫や信用組合など指定ADR機関がない金融機関では、まずお客様と金融機関の間で苦情解決のための「話合い」を行い、解決できない場合、お客様は、その金融機関が指定した外部ADR機関（弁護士会の「あっせん（仲裁）センター」、国民生活センター、消費生活センターなど）に対して「あっせん」を申し立てることができます。

金融機関のほうからADR機関を紹介する場合は、金融機関が推薦するADR機関しか選択肢がないと誤認されないよう注意しなければなりません。たとえば、全銀協会員の金融機関では、指定ADR機関である全銀協の利用を義務づけられていますが（金商法37条の7第1項）、まずお客様に「金融ADR外部機関一覧表」等をご覧いただき、お客様に希望するADR機関がないことを確認したうえで紹介することとなります。

全銀協の「あっせん」は、従来は東京だけで行われていましたが、現在は、大阪、名古屋、高松、福岡、仙台、札幌でも行われています。これに対し、FINMACは全国に「あっせん委員」を配置し、お客様（申立者）の住所地の都道府県庁所在地（北海道は札幌、函館、釧路、旭川）で「あっせん」を行っています。事例9－1では、申立者のKさんは地方在住の高齢者であり、申立内容も投資信託に関する専門性の高いものであるため、証券会社勤務の息子（Y氏）の勧めにより、証券取引等に関する紛争を専門に取り扱うFINMACに「あっせん」を申し立てたものと思われます。

4　交渉期限の設定

実際の苦情・クレーム案件では、申立者の主張と金融機関の主張が平行線をたどり、いつまでたっても解決せず、長期化してしまうことがあります。このような場合、営業店での交渉期間を「発生日から長くても2カ月以内」とし、原則として2カ月を過ぎればADR機関を紹介するというルールを設定するのもよい方法だと思います。営業店での対応期間を明示することにより次の効果が期待できます。

① 営業店に迅速な解決を促し、担当者が問題解決を先延ばしするリスクをなくす。

② 長期未済案件の積み残しを防止する。

③ 「もっと好条件が出るのではないか」と期待し、解決を先延ばしする申立者に対してADR機関を紹介することにより、次の紛争解決ステップへスムーズに移行できる。

5　進捗管理の徹底

ADR機関紹介のタイミングを本部が指示する場合、営業店と本部の双方が、確実に個別案件の進捗状況を管理していることが前提です。受け付けた営業店が、確実に本部に報告しなければ、本部はアドバイスや指示を行えません。「苦情やクレームが発生したら、３営業日以内に本部へ報告する」「交渉の進展に進捗があれば直ちに報告する」など、迅速かつもれのない報告ルールの徹底は、顧客サポート態勢の確立に不可欠です。

6　トラブル解決の心構え

金融ADR制度は裁判にかわる制度として創設されたものなので、あっせんが成立しなかった場合、使用された書類や報告書は、後日の裁判で使われる可能性もあります。場合によっては初めから弁護士意見を添えることも考えられます。このため指定ADR機関へ提出する書類の作成には、本部と担当店に膨大な事務負荷がかかります。またトラブルの原因をつくった担当職員への事情聴取は厳格なものにならざるをえないので、担当職員の心理的な負荷（ストレス）は重いものがあります。たしかに金融ADR制度は、お客様(申立者）にとって使い勝手のよいものですが、金融機関としては、安易に金融ADR制度の利用を勧めるのではなく、まず金融機関自らが、お客様(申立者）と誠実に話し合い、円満解決を目指して真摯に努力しなければなりません。これは金融ADR制度が始まったからといって、変わるものではありません。

Point　苦情・クレームは、まず金融機関自らの努力での解決を目指す!!

第6章 住宅ローンに関する苦情・クレーム

事業性資金の需要が低迷するなか、個人ローン、とりわけ住宅ローンは比較的、底堅い需要があり、また事業性貸出に比べ不良債権比率が低いということもあり、各金融機関は限られた市場のなかで体力消耗戦ともいえる熾烈な獲得競争を繰り広げています。その一方で、長引く景気低迷を背景に、雇用や賃金情勢が悪化しており、約定どおりの返済ができない利用者も増加していますが、中小企業金融円滑化法が施行され、住宅ローン等の利用者もその対象となったため、金融機関は返済困難に陥った利用者からの借入条件変更の申出には積極的に応じています。このため当面のデフォルトリスクは先送りされていますが、総合的にみて、以前ほど住宅ローンは安定的な収益を見込める分野ではなくなっているのが現実です。このような情勢のなか、本章では依然多い「住宅ローン審査に関する苦情・クレーム」への対応について考えてみたいと思います。本章の事例は、さまざまな要素が絡み合った苦情ですが、住宅ローン審査に関する基本的な知識と、これまでに学んだ苦情・クレーム対応ノウハウを駆使すれば、解決の糸口は、きっと見つかると思います。では事例からみていきましょう。

事例10-1 住宅ローン審査に関する苦情

・2月15日（火）

厳しい寒さの続く2月15日、K支店の個人ローン担当者A行員は、来店したお客様（W氏）から住宅ローンの相談を受け付けました。

Ａ行員：いらっしゃいませ。本日はどのようなご用件でございますか。

Ｗ　氏：実はマイホームの建築を計画しており、住宅ローンについて教えていただきたくて参りました。

Ａ行員：当店をご指名いただきありがとうございます。それでは、申込みに際しての簡単な質問をさせていただきますので、この「個人情報利用承諾書」にご記入いただき、こちらの用紙にお客様の氏名、生年月日、勤務先など基本的な事項をご記入ください。

Ｗ　氏：はい。

Ａ行員：当店お取引先の○○自動車販売㈱にお勤めでございますね。

Ｗ　氏：はい、○○自動車で営業課長をしています。

Ａ行員：いつもごひいきいただきありがとうございます。では早速ですが、ご家族構成と勤続年数などお聞かせください。

Ｗ　氏：わが家は、妻と子ども２人の４人家族です。私と妻が40歳、長男が中学１年生（13歳）、次男が小学校３年生（９歳）です。私は、工業専門学校卒業後、県外の自動車部品製造会社に就職していたのですが25歳で辞めて、今の会社に入社したので、今年で勤続15年目です。妻は○○工務店で事務員として働いています。今年でたしか５年目だと思います。土地は、現在住んでいる賃貸マンションに近い場所に、

よい物件があるので、できれば早く購入したいと考えています。妻は、子どもの夏休み中に転居できればといっていますが、間に合いますか？

A行員：土地購入資金のみ、先にローンを実行することは可能です。着工が早ければ８月竣工も可能だと思います。ところで具体的な建築計画、資金計画はできていますか。

W　氏：はい。計画は、建築会社に知人がいるので、アドバイスを受けて、ほぼできあがっています。土地購入費用約1,300万円、建築費用約2,000万円、その他諸費用もあわせると、総額4,000万円ほどになります。

A行員：ありがとうございます。それでどのくらいのお借入れをご計画ですか。

W　氏：貯金を解約すれば、500万円ほど用意できるので、住宅ローンは3,500万円、返済期間は35年でお願いします。

A行員：ありがとうございます。では概算で結構ですので、ご主人様と奥様の年収を教えてください。

W　氏：私の昨年度の年収は540万円、妻は200万円を若干超えている程度だと思います。

図表Ⅱ－17　W氏の住宅ローン申込みの概要

年　齢	40歳	（費用）		（調達）	
勤務先	○○自動車販売	土地代	1,300万円	借入金額	3,500万円
勤続年数	15年	建　物	2,000万円	自己資金	500万円
年　収	540万円	諸費用	700万円	計	4,000万円
家族構成	妻、子ども（２人）	計	4,000万円	期　間	35年
メイン銀行	当行	総借入金年収倍率	6.48倍	金　利（保証料含む）	1.35%
他の負債	なし	返済比率	30.0%	毎月返済額	104,612円

（注１）　返済比率は金利３％で、毎月返済額は金利1.35%で計算しています。
（注２）　金利には保証料（0.2%）が含まれています。

A行員：失礼ですが、ご主人様は他の金融機関、クレジット会社などで、お借入れはございますか。

W　氏：他の金融機関などの借入れはいっさいありません。クレジットカードや割賦の利用は数年前からやめているので残高はありません。妻もないと思います。

A行員：ありがとうございます。奥様も年収がございますので、連帯債務者か連帯保証人にすることで、収入を合算して借入限度額を計算できますが、他にローン等の借入れがなければ、ご主人様の年収だけでも、3,500万円の借入れは可能だと思います。

W　氏：借入金額が大きいので、3,500万円は少しむずかしいかなと思っていたので、安心しました。
　では、私単独でお願いします。

A行員：こちらが住宅ローンの商品概要と仮審査の申請に必要な書類でございます。次回はいつ頃、ご来店いただけますか。

W　氏：これだけなら、来週月曜日には持参できます。

A行員：ではよろしくお願いいたします。来週の月曜日、お待ちしております。

W氏が帰られた後、A行員が申出内容を整理したところ、図表Ⅱ－17のようになりました。

次に当行との取引状況をチェックし、以下の内容を確認しました。

① W氏の普通預金は、給与振込み、公共料金等の口座振替などメイン口座として利用されている。残高は約40万円であり、他にも当店に本人名義で500万円、妻名義で300万円の定期預金があり、妻の給振口座の残高約50万円をあわせると、世帯の総預金は約900万円である。

② W氏の普通預金から割賦やクレジットの振替実績はない。

以上から、A行員は、「この案件はまったく問題ない」と判断しました。

ちょうど、今日は業務終了後、2階会議室で期末に向けた営業推進会議が開かれる予定であり、住宅ローン推進担当者として進捗状況を発表する役割のA行員は、「W氏の案件は、順調にいけば土地代だけでも今期中に実行できる」と考え、会議で配布する住宅ローン推進状況表にW氏の案件を今期成約見込先として記入しました。

・2月21日（月）

約束どおり、W氏がA行員を訪ねて来店してきました。

A行員：W様、いらっしゃいませ。お待ちしておりました。

W　氏：今日は指示された書類をもってきました。確認してください。

A行員：拝見させていただきます。申込書ではほかの金融機関からのお借入れはないようですが、クレジットカードの契約もございませんか。

W　氏：数年前までは、クレジットカードをたくさんもっていたのですが、3年前にすべて解約したため、今は1枚ももっていません。

A行員：それでしたら、借入金額も問題ありません。通常の住宅ローンでは、いったん「仮審査」で申請を受け付け、住宅ローン保証会社の仮審査承諾を得て、「正式審査」の申請へと進むのですが、土地の購入は急がれているのですか。

W　氏：実は土地の場所がよいので、できるだけ早く契約するように不動産会社からいわれています。

土地代だけでも早くローンを実行していただきたいのですが……。

A行員：わかりました。W様の場合は、保証会社の承諾も問題ないと思うので、それでは初めから「正式審査」で申請を受け付け、できるだけ早く実行できるようにしましょう。審査に必要な書類はこの説明書のとおりです。土地の売買契約書や工事請負契約書などができましたらほかの書類とともにご提出ください。

W　氏：わかりました。それでは、早速、契約を進めます。やれやれ、これでひと安心だ。

W氏は、肩の荷が下りたという感じで、足取りも軽く、支店を後にしました。

・３月７日（月）

㈱Ｈ建設の営業課長とともに来店したW氏から、「正式審査」に必要な書類を受領し、一通りチェックしましたが、これといった問題もなかったので、Ａ行員は「それではたしかに申込みをお受けしました。通常、審査は１週間ほどかかるので、結果は遅くとも３月17日（木）までには連絡できると思います」といいました。これに対して㈱Ｈ建設の営業課長は、「W氏は私の高校時代の先輩で、信用の厚い方なので問題はないと思うのですが、審査で否決されるようなことはないでしょうね」と身を乗り出して確認しました。Ａ行員は、「自己資金も十分だし、返済計画も問題ないので、まず大丈夫だと思います」と見通しを答えたところ、課長もW氏もおおいに安心し、談笑しながら支店を後にしました。

ちょうど、月末前の繁忙時期に差しかかっていたこともあり、Ａ行員は「W氏の案件は、これといった問題もないので、今週中に本部に書類を提出すれば、来週水曜日には保証承諾の回答が来るだろう」と考え、

W氏の申込みの事務処理は後回しにして、ほかの仕事に取りかかりました。その後、期末事務も加わり、忙しい日が続いたため結局、W氏の住宅ローンの審査依頼は、受付から1週間後の翌週月曜日（3／14）になってしまいました。

・3月16日（水）

お昼を過ぎても審査結果が出ないで、個人ローン部に確認の電話を入れたところ、担当の審査役から、「保証会社からまだ審査結果の回答はない。回答を急ぐ案件なら、どうしてもっと前に余裕をもって審査依頼しなかったのだ」と叱責を受けましたが、回答期限の明日（3／17）には審査結果は出るだろうと考え、その日は特にW氏への連絡はしませんでした。

・3月17日（木）

10時頃、審査役から「保証会社は思いのほか、審査に手間どっているようだ。審査結果が出次第、追って連絡する」という電話があり、2時間後の正午過ぎに、「保証会社から『保証基準外』ということで『謝絶』の通知があった」との連絡が入りました。慌ててA行員は「どうしてですか。住宅ローン受付の要件はすべてクリアしており、申込人の取引状況、信用状況も問題ないはずです。何かの間違いではありませんか」と問いただしましたが、審査役からは「あなたも住宅ローン担当者として理解しているだろうが、保証会社は書類審査だけでなく、『外部信用情報（以下「外信」とします）』等で申込人の適格性や適合性をチェックしており、過去にクレジットカードや割賦、他の金融機関の与信取引で事故や延滞があれば、適格性に欠けるとして保証に応じない。このような事態を防ぐためにも支店には、まず『仮審査』を申請し、保証会社の審査を通過してから『正式審査』を申請するよう指導しているのに、どうして本件は最初から『正式審査』で申請したのですか。いずれにしても、直ちに申込人に連絡してください」との返事でした。A行員は、自分でも顔色が青くなっているのを感じながら、慌ててW氏の勤務先に連絡しましたが、あいにくW氏は営業に出ており、連絡がとれたのは、夕方6時を少し回った時刻でした。A行員は、保証会社の保証承諾が得られなかったこと、よって住宅ローンの申込みは受け付けられないことを伝えましたが、W氏は「あなたは申込書をもっていった時、『問題ない』といったじゃないか。私も建築会社も、ローンは間違いなくOKだと思い、計画を進めている。いまさら、ローンが出ないとはどういうことだ。明日から2日間は出張で、行けないので、連休明けの火曜日（3／22）に支店に行くから、状況を説明してくれ」と激しい剣幕で電話を切られました。

・3月22日（火）

朝一番、支店のシャッターが上がるのと同時に来店したW氏は、真っ直ぐに個人ローン窓口に歩み寄り、先日の電話同様、激しい剣幕でA行員を責め出しました。驚いたA行員は上司のT課長とともに、W氏を応接室に誘導し、連絡が遅れたことへの謝罪と保証承諾が得られなかったことへの理解を求めましたが、「Aさんの説明により、間違いなく住宅ローンが出るものと思い、3月10日に土地購入の手付金100万円を払い込んでしまった。ローンがむずかしいのなら、なぜ早く連絡してくれなかったのだ。不親切にもほどがある。何とか借入れができるようにしてくれ。でなければ、知合いの弁護士に相談して、銀行を訴えるぞ」と大声で怒鳴り出しました。「もうストップできないかもしれないが、いまから建築会社に行ってくる。明日、支店長から銀行の正式回答をいただきたい」と言い残してK支店を後にしました。

その日の夕方、お客様相談室の勝室長は、K支店のF支店長から苦情発生の第一報を受け取りました。

キーワード解説

○仮審査と正式審査

金融機関によっては、「仮審査」を「事前審査」、「正式審査」を「本審査」と呼ぶところもありますが、本章では第一段階の審査を「仮審査」、第二段階の審査を「正式審査」としています。また第一段階の「仮審査」は金融機関本体で行い、保証会社審査を行わない金融機関もありますが、本章では「仮審査」から保証会社に審査申請する仕組みを想定しています。

事例10-2 お客様相談室にて

お客様相談室の坂本行員は、勝室長の指示により今日は朝からK支店に出向き、3時前にやっとお客様相談室に戻ってきました。

坂本行員：ただいま戻りました。

千葉行員：お帰りなさい、坂本さん。お疲れ様でした。

勝 室 長：坂本君、お帰り。今日は1日大変だったね。で、どうだった、K支店のお客様の様子は？

坂本行員：はい。11時過ぎにF支店長、T課長、A行員とともに、支店の応接室でW氏と面談しましたが、最初W氏は、「A行員の『ローンは間違いなく組める』という説明を信じ、すでに土地購入の手付金を振り込み、建築会社にも設計依頼している。いまさらローンは組めないといわれても、どうしようもない。もしローンを借りられず、手付金が流れでもしたら、銀行に責任をとってもらうぞ。場合によっては訴訟も辞さない」と大きな声で憤慨していましたが、最後には「念願のマイホームに住めると喜んでいた妻や子どもには、どう説明したらいいのか」といって、頭を抱え込んでしまいました。

勝 室 長：うむ……。やはりそういうことになったか。W氏からローン審査の申請を受けるにあたり、A行員は「融資予約」と受け取られかねない説明を行ったようだね。建築会社もA行員の説明を信じて、すでに建築設計や建築資材の購入を始めていれば、損害賠償を請求され

る可能性も十分考えられる。支店では、その辺のリスクを考えて、丁寧に説明していたかね？

坂本行員：はい。T課長が住宅ローン審査の仕組みについて丁寧に説明したうえで、「土地の売買契約書を調べたところ、『ローン特約』がついており、契約から1カ月後の4月11日（月）までに銀行から融資が受けられなかった場合には、払い込んだ手付金は売主から返還されます。手付金についてはご安心ください」と説明したところ、W氏は少し落着きを取り戻し、冷静に話を聞いてくれるようになりました。T課長が「保証会社が否決する理由はさまざまであり、保証会社に聞いても教えてくれないのがルールですので、原因は確認のしようもありませんが、今までローンやクレジットカード、割賦の返済が遅れたようなことはありませんか」と聞いたところ、W氏は首を傾げ、「ローンも割賦もないので、そのようなことはないとは思いますが……」といいましたが、気を取り直して支店長に、「他にローンを組む方法はないのですか。支店長、何とかしてください」と、すがるような口調で頼み込んでいました。

勝 室 長：それに対してF支店長はどう答えたの？

坂本行員：支店長は少し考えた後、「事情はよくわかりました。A行員に誤解を与えるような言動があったこと、ご心配をおかけしたことについては、あらためてこの場で深くお詫び申し上げます」と深々と頭を下げ、「本日、お伺いした内容をもとに、店内で対応を協議し、あらためて明日、ご連絡させていただきます」と申し上げ、今日のところはW氏にお帰りいただきました。

勝 室 長：なるほど……。さすが、F支店長だ。謝罪すべき点はしっかり謝罪し、検討する時間をいただいたわけだな。最初の面談から支店長が同席しているのも正解だ。住宅ローンに限らず、与信に関する苦情やクレームは与信判断が必要なので、最終判断を下す支店長がいなければ、先に進まない。支店長は元融資部の主任審査役だっただけに、事態の深刻さと緊急性を認識していたようだね。

ところで千葉さん、最近の住宅ローンに関する苦情やクレームの動向はどうなってるの？

千葉行員：はい。最近の住宅ローン案件は、提携業者が支店に持ち込むケースが多いので、審査結果に対して直接、行員が苦情やクレームを受けるケースは少なくなったのですが、それでも年に数件は発生します。このほかにも、応対する行員の説明不足、対応遅延、事務ミスなどに対する苦情は多く、念願のマイホームという夢がかかっているだけに、厳しいトラブルに発展するケースも少なくありません。

勝 室 長：なるほど……。住宅ローン利用申込者は、初めて銀行から「お金の借り方」の指南を受けるようなものだから、担当者にその辺の配慮がなければ、銀行の説明責任が問われるようなトラブルも後を絶たないってわけだ。ところで坂本君、F支店長は、この問題をどう処理するつもりなのだろうか。

坂本行員：W氏が帰った後で、F支店長とT課長、A行員の3人の話合いの場に、私も同席したのですが、最後にF支店長は、W氏の申出内容、取引状況などを再度検証し、購入予定の土地の資産価値を検証するよう2人に指示しています。現段階では、今回のトラブルにどのように対応するか検討中というところです。

勝 室 長：うむ……。いずれにしても本件は、むずかしい案件なので解決には時間がかかるだろう。坂本君は、支店との連絡を密にして、支援要請があればしっかりサポートしてくれ。

坂本行員：はい！

キーワード解説

○**ローン特約**（ローン条項ともいう）

土地の売買契約後に、金融機関に住宅ローンを申し込んだが断られ、購入資金が手配できなくなったことを理由に、契約を解除する場合に限って、契約の際に買い手が売り手に支払った手付金を、売り手は返還しなければならないという特約です。通常は、契約日から1カ月後が有効期限となります。消費者保護を目的につくられた特約ですが、あくまでも「特約（特別な約束）」なので、契約書に当該条文が盛り込まれていなければ効力は発生しないので注意が必要です。

〈問　　題〉

さて、あなたは事例のような住宅ローンの審査結果に対する苦情に直面したとき、どのように対応しますか。あえて選ぶとすれば、次の3つのうち、どれを選択しますか。お考えください。

A……保証会社が「保証基準外」として否決した案件なので、融資は諦めてもらう。

B……他の保証会社に保証依頼してみる。

C……保証付ローンは諦めて、プロパー融資を検討する。

※解答は〈事例解説〉の項目で説明します。

▶解　　説

1　住宅ローンでトラブルが生じやすい理由

通常、金融機関の住宅ローンの審査は「仮審査」と「正式審査」の2段階となっており、まず「仮審査」を通過したうえで「正式審査」の承認を得られなければ実行できません。このため、「仮審査通過＝ローン承諾」と誤認した申込人が、金融機関に相談もなく、勝手に土地購入や建築設計などの手続を進めてしまい、後日、正式審査の承諾を得られなかった場合、深刻なトラブルに発展するケースがあります。このような行き違いが生じる原因としては次の３点があげられます。

① 保証会社は審査の内容を公表しないので、住宅ローン申込者も支店担当者も審査に通ったかどうかの判断がむずかしい。

② 金融機関担当者や提携ローン業者が「仮審査」と「正式審査」の違いをよく理解していないため、申込人へのヒアリングや申込書の記載内容で、勝手に審査結果を推測し、「仮審査が通れば、まず大丈夫」というニュアンスを軽々しく伝えてしまう。

③ 申込人も、「審査に通りさえすれば念願のマイホームが手に入る」という期待が大きいだけに、「仮審査通過＝ローン承諾」と早合点しやすい。

このようなトラブルを避けるためには、まず金融機関の担当者が「仮審査」と「正式審査」の違いをしっかり理解し、申込人から「仮審査」の申請を受けた時点で、「仮審査を行う理由」「仮審査と正式審査の違い」「仮審査が通っても正式審査で落ちる可能性がある」この３点について、相手が納得するまで説明する必要があります。

2　保証審査の仕組み

⑴　保証審査のフロー

以前の住宅ローン審査では、現在のような「仮審査」→「正式審査」という手順はなく、一回の審査ですべて完結していましたが、これには次のような弊害が生じていました。

① 法人とは異なり、個人は、多くの与信業者（金融機関、クレジット業者、割賦販売業者、貸金業者）からの借入れが可能であり、ヒアリングだけでは本人の負債の全容が把握できない。

② 多額の負債を抱え延滞を繰り返す、いわゆる多重債務者がいる。

③ 他の借入れが多く、住宅ローンを実行することにより結果的に返済不能

図表Ⅱ－18　建売住宅購入のケースのフロー

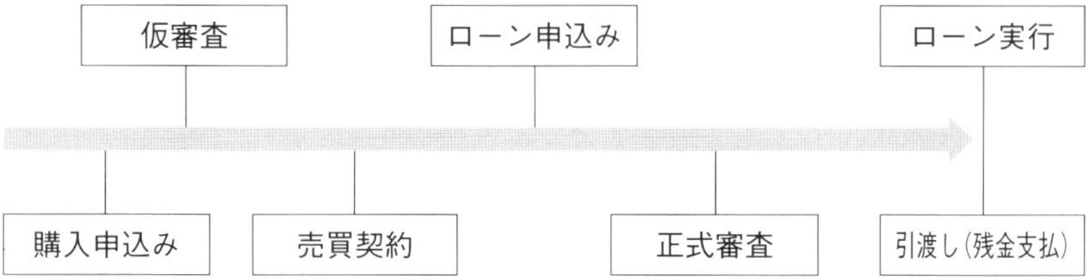

に陥ってしまう人がいる。

④　一回の審査の場合、当初から契約書や証明書などの多くの書類や証明書が必要となるため、承認を得られなかった場合、お客様（利用者）の労力や費用が無駄になってしまう。

このような弊害をなくすために、現在の住宅ローン審査では、まず「仮審査」を行い、通過した案件のみ「正式審査」にかけられる仕組みが一般的になっています（図表Ⅱ－18）。

⑵　「仮審査」と「正式審査」の違い

住宅ローン審査では、「仮審査」と「正式審査」の２段階で、申込人の「適格性」（過去に借入れに関する事故はないか、他の借入れも含めて延滞はないか）と「適合性」（長い期間、無理なく返済できる返済能力はあるか）を検証しています。

〈仮審査〉

いわゆるイメージ審査であり、申込書（審査申請書）に記入された属性（年齢、勤務先、勤続年数、家族構成、年収等）や借入希望額から「適格性」と「適合性」を審査しています。多くの金融機関では、実際に申込書をスキャナーでパソコンにイメージ取込みを行い審査部署や保証会社に回付しています。

〈正式審査〉

いわゆるエビデンス審査であり、「仮審査」で検証した内容を、営業店から送付された証明書、免許証の写しなどのエビデンスにより相違ないかチェックしたうえで、登記簿謄本や字図、契約書等のエビデンスにより、担保物件に問題（瑕疵）がないかなどを検証しています。また申込人の信用状況が「仮審査」時点と「正式審査」時点とで大幅に悪化していないか、あらためて外信でチェックし、たとえば「仮審査」以降に借入れやクレジット、割賦の利用が大幅に増加した場合には、「謝絶」とするケースもあります。

「正式審査」が通ってはじめてローン承認となります。

⑶　「外信」について

次に、「仮審査」と「正式審査」の際に、保証会社が最も重視する「外信」について説明します。金融機関などの会員企業は、「CRIN」（３つの個人信用情報機関の交流ネットワーク）で交流する個人信用情報（いわゆる「外信」）を、それぞれが加盟する信用情報機関を通じて入手しています（図表Ⅱ－19）。金融機関内の取引内容、申込人からのヒアリングだけでは把握できない、他の金融機関の与信状況をみることができます。「外信」を与信判断に利用することにより、結果的に、社会的な問題となっている消費者への

図表Ⅱ－19　交流ネットワーク「CRIN」の仕組み

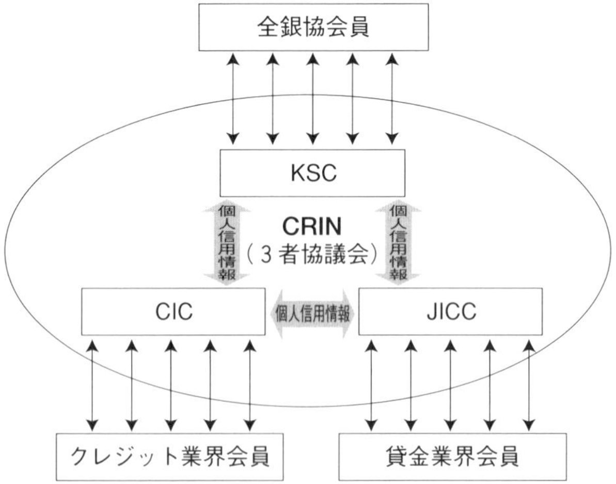

（注）　各社の取り扱っている情報については、巻末資料№7の一覧表をご覧ください。

過剰貸付、多重債務者の発生を防止することができます。「CRIN」に参加している個人信用情報機関は次の３つです。

・全国銀行個人信用情報センター……銀行等金融機関が会員。通称「KSC」という。
・株式会社日本信用情報機構……主に貸金業者、リース事業者が会員。通称「JICC」という。
・株式会社シー・アイ・シー……主に割賦販売等のクレジット事業者が会員。通称「CIC」という。

キーワード解説

○CRIN

「CRIN」は「Credit Information Network」の略であり、３つの個人信用情報機関が運営する３者協議会（信用情報交流ネットワーク）のことです。「CRIN」は、それぞれの信用情報機関が保有する信用情報のうち「延滞に関する情報」および「本人が各信用情報機関に申告した本人確認書類の紛失・盗難に関する情報」などを交流させるためのシステムです。

各与信業者は所属する業界の個人信用情報機関を通じて得た「外信」を、各社独自の審査ノウハウによりさまざまな角度から検証しています。与信業者が「外信」をどのように利用しているかは公表されていませんが、これは「外信」の利用方法自体が、各社の重要な与信ノウハウであり、「外信」の利用方法を公表することにより、信用状況の悪い利用者に悪用されるのを防ぐ目的もあります。

⑷　「審査否決率」と「審査結果の見通しの回答」について

① 住宅ローン保証会社の否決率は、所在する地域の特性、審査スタンス等で大きく異なると思いますが、少ない会社で10%台、多い会社では30%を超えるといわれています。住宅ローン審査において、否決されるケースは結構多いのです。

② 上述のとおり、保証会社の審査内容はいわゆる「ブラックボックス」と

なっており、営業店には開示されていません。申込人から審査の見通しを尋ねられた際、金融機関内の情報やヒアリング情報だけで担当者が判断し、「問題ないと思いますよ」というような安易な見通しを述べることは、この否決率をみてもきわめて危険といわざるをえません。

③　申込人から審査の見通しを尋ねられた場合、「審査の判断は、本部と保証会社が行うため、営業店では見通しは申し上げられません。審査結果が出ましたら、直ちにご連絡しますので、恐縮ですがいましばらくお待ちください」というような慎重な回答が必要です。

Point　住宅ローン審査の見通しは答えられない、憶測で答えてはいけない!!

▶事例解説

1　金融機関の法的な責任

事例のようなトラブルを起こさないために、住宅ローン審査では「仮審査」と「正式審査」の通過を借入れの条件としているのですが、A行員は、あまりにW氏の属性がよかったため、また営業推進上、今期中に実行したいという思惑もあり、自己判断で「仮審査」を省略し、一回で「正式審査」を進めてしまいました。今回の事例は、「住宅ローンの審査結果が出ないうちに、お客様が間違いなく借入れできると勝手に『早とちり』してしまい、土地購入契約をしてしまったものであり、銀行に非はない」と結論づけ、苦情を退けたいところですが、この苦情、そう簡単には解決しません。

勝室長が顧問弁護士に相談した結果も、「A行員の説明は、建築会社の社員立会いのもと、『融資予約』ととられかねない発言をしており、それを信じた申込人や建設会社などが実際に住宅建設の準備（土地の購入、建築設計、資材の購入等）を行っていれば、銀行側に損害賠償責任が生じる可能性はありうる。少なくとも銀行側に『信義則上の義務違反』が発生する可能性は十分にある」というものでした。

2　まず「分類」する

本件の対応を考える前に、次の「分類表」を使って、まずこの苦情・クレームを「分類」してみましょう（図表Ⅱ－20）。

① まず「時間軸による分類」ですが、この苦情の原因は、A行員がW氏から「仮審査」申請を受け付けた時に発生しています。通常であれば「仮審査」→「正式審査」に進むべき審査手順を省き、一回で「正式審査」を進めてしまったA行員の判断ミスと、その後の「融資予約」ととられかねない発言にあります。通常どおり「仮審査」から進めていれば、W氏が土地の購入手続などを始める前に、保証会社の審査結果が判明し、このようなトラブルは発生していなかったと考えられます。よって本件は「潜伏型の苦情・クレーム」と判断します（「Ⅱ　実践編」第2章、37頁の「解説」参

図表Ⅱ－20 「苦情・クレーム」分類表

分類項目	該当
発生パターンによる区分	
突発型	
潜伏型	○
申出内容による分類	
感謝・お褒めの言葉	
相談・要望	
苦情	○
クレーム	
言い掛かり	
申立者の分類	
一般のお客様（利用者）	○
精神障がいが疑われる人	
クレーマー	
反社	

照）。

② 次に「申出内容による分類」ですが、本件を苦情とするかクレームとするかで、後の対応は大きく変わるので、慎重に判断する必要があります。苦情とクレームの大きな違いは、苦情が「心情・感情の問題」であるのに対し、クレームは心情・感情の問題にとどまらず、損害賠償などリーガルリスクが含まれる点にあります。「土地購入の手付金をすでに支払っている。どうしてくれる」というW氏の発言はありましたが、ローン特約により、金融機関からの融資が受けられなかった場合の手付金返還が確認されており、建築会社への発注問題も、まだそれほど日数がたっていないことから、ストップが可能と思われます。よって本件は、「苦情」と判断します（「Ⅱ 実践編」第３章第２節、57頁の「事例解説」参照）。

③ 最後に「申立者のタイプによる分類」です。W氏を「一般のお客様（利用者）」と考えるか、「クレーマー」と考えるかですが、クレーマーとは、「常習的に苦情やクレームを申し立てる人」を指します。たしかにW氏は、かなり激しい口調でA行員の対応を批判していますが、事例のようなトラブルに遭遇すれば、ある意味、だれでも苦情を申し立てます。なかには大きな声を出す方もいるでしょう。「大きな声で苦情やクレームをいう人」イコール「クレーマー」ではありません（「Ⅱ 実践編」第４章第４節、81頁参照）。よってW氏は「一般のお客様（利用者）」と判断します。

以上をまとめると、本件は「一般のお客様（利用者）からの潜伏型の苦情」であると判断します。これにより、次のような対応が考えられます。

① まず、誠実かつ真摯に対応する。
② 最初から責任ある者（T課長、支店長など）が対応する。
③ 拙速は避け、「事実関係の把握」と「与信判断」に相応の時間を掛ける。
④ 先入観をもたず、冷静に判断する。
⑤ 判断に窮する場合は、躊躇せず、本部に相談する。

3 解決策の検討

本章の153頁の〈問題〉、なかなかの難問だと思いますが、あなたはA、

B、Cの選択肢のうち、どれを選びましたか。結論をお聞きする前に、W氏との面談の2日後、K支店では、F支店長、T課長、A行員の3人が支店2階会議室で、今後の方針について協議をしているようですので、まず3人の意見を聞いてみましょう。

事例10-3　K支店会議室にて

支店長：2人に集まってもらったのはほかでもない、W氏の苦情の件だが、まずA君が調査したW氏の取引状況から説明してくれ。

A行員：はい。W氏の当店との取引開始は、平成3年4月の普通預金口座開設時です。以来、給料振込み、公共料金・授業料の引落しなど、家計メインの口座として利用されています。現在、定期預金500万円、普通預金平残は約30万円あり、優良な取引先といえます。ただ、2年前まで割賦やクレジットの支払が月4～5件、月間平均で7万円ほどだったのですが、半年前にはすべてなくなっています。一方、W氏の妻は、定期預金300万円、普通預金平残は50万円あり、普通預金は給振口座として利用されています。また、3年前に毎月3万円の積立型投信に加入しており、これを加えるとW家の世帯預貯金は1,000万円程度になります。ほとんど当店に来店したことのないW氏と違い、毎月3～4回、勤務先の用務で来店する妻については窓口係もよく覚えており、積立型投信は、将来の子どもの進学資金として契約したとのことです。

支店長：なるほど……、世帯メインの取引があり、取引状況も良好というわけだな。

次にT課長、今回のW氏のマイホーム建築計画と購入予定地の物件について説明してくれ。

T課長：はい。まず購入予定地ですが、市内でも人気のあるS団地に位置し、バス停まで歩いて10分程度の好立地にあります。不動産業者は、既存の住宅を取り壊し、更地にして売り出しており、W氏が購入を急いでいたのもうなずけます。地積は186㎡（約56坪）、路線価で計算した担保評価額は約1,000万円、坪単価178千円であり、今回の売買価格1,300万円は、おおむね妥当な金額だと思います。次に建物ですが、木造2階建て、総床面積は132㎡（約40坪）。建物本体の建築価格2,000万円を坪単価に引き直すと500千円となり、標準的な価格と思いますが、諸費用700万円は高いと思い、見積書をチェックしてみると、太陽光発電システムの設置と高価なカーテンや照明、壁の装飾などの費用が原因となっており、見直しの余地はあると思います。

支店長：2人とも短い時間だったが、よく調査してくれた。お礼をいう。ところで今回の苦情の対応だがどうしたらよいと思うか、現段階での2人の考えを聞かせてくれ。まずA君から始めてくれ。

A行員：この案件を受け付けた時、W氏の属性や当店での取引状況を調べたのですが、おおむね良好であり、本件借入れに対する年間返済比率も約30%なので、保証会社の承諾は間違いないと判断したのですが、保証会社の審査結果が「謝絶」だったことを考えると、他の金融機関からの借入れやクレジット・割賦なども多い「多重債務者」か、もしくは過去に自己破産などの「事故」があったと考えられます。本人の申告では、「他に借入れはない」とのことだったので信じたのですが、私の判断が甘かったと反省しています。まだ相手に損害は発生していないのですから、ここは謝罪で押し通し、住宅ローンは諦めてもらうのが妥当だと思います。

T課長：私は少しA行員の意見とは違います。たしかにW氏には、当店のうかがい知れない問題があるようですが、本件で「保証謝絶」の回答が出たのは、当行の関連会社の○○信用保証だけです。W氏の属性や担保掛率からみて、他の保証会社に依頼すれば、承諾が得られる可能性はあると思います。場合によっては、少々保証料の高い保証会社に依頼してみるのも手だと思います。何社か「仮審査」の申請をして、それでも保証が得られないのであれば、W氏も諦めがつくでしょう。プロパーでの対応も考えたのですが、W氏に「badな情報」、もしかすると「black情報」があるかもしれないことを考えると、プロパーはむずかしいと思います。

腕を組み、静かに２人の意見を聞いていたＦ支店長は、少し考えた後、言葉を選びながら、自問するように話し出しました。

支店長：そうか。２人の意見はよくわかったが、私の意見はどちらの意見とも違う。

まずＡ君の意見についてだが、「保証会社が『保証謝絶』の結論を出したのだから、W氏に何か悪い情報があるに違いない。住宅ローンの前提である保証会社の保証が得られないのだから諦めるしかない」と結論づけているが、はたしてそれは正しい結論だろうか。「多重債務者の可能性がある」とのことだが、現在のW氏の預金や取引状況を考えると、まず「多重債務の問題はない」と考えたほうがよいのではと思う。

銀行が「まず問題ない」と考えた案件が、保証会社の審査で否決されることは、珍しいことではない。「仮審査」での保証会社の否決率は公表されていないが、少ない会社で10%、多い会社では30%を超えているといわれている。そもそも、銀行の審査と保証会社の審査の違いはどこにあるかというと、「外信」という判断材料をもっているか否かに尽きる。住宅ローン金利が低下し、薄利多売の状況になっているため、今では、審査の大部分を保証会社に頼り、銀行は「募集」「受付」と「実行」を担当しているにすぎない。また本来であれば、銀行側が負わなければならないデフォルトリスクも、保証会社の保証が得られれば、考えなくてよいというのは、拡販するには好都合だが、一方で、保証会社の判断を盲信してしまう傾向にあるのはいかがなものかと思う。保証会社が「外信」から得た情報と、行員が直接本人と接触し、現地で収集した情報とでは、どちらが与信判断の材料としての価値があるかといえば、間違いなく現場で収集した生の情報だろう。第一、「鮮度」も「量」もまったく違う。保証会社が「謝絶」とした申込人は、「外信」などの限られた情報をもとに、保証会社独自の審査基準で「保証基準外」としたにすぎない。「謝絶」となった申込人は、「犯罪者」でもなければ「反社」でもない。保証会社の審査結果に、あまり過剰反応しないことも必要だと思う。

A行員：たしかに支店長のおっしゃるとおり、住宅ローンの事務は、形式や要件のチェックに終始し、審査は保証会社がするものと思っていました。そのため、保証会社の「謝絶」＝「ローン不適格者」と決めつけ、さっさと次の案件に取りかかるというのが常でした。

支店長：現在、当店の住宅ローンの過半数は、提携住宅関連業者からの持込案件だが、業者は販売実績をあげるために、お客様のライフプランなど十分に考慮せず、属性や年収、返済比率により、「借りられるだけ借りる」という基準で、目一杯の借入額を申込書に記入し、銀行に持ち込んでいる。その結果、ライフプランの変化により、ローン返済が困難になる債務者も多くみられる。業者側の販売姿勢に問題があるともいえるが、実際にローンを販売しているのは銀行であり、銀行は「金融」という公的役割を担っていることを考えると、「ライフプランはしっかりできているか」「収入に比して過大な借入れになっていないか」などの点を「お客様目線」でチェックしたうえで、「お客様の収入とライフプランに沿った『無理のない』返済計画となっているか」を十分検証し、借入額が過大であれば、申込人や建築業者に見直しを要請することも必要だ。社会的問題となっている「加重与信」や「多重債務」を防止するという意味でも、銀行の役割は大きい。

以前は、住宅ローンは、融資の基礎を学ぶためのものという意味合いもあったのだが、今は与信判断も管理も行わない、まったくの「取次業務」となっているのであれば、そこに融資人材育成の効果は期待できない。住宅ローンも取り組みようによっては、与信判断の基本である債務者の実態把握、定性分析、定量分析を鍛える機会となるのに惜しいことだと思う。A君は「2年目行員ながら責任感もあり、業務にも自己啓発にも積極的に取り組んでいる」と周囲の評価は高い。住宅ローン担当という業務を通じて、今後は、自分の与信判断力を鍛えるつもりで個人ローン業務に取り組んでほしい。

A行員：はい。いわれてみれば、今まで「お客様のため」というより「営推目標達成のため」に取り組んでいたため、肝心の「お客様目線」で考えることがなかったように思います。また住宅ローンという仕事に対しても、書類が形式的に整っているかという点ばかりに終始し、肝心の与信判断という点が欠けていたと思います。

支店長：次にT課長の意見だが、これは一見正論のようにみえるが、1つ見落としている重要な点がある。住宅ローン審査は、保証会社への審査申請からスタートするが、申請を受けた保証会社は審査にあたり、個人信用情報機関から申込人の「個人信用情報」（外信）を入手している。問題となるのは、そのアクセス状況が「照会履歴」として他の会員に開示されているという点だ。たとえば、A保証会社が住宅ローン審査のため、申込人の個人信用情報を入手すれば、その照会日時や目的などが「外信」上で公表され、同じように保証申請を受けたB保証会社は、これを与信判断の材料として利用できる。

「照会履歴が多いのは申込人の信用状況が悪い証拠」「過去、他の金融機関に申し込み、謝絶された可能性がある」と判断するなど、「照会履歴」の件数自体を有力な与信判断材料としている与信業者もあると聞く。複数の保証会社に審査申請し、それで1社でも「承諾」が得られればよいが、各社の「外信」の判断の仕方に、そう差異はないとすれば、すべて「謝絶」される可能性もある。そうすれば申込人に関する「照会履歴」のみが多数残ってしまい、以後、住宅ローンに限らず、クレジットや割賦なども組めなくなってしまう可能性がある。

個人の「信用」は、その人が今日まで築いた「財産」でもあるのに、本人の知らないうちに傷ついているとしたら、決してよい気持ちはしないだろう。利用者保護の観点からも問題があると思う。

T課長：保証会社は、「外信」を利用し、さまざまな角度から審査しているとは聞いていたのですが、「照会履歴」も判断材料になっているとは思いもしませんでした。

支店長：そこで、私の意見だが、この案件は「プロパー」での対応を検討すべきだと思う。

与信にかかわるトラブルは多くの場合、与信をつければ解決するが、それは銀行として相応のリスクをとることを意味する。それだけに保証付きのローンと違い、プロパーは慎重な対応が必要だが、本件はプロパー貸金を経験する絶好の機会でもあるので、A君に取り組んでもらうことにする。T課長は、しっかりA君をサポートしてくれ。ポイントは超長期の「期間リスク」をどうするかだ。土地の売買契約に付されたローン特約期限（4月11日）まであと2週間ほどしかない。2人とも期末で忙しいだろうが、最優先で取り組んでくれ！

T課長、A行員：はい!!

[建築費の見直しとライフプランの作成]

その後、A行員とT課長は計3回、W氏宅を訪問し、奥様も話合いに参加して「無理なく返済できること」を第一条件に、W家のマイホーム建築計画の見直しに着手しました。検討内容は次のとおりです。

1　建築費について

まずT課長が、「今の借入予定金額3,500万円は、ご主人様の年収の6.4倍となっており、平均的な借入規模（5倍）より、かなり大きくなっています。長い返済期間を考えると総費用の見直しが必要と思うのですが、いかがでしょうか」と問いかけたところ、まず奥様が「家を建てるとなると、すごいお金を借りなければならないのだなあというのが第一印象でした。毎月の生活費や息子2人の教育費、老後の生活を考えると『大丈夫かしら？』と少し不安になっていましたので、ぜひ見直してください」といい、これに続きW氏も「当初、建築業者からは平均的なマイホームプランとして提案を受けていたのですが、こちらも、あれこれ希望をいい、また他の業者の提案などを聞いていたら、思いのほか、建築費がふくらんでしまいました。ぜひ見直しに協力してください」といわれました。

T課長が、建築費のうち、特に建物本体の価格以外の諸費用が700万円と、平均的な住宅の諸費用400万～500万円に比して、かなり高額になっていると指摘したところ、太陽光発電システムの設置や空調、内装のカーテン、照明器具は、建築会社の下請業者から勧められ、あまり考えもせずに承諾したとのことでしたので、夫婦であらためて相談していただき今回は、太陽光発電システムの設置は見送ることにしました。また内装についても標準的なものに変更し、諸費用は500万円（200万円減額）となりました。

2　調達計画について

(1)　自己資金の見直し

当初、W氏の定期預金500万円を解約して、自己資金に充てる計画でしたが、これに加えて奥様の定期預金300万円も解約し、うち200万円を自己資金に充てることにしました。毎月３万円ずつ積み立てている積立型投信の解約も検討しましたが、「将来の教育費増加に備えて継続したい」という奥様のご意見もあり、見送りました。

(2)　借入金額の見直し

借入金額は、諸費用の見直しと自己資金の増額により、当初の借入金額から400万円減少し、3,100万円に抑えることができました。

(3)　借入期間の見直し

返済期間は最終的には35年から25年に短縮しました。この点については、A行員が今年１月に受検したFP技能検定３級試験に備えて勉強したライフプランの知識が随分役立ちました。

「返済期間を35年にすると、ご主人様が75歳までローンを払い続けることになります。60歳で定年退職し、60～65歳までは、それまでの年収の60％程度で再雇用されたとしても、65歳からは年金収入のみとなり、300万円程度のご夫婦の年金から年間160万円以上のローン返済を行う計算になります。これはあくまでも退職金等一時的な収入で一部繰上返済を行わなかった場合の試算ですが……」とＡ行員が説明したところ、奥様が「退職金は将来のことだから、あてにしないほうがよいと思います。老後の医療費だって、かなりの負担になるでしょう。夫婦とも働ける現役期間中に、何とかローン返済を終わらせることはできないでしょうか」との希望がありました。

いくつかのケースでシミュレーションを行った結果、借入金額3,100万円（毎月返済部分2,600万円、ボーナス加算部分500万円）、期間25年、金利３％のケースで、毎月返済額は102千円、ボーナス時加算返済額は118千円となることがわかり、「それくらいであれば、現在でも家賃を８万円支払っているのだから、無理なく返済できる」と夫婦の意見が一致したため、返済期間は当初の35年から25年へと10年短縮しました。

具体的なライフプランなど立てたことがなかったＷ夫婦にとって、Ａ行員のプラン（図表Ⅱ－21）はかなり新鮮だったようで、「とても参考になりました。先のことも考えず35年のローンを組んでいたら、老後に大きな不安を残すことになっていました」と大変感謝されました。Ｆ支店長が指摘した、超長期の保証付住宅ローンからプロパー貸金に変更するにあたってのいちばんのネックである「期間リスク」は、金融機関にとっても、申込人にとっても「大きなリスク」であったということです。

⑷　夫婦連帯債務への変更

最後にＴ課長は、ご主人単独債務から夫婦連帯債務への変更を提案しました。「Ｗ様の場合、ご夫婦共働きですから、奥様が連帯債務者になることにより、入居した年から10年間、ご主人と奥様の両方で、住宅ローンの年末残高の0.5～１％を所得税から差し引くことができる『住宅ローン控除』が受けられる可能性があります。そのためには自己資金や年収によるローンの負担割合に応じた共有名義にする必要があるので、たとえば、土地はご主人名義にし、建物は夫婦の共有名義にして持分登記すれば、それぞれの所得に応

図表Ⅱ－21　W家のライフプラン

（金額単位：万円）

経過年数	1年目	5年目	9年目	13年目	20年目	25年目
家族のライフイベント	自宅建築	長男大学へ	長男卒業 次男大学へ	次男卒業 長男結婚	次男結婚 夫退職 妻退職	老齢年金受給開始 夫現役引退
年齢（夫）	40	45	49	53	60	65
年齢（妻）	40	45	49	53	60	65
年齢（長男）	13	18	22	26	33	38
年齢（次男）	9	14	18	22	29	34
税込年収（夫）	540	594	653	719		
可処分所得	453	498	543	597		
税込年収（妻）	200	210	221	232		
可処分所得	166	175	184	193		
退職金					1,500	
再就職可処分所得（夫）					400	
年金収入（税金等控除後）						256
預金・投信取り崩し		50	30			
世帯収入……①	**619**	**723**	**757**	**790**	**1,900**	**256**
年間生計費	320	320	250	230	230	230
教育費（長男）	45	150				
教育費（次男）	30	40	150			
仕送り（次男）			150			
結婚援助金				150	150	
積立型投信	36	36				
世帯支出……②	**431**	**546**	**550**	**380**	**380**	**230**
差引収支（①－②）……③	**188**	**177**	**207**	**410**	**1,520**	**26**
借入金返済額……④	**176**	**176**	**176**	**176**	**176**	**14**
最終収支（③－④）	**12**	**1**	**31**	**234**	**1,344**	**12**
借入金残高	3,100	2,658	2,248	1,786	830	0

（注１）　長男は地域内、次男は地域外の国立系大学への進学で試算しています。

（注２）　退職金は不確定要素が多いので、借入金の一部繰上返済に充当する計画は見送りました。

図表Ⅱ－22　借入条件の新旧対比表

項　目	当　初	変更後
債務者	W氏のみ	夫婦連帯債務
年収	540万円	740万円（夫婦合算）
建物の所有者	W氏のみ	夫婦共有
諸費用	700万円	500万円
総資金額	4,000万円	3,800万円
借入金額	3,500万円	3,100万円
自己資金	500万円	700万円
返済方法	毎月均等返済	ボーナス返済併用
返済期間	35年	25年
返済額	毎月返済：104,612円	毎月返済額：102,161円
		ボーナス加算額：118,156円
総負債年収倍率	6.48倍	4.19倍
返済比率（金利３％で試算）	29.9％	23.8％
担保掛け目	125％	110.7％

（注）　総負債年収倍率、返済比率は「当初」はW氏の所得のみ、「変更後」は夫婦合算で算出。

じて所得税控除が受けられ、10年間で数十万円の還付となることも考えられます。ただし、ご夫婦の出資割合に応じて正しく持分を登記していなければ、贈与税がかかることもあるので、詳しくは税理士にお聞きください」とのＴ課長の説明に、W氏は「それはいいことを聞きました。早速、明日にでも当社の顧問税理士に相談します」といい、結局、土地の所有者はW氏、建物の所有は５分の３をW氏、５分の２を奥様とする共有名義にしました。

なお、当初の住宅ローンの条件と大きく変更した点は図表Ⅱ－22のとおりです。

3　融資実行

A行員は、T課長のOJTを受け、上記内容で稟議書を起案し、店内決済、本部決済を経て、ローン特約期限の3日前（4月8日）に、土地購入資金800万円（購入資金1,300万円のうち、500万円はW氏の定期預金解約金で対応）の実行ができました。A行員は、支店長から「短い期間だったが、ポイントを押さえた稟議書だった。いい勉強になったな！　お疲れ様!!」とのお褒めの言葉をいただき、大きな自信になりました。翌日、F支店長から「トラブル解決」の報告を受けた勝室長は、早速、個人ローン部、役員室に報告し、K支店の事例は、翌月の行内ニュースで「CS好事例」として全店に流されました。

〈問題の解答〉

K支店の苦情対応を、読者の皆さんはどのように感じたでしょうか。与信に対する苦情・クレーム対応は「ケース・バイ・ケース」ということもありますが、K支店では、あえていちばん、労力と時間のかかる「C」を選択しています。

苦情・クレーム対応でいちばん大切なのは、「お客様の心の痛みがわかること」です。金融機関の職員として、長年の家族の夢である「マイホーム」が目前で消え去ろうとしているW氏の無念さを決して無視することはできません。通常、保証会社は保証謝絶の理由について直接、お客様や営業店担当者に開示することはないし、仮に問い合わせたとしても「総合的にみてお断りしました」という旨が回答されるだけでしょう。しかし保証会社に謝絶されたからといって、直ちに融資不適格者と決めつけるのは適切とはいえません。あくまでも保証会社は、自社の審査基準に照らして判断しただけですから、営業店としては、保証会社の「謝絶」は一つの事実として認識したうえで、ケースによっては、他の貸出の可能性について検討することも必要だと考えます。

Point 苦情・クレーム対応でいちばん大切なことは、お客様の心の痛みがわかること

事例10-4 後日談

念願のマイホームが完成し、最終回資金の実行日（8月25日）の翌日、あらためて来店したW氏は、F支店長にお礼を述べた後、融資カウンターに立ち寄り、T課長に次のようなことをいいました。

「初めてT課長にお会いした時、『今までローンやクレジットカード、割賦の返済が遅れたようなことはありませんか』と質問されましたが、当時はいっている意味がよくわからず答えられませんでした。昨日、あらためて落ち着いて考えてみると2年ほど前、信販会社のショッピングクレジットを利用して16万円のテレビを12回払いで購入したことがあり、その際、信販会社の社内処理の手違いで、第1回目の口座振替ができなかったことがありました。以後2回から12回目まで遅れることなく引き落とされましたが、12回目の口座振替の翌月、信販会社から、未返済の第1回分を引き落としたいという電話があり、翌日、決済されました。よく考えてみると、あれ以降、クレジットや割賦で断られることが多くなり、頭にきてクレジットカード類はすべて解約しました。課長から住宅ローンの保証会社に事情を話して、保証が得られなかった理由を

教えてもらえませんか」

これに対してＴ課長は、「保証会社は、個人信用情報について顧客から問合せを受けた場合、自社が加盟する個人信用情報機関に誘導するように義務づけられているので、個別案件の謝絶理由を保証会社が教えることはありません。お話を聞く限りでは、クレジットや割賦の個人信用情報機関である㈱シー・アイ・シーにその情報が残っていると思われます。個人信用情報機関は、本人からの個人信用情報の開示要請には応じなければならないルールになっているので恐縮ですが、Ｗ様ご自身で、こちらの電話番号に問い合わせてください」と説明し、「個人情報取扱いに関する同意書」に記載されている㈱シー・アイ・シーの電話番号を教えました。

それから約１カ月後、Ｔ課長はＷ氏から、「やはり信販会社の手違いでした。１年遅れとなった第１回分の支払で完済したはずなのに、社員が完済登録を失念したため、期日延滞としてデータ上に残り、数カ月後『事故情報』としてクレジット会社や信販会社、保証会社などに流れたとのことです（図表Ⅱ－23）。住宅ローンの保証会社も、この情報をみ

図表Ⅱ－23　W氏の信販会社クレジットの決済状況

※信販会社の事務ミスで第１回の口座振替ができなかった

	第１回	第２回	第３回	第４回	第５回	第６回
振替結果	×	○	○	○	○	○

返済期限

	第７回	第８回	第９回	第10回	第11回	第12回	第１回の再引落し
振替結果	○	○	○	○	○	○	○

※実際には完済しているが、信販会社が完済オペを失念したため「延滞扱い」として数カ月が経過し、「事故情報」として「CRIN」に流れた。

て保証を断ったのではないかと思います。情報センターの間違った情報は、信販会社が削除してくれたので、今後は保証が謝絶されるようなことはないと思います。一時は信販会社を訴えようとも思ったのですが、住宅ローンも無事に貸していただき、念願のマイホームも建ったので、やめました。課長のアドバイスで解決できました。本当にありがとうございました」という電話を受けました。

T課長は、誤った個人信用情報がひとり歩きし、本人も知らない間に自分の信用が傷つけられてしまう、「情報社会の落とし穴」を覗き見たような気がしました。

第7章　金融円滑化に関する苦情・クレーム

平成21年11月30日、「中小企業者等に対する金融の円滑化を図るための臨時措置に関する法律」(以下「金融円滑化法」とします。巻末資料№8参照)が成立し、平成23年3月までの時限措置として施行されました。これにより金融機関は、中小企業者や住宅資金借入者から債務弁済の負担軽減の申込みがあった場合、「できる限り貸付条件変更等の対応を行う努力義務」と「履行のための態勢整備、履行状況等の金融庁への報告義務」が求められ、あわせて報告義務違反等については「処罰されることがある」とされました。その後、同法の有効期限は2度延長され、平成25年3月が最終期限とされています。

平成24年1月20日付けの金融庁の発表では、同法施行日(平成21年12月4日)から平成23年9月30日までの間に金融機関が中小企業者から受け付けた貸付条件変更等の申出件数は249万2,025件(住宅資金借入者は除く)、実行率も9割を超える水準となっており、円高や欧州債務危機、東日本大震災等による深刻な不況で資金繰りに窮する中小企業者への金融円滑化措置は期待どおりの効果をあげています。

一方、金融機関の現場では、重要取引先や大口与信先からの貸出条件変更等の申出に対しては、日頃から担当店や本部が途上与信等を通じてモニタリングしていることもあり、問題なく対応できているのですが、経常的な運転資金等のニーズがなく、日頃、職員が接する機会の少ない中小・零細事業の債務者に対しては、突然の申出により、初めて業況や資金繰りの悪化に気づき、慌てて貸出条件の緩和を検討するというケースも見受けられます。このような中小・零細事業者からの金融円滑化対応に対する苦情は多く、なかには直接当局やマスコミ等に訴えるケースもあり、各金融機関ではその対応に苦慮しています。

本章では、中小・零細企業者からの「金融円滑化対応に関する苦情」を事例として取り上げ、苦情対応のポイントと苦情発生の防止について説明したいと思います（金融円滑化法の対象は中小・零細企業の債務者および住宅資金借入者を対象にしていますが、本章では中小・零細企業の債務者からの苦情等の対応について説明しています）。

1　金融円滑化法の概要

金融円滑化法（平成21年12月3日公布）の目的と義務、罰則規定等は次のとおりです。

⑴　目　　的

「この法律は、最近の経済金融情勢及び雇用環境の下における我が国の中小企業者及び住宅資金借入者の債務の負担の状況にかんがみ、金融機関の業務の健全かつ適切な運営の確保に配意しつつ、中小企業者及び住宅資金借入者に対する金融の円滑化を図るために必要な臨時の措置を定めることにより、中小企業者の事業活動の円滑な遂行及びこれを通じた雇用の安定並びに住宅資金借入者の生活の安定を期し、もって国民生活の安定向上と国民経済の健全な発展に寄与することを目的とする。」

⑵　努力義務と報告義務

①　努力義務

・中小企業者への柔軟な与信対応

・中小企業者から貸付条件の変更等の申込みがあった場合の債務返済負担

の軽減対応

・住宅資金借入者から貸付条件の変更等の申込みがあった場合の債務返済負担の軽減対応

② 報告義務

・上記努力義務の適切な履行のための態勢整備

・その履行状況のディスクロージャーおよび報告

③ 罰則規定等

・上記のディスクロージャーに係るディスクロ未済や不記載・虚偽報告、報告に係る不報告や虚偽報告があった場合は、同法により、当該行為者個人には「1年以下の懲役又は300万円以下の罰金」が科せられるとともに、その属する金融機関にも「2億円以下の罰金」を科す。

・「同法の規定に基づく措置等の状況について、改善が必要と認められる金融機関に対しては、必要に応じて銀行法第24条その他の法令の規定に基づき報告を求めることを通じて改善を促すものとする。また、重大な問題があると認められる場合には、銀行法第26条第1項その他の法令の規定に基づく業務改善命令又は業務停止命令の発動を検討するものとする」中小企業金融円滑化金融監督指針Ⅱ－4監督手法・対応（巻末資料No.9参照）。

2 コンサルティング機能発揮に関する監督指針

平成23年4月、金融庁は「中小企業者等に対する金融円滑化を図るための臨時措置に関する法律に基づく金融監督に関する指針」（巻末資料No.10参照）を公表しました。このなかで金融庁は、コンサルティング機能発揮にあたり金融機関が果たすべき具体的な役割を示し、その遂行状況や遂行のための態勢整備状況を検証するとしています。つまり金融機関は、金融円滑化法に基づく貸付条件の変更等の実施により当該中小企業者への責務を果たしたとして関与を終了するのではなく、貸付条件変更後も当該中小企業者に対する経営支援と、経営改善に対する継続的な支援を行うよう求められているのです。金融庁の検証ポイントは次のとおりです。

(1) コンサルティング機能の発揮に際し金融機関が果たすべき役割

① 経営課題の把握、分析等

・経営課題の把握・分析と事業の持続可能性の見極め

・債務者の課題認識・主体的な取組みの促進

② 最適なソリューションの提案

・ソリューションの提案

・経営改善計画の策定支援

・新規の信用供与

③ ソリューションの実行および進捗状況の管理

(2) 態勢整備状況検証のポイント

① コンサルティング機能の発揮に際し金融機関が果たすべき役割が十分に果たされているか

② 以下の態勢整備状況は十分か

・経営陣による主導性の発揮

・本部による営業店支援

・外部専門家、外部機関、他の金融機関との連携

・コンサルティング機能の発揮を支えるノウハウの蓄積、人材の確保

・職員のモチベーション（動機づけ）の向上に資する評価

・監査

金融庁は、これらの監督事務を通じて把握した内容について、改善が必要と認められる金融機関に対しては、必要に応じて報告を求めることを通じて改善を促すものとし、重大な問題があると認められる場合には、業務改善命令または業務停止命令の発動を検討するものとしています。

では、「金融円滑化に関する苦情への対応」について、これも事例からみていきましょう。

事例11-1 金融円滑化対応に関する苦情

・11月24日（木）

来週からいよいよ師走という11月24日、A支店の融資係のB行員（入行３年目、融資経験１年）は、店周の商店街で靴の小売業を営むC商店のC社長（64歳）から融資窓口で次のような相談を受けました。

C社長：私は30年近く、市内で靴を販売しているCと申します。現在、本店と学園前店の２店舗で営業していますが、今春、学園前店の近くに靴の大手チェーン店が出店してきたため、学園前店の売上げが大幅に減少しています。本店の売上げは、そんなに落ち込んでいないのですが、安売り店の出現で、学園前店は、キャンペーン価格での販売をせざるをえないこともあり、収益は前年比25%ほど落ち込んでいます。ついては、御行で借りている２件の長期借入金の返済額を、現在の毎月400千円から、いくらかでも減額してもらえないでしょうか。

B行員：それは大変ですね。（B行員は端末機でC商店の与信取引状況をみながら）２件というのは、本店改装の際の証書貸付5,000千円（現在残

3,500千円）と、社長個人にご融資しているアパート建設資金60,000千円（現在残32,000千円）ですね。具体的にはどちらの融資を、どのくらいまで減額希望なのですか。

C社長：当社の靴の販売事業と個人のアパート事業とは実質的に一体ですから、どちらの返済額を、どのくらいといわれても、すぐには答えられませんが。

B行員：では、今後の売上げやキャッシュフロー、アパートの入居状況、収入の予想等について説明していただけますか。

C社長：まだ具体的には計算していませんが、とにかく御行の２件の借入金の返済額が毎月100千円程度にならないと、来年１月以降の手形決済が厳しくなると思います。

B行員：具体的にキャッシュフローを予想していただき、毎月の返済可能額を示していただかないと、現在の返済額を100千円程度に減額してほしいといわれても、検討できませんよ。ところで、御社のメインはM信金ですよね。当行よりもお借入れは多いようですが、この件についてはM信金には相談していますか。

C社長：最近、M信金の支店長がかわってから、当社に対する融資姿勢が厳しくなり、通常の運転資金の切替えでもむずかしいことをいってくるので、実はまだ相談していません。今回は、御行の借入金の返済額を減額していただければ、乗り切れそうなのですが、何とかなりませんか。

B行員：当行が証貸返済額の減額に応じ、メインのM信金が、返済負担の緩和に応じなければ、効果は限定的なものになり、抜本的な経営改善には結びつきませんよ。どちらにしても今後の事業計画をいただかないと、当行としても検討のしようがありません。至急、M信金に相談して、経営改善計画を作成してください。

C社長：経営計画については以前、M信金にもいわれましたが、つくり方がよくわからなくて、そのままにしています。もう一度、M信金に相談してみます。

B行員：それでは、M信金に相談中の計画書ができたらみせてください。当行は計画書をみてから条件変更を検討します。それでよろしいですね。

C社長は渋々「はい」と答えて、引きあげて行きました。

B行員は、C社長からの相談を融資担当役席のD課長に報告しようと思ったのですが、ちょうど、D課長は昼食休憩中で離席しており、すぐには報告できませんでした。またC社長からの相談を所定の「案件受付管理簿」に記入すべきか迷ったのですが、まだ具体的な減額の希望はなく、時期もはっきりしていないので、案件として検討はできないと判断し、管理簿にも記入しませんでした。当日は3連休明けの月末前ということで、他の稟議書作成などで忙しく、B行員はC社長からの相談をD課長に報告することも忘れてしまいました。

・12月2日（木）

いよいよ師走に入り、A支店では朝から多くの来店客で混雑していました。そのようななか、12時前にC社長が切羽詰まった表情で来店し、融資係のB行員に次のように切り出しました。

C社長：M信金に相談に行きましたが、御行と同じように「早く事業計画書を出してくれ。今後の事業計画がなければ検討できない。A行は条件変更に応じるのか」と聞かれるだけで、色よい返事はもらえませんでした。まず御行が返済額の減額を検討していただければ、M信金も相談に乗ってくれるのではと思うのですが、何とかなりませんか。

B行員：それは困りましたね。では、当行の経営改善計画書のひな型とつくり方の説明書をお渡ししますので、これに基づいて計画書をつくってください。ところで、今後の事業展開については、どのようにお考えですか。

C社長：問題は、学園前店の売上減少が止まらない点にあります。今は、学園前店の売上減少による赤字分を私のアパート事業の収入で補っているような状況ですから、いずれは学園前店を何とかしなければと思っているのですが……。

B行員：具体的に、いつ頃までに閉店するといった計画はあるのですか。

C社長：閉店なんて、まだそんな具体的なことは考えていません。学園前店は、特別な思い入れがあってつくった店なのですが……。やはり閉店を考えなければなりませんか。

B行員：そうですね。不良採算部門があれば縮小し、資産内容をスリムにして、経費削減を目指すというのは事業見直しのセオリーですからね。

C社長：そうですか……

B行員：それでは、将来的には、学園前店を閉店するということで計画をつくってください。

C社長は「わかりました」とは答えたものの、ガックリ肩を落として支店を後にしました。

その後C社長は、年末商戦の忙しいなか時間をやりくりして２度、A支店を訪れ、B行員に経営改善計画書のつくり方を教わっていましたが、B行員としても、メインのM信金の対応がはっきりしないままでは計画書のつくりようがなく、またC社長は財務関係に疎く、事業計画をつくったこともないため、計画の作成は遅々として進みませんでした。

・１月７日（金）

年が明けて１月７日、C社長はA支店に来店するなり、B行員の前に座り、切々と訴え始めました。

C社長：M信金に、事業計画についてはA行が作成に協力してくれているといったところ、「それはよかった。できたら、すぐにみせてください」といわれましたが、M信金の借入金返済額の見直しについての結論はまだいただいていません。何とか御行から先に減らしていただけないでしょうか。

Ｂ行員：何度も申し上げていますが、メインのＭ信金の方針がはっきりしないと、事業計画もつくりようがないので、当行も検討のしようがありません。Ｍ信金から当行に協調についての相談もありませんし……。

Ｃ社長：Ｍ信金は、返済額の見直しは可能だと思うといっていましたが、Ｍ信金から御行に連絡はありませんか。

Ｂ行員：まだありません。

Ｃ社長は「そうですか……」といったものの、落胆は隠せない様子で帰って行きました。

・１月20日（木）

月末を控えた20日の閉店間際、Ａ支店に飛び込むように入ってきたＣ社長は、融資窓口の椅子に座るなり、Ｂ行員に対し「売掛金の回収がうまく進まず、今月25日の手形決済が厳しい。何とかならないか」と大きな声で話し出しました。

ただごとではない様子に驚いたＤ課長は、Ｃ社長の前に行き、「いかがなさいましたか。どうぞ応接室のほうへ」といい、応接室にお通ししたところ、Ｃ社長は堰を切るようにＤ課長に話し出しました。

Ｃ社長：「２カ月も前から、資金繰りが厳しいので長期借入れの返済額を減額してほしいと一生懸命お願いしているのに、Ｂ行員は『まずメインが返済額を減らすべきだ』の一点張りで相手にしてくれない。事業計画についても『メインに相談するのが筋だ。早く相談してつくってくれ。計画がないと検討できない』といわれるし、揚げ句の果てに、私たち夫婦が精魂込めてつくった学園前店を『閉鎖しろ。閉鎖を前提にした事業計画をつくれ』といわれ、私も家内も途方に暮れるばかりだ。この２カ月というもの、夜も眠れない日が続いている。Ｍ信金の対応も悪いけど、銀行の対応もひどいじゃないか」と激しい口調で非難しました。

Ｄ課長：それは大変失礼をいたしました。25日の手形決済が厳しいとお

っしゃいましたが、具体的に、いかほどの資金不足となるのですか。

C社長：これからの集金次第という面もありますが、2,000千円程度だと思います。

D課長：承知しました。不足分2,000千円については手形貸付での対応を検討し、結果は明日お知らせします。

C社長：明日の何時くらいになりますか。

D課長：お昼過ぎには、お知らせできると思います。

C社長：また何日も悩むのはたまらないから、できるだけ早く回答してください。

D課長は、「できるだけ早く結果をお伝えします」と答え、今日のところはいったんお帰りいただきました。その後、D課長はB行員に事の顛末を詳細に聞き、支店長に報告したうえで、本件については3カ月サイトの手形貸付で対応したいとの意見を述べて、支店長の了承を得ました。

翌日の正午前、D課長とB行員はC商店を訪問し、C社長に検討結果を伝えましたが、C社長は仕事中の机から頭も上げず、「あれからM信金に駆け込み、支店長に手形の決済資金についてお願いしたら、手形貸付で2,000千円の融資が可能だとの返事をいただいたので、今日、午前中に申込みをすませた。M信金は証書借入れの返済緩和についても前向きに検討してくれるとのことなので、お宅との今までの話はなかったことにしてくれ」と冷たく突き放されました。

・２月１日（火）

翌月の２月１日、○○局○○財務事務所からお客様相談室の勝室長に、「Ａ支店取引先のＣ商店から『Ａ支店の一連の対応は、あまりにもひどい。問題があるのではないか』との苦情申立てがありました。詳しくお聞きしたいので、金融円滑化の担当部の方と一緒に事務所に来てください」との電話連絡がありました。

▶解　　説

1　金融円滑化に関する苦情等の特徴

金融円滑化に関する苦情等には、一般の預金者（利用者）からの苦情にはない３つの特徴があります。

⑴　申出者は、「借り手」という弱い立場にある

申出者は「借り手」という弱い立場にあるため、金融機関の対応に不平・不満を抱いても、「下手に苦情をいうと、担当者の機嫌を損ねてしまい、借入れができなくなるのではないか」「今後の融資姿勢が厳しくなるのではないか」というような不安を抱き、いわゆる「泣き寝入り」するケースが多いと思われます。それだけに債務者から苦情等が寄せられた時は、「よほどのことがあった」と考え、申立者の心情に配慮し、迅速かつ誠実に対応しなければなりません。

⑵　担当者の「握込み」が発生しやすい

担当者とりわけ若手の職員は、お客様から苦情等が寄せられても、「こんな報告はしなくてもよいのではないか」「上司から叱られる」「自分の評価が下がってしまう」などと考え、苦情自体を握り込んでしまうことがあります。決して悪意があるわけではないのですが、経験不足・知識不足等が原因で「握込み」は発生してしまいます。

同じようにルーティンワークの経験しかない融資担当者が、突然、中小・

零細事業の債務者から貸出条件変更等の申出を受けても、「事務手順がよくわからない」「稟議の仕方がわからない」「そんなに急いで対応しなくてもよいだろう」などと考え、事務処理を先送りしてしまうことがあります。また債務者から「対応が悪い」と苦情をいわれても、上司に報告しないで握り込んでしまうことがあります。すぐにベテラン職員や役席に報告すれば、対応できる案件も担当者が握り込んでしまえば、いつまで経っても債務者からの申出が検討されることはありません。それどころか時間の経過とともに、債務者の窮状は極まり、その後の対応をいっそう困難なものにしてしまいます。特に貸出条件緩和等の申出は、業績の思わしくない債務者からの切羽詰まった申出であることが多く、対応の遅れが債務者の致命傷となってしまうこともあります。担当者とりわけ融資担当者の「握込み」は、営業店管理者にとって本当に頭の痛い問題です。

(3)　表面化したときは、大きな問題に発展しやすい

債務者は、当局や全銀協相談室、地域の銀行協会、マスコミなどへ直接、苦情を申し出ることも多く、場合によっては、金融円滑化法違反、独占禁止法上の優越的地位の濫用などコンプライアンス上の問題に発展することもあります。また信用余力のある企業では、貸出金がすべて他金融機関に肩代わりされることもあります。金融円滑化に関する苦情が表面化したときは、金融機関としての信用やお客様の信頼を失うような大きな問題に発展しやすい傾向があります。それだけに、苦情・トラブルが発生しない態勢づくりが何よりも重要といえます。

2　金融円滑化対応の苦情・トラブル発生ポイント

中小企業者への金融円滑化対応には、「受付段階」「検討段階」「モニタリング段階」の３段階があり、一連の段階における苦情・トラブル発生ポイントは次のとおりです（図表Ⅱ－24）。

〈案件受付段階〉

・案件受付時の対応

・案件受付管理態勢

図表Ⅱ－24　金融円滑化のフローと苦情・トラブル発生ポイント

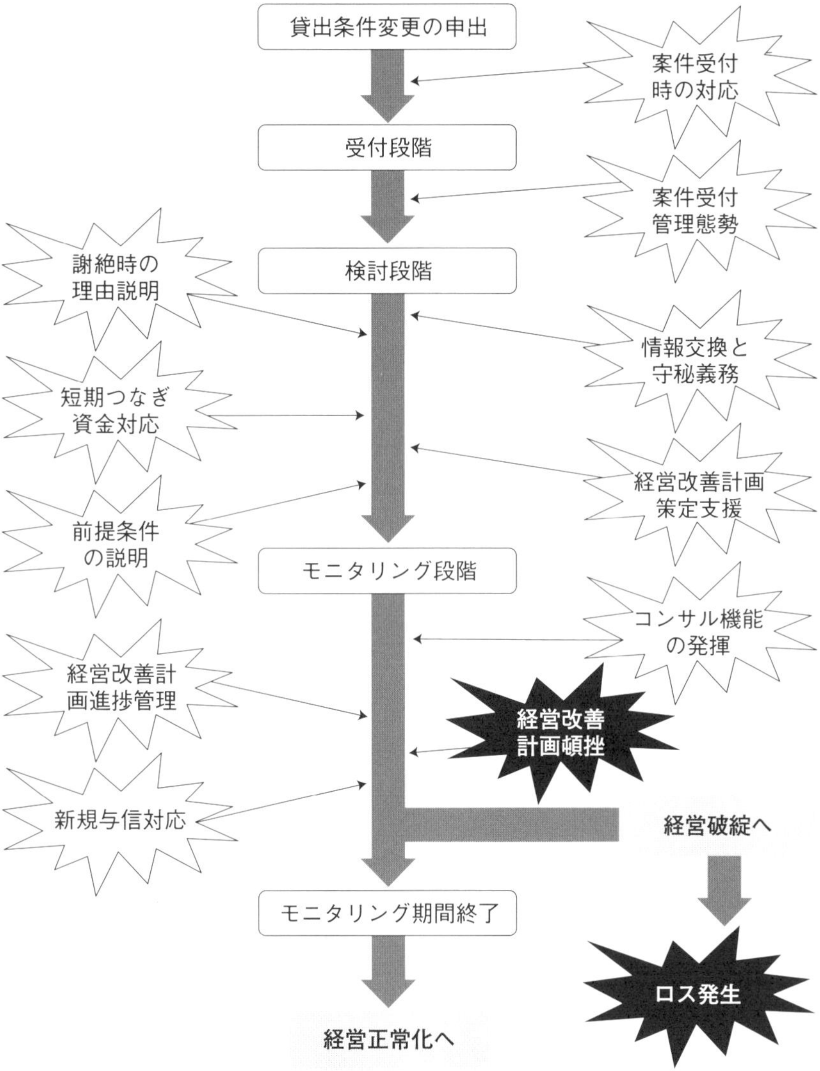

〈検討段階〉

・申出謝絶時の理由説明
・短期つなぎ資金のへの対応
・貸付条件緩和に前提条件がある場合の説明
・金利を引き上げる際の理由説明
・他金融機関との連携、情報交換時の守秘義務
・経営改善計画の作成支援

〈モニタリング段階〉

・コンサルティング機能の発揮
・新規与信ニーズへの対応
・経営改善計画頓挫時の対応

金融円滑化の一連の対応で、特に苦情・トラブルが発生しやすいポイントは、案件受付時と案件謝絶時です。

〈案件受付時〉

どの業務においても、お客様からなんらかの申出があれば、まずはしっかり申出内容を確認したうえで、すみやかに対応する必要がありますが、特に金融円滑化対応は、図表Ⅱ－24のフロー表のとおり、受付後は案件進捗管理、短期つなぎ資金の検討、経営計画の作成支援、他金融機関との調整、モニタリングなど、事業性融資全般に関する知識と経験が要求されるイベントが目白押しです。この全体像がイメージできない職員が、１人で簡単に対応できる業務ではありません。また問題が債務者の事業の存続にかかわる「資金繰り」だけに、迅速な対応が不可欠です。金融円滑化に関する申出があった場合、案件受付段階から融資に詳しいベテラン職員や役席が、慎重かつ迅速に対応する必要があります。

〈案件謝絶時〉

金融機関は、債務者からの貸出条件変更等の申出に対し、応諾しなければならない「法的義務」はありません。資産や業績、財務内容、技術力や将来性、経営者の資質などさまざまな角度から債務者を検証し、金融機関の債務

者に対する信用リスクと、債務者の事業再生の可能性とのバランスを勘案して申出に応じるか否か判断するのですから、場合によっては「謝絶」しなければならないケースもあります。金融円滑化法に基づく監督指針（Ⅱ－１－２－１(4)）では「貸付けの条件の変更等の申込みを謝絶する場合には、これまでの取引関係並びに債務者の知識及び経験等を踏まえ、債務者に謝絶に至った理由を可能な限り具体的に、かつ、丁寧に説明しているか」としていますが、いくら丁寧に説明しても「納得できない」「横暴だ」などとして、債務者から強い反発や抗議を受けることがあります。債務者にとっては死活問題なので無理もないことなのでしょうが、なかには地元の名士や代議士、優良取引先の代表など、直接、取引に関係のない第三者まで引っ張り出して、金融機関に強く再考を迫るケースもあります。しかし強い反発や抗議があるからといって、信用リスクの高い債務者からの申出に応じていたのでは、まず金融業として成り立たなくなるでしょう。このような申出は金融機関の与信判断に対する「異議の申出」であり、一般的な「苦情・クレーム」とは本質的に異なるものです。毅然とした対応が必要です。

ただし、この場合の与信判断は、あくまでも金融機関が債務者からの申出を誠実に受け付け、真摯に検討したうえでの結論でなければなりません。そうでなければ、金融円滑化法の努力義務に反するとして罰則規定の対象になることも考えられます。なお、謝絶した案件は「融資謝絶案件管理簿」にもらさず記入のうえ、本部コンプライアンス統括部門に報告し、同部の検証を受けることとなります。

Point 金融円滑化対応では、案件受付時と案件謝絶時に苦情・トラブルが発生しやすい

3　重要な「企業のライフサイクル」からの視点

金融円滑化法は、急激な景気の悪化や外部環境の変化等により、一時的な売上減少や収益悪化に見舞われた中小企業者からの貸付条件緩和等の要請に柔軟に対応するための臨時措置として施行されたものですが、現実には、法

図表Ⅱ－25　企業のライフサイクル

成長段階	創業期 （０～５年）	成長期 （６～20年）	成熟期 （21～30年）	衰退期 （30～40年）	再生期

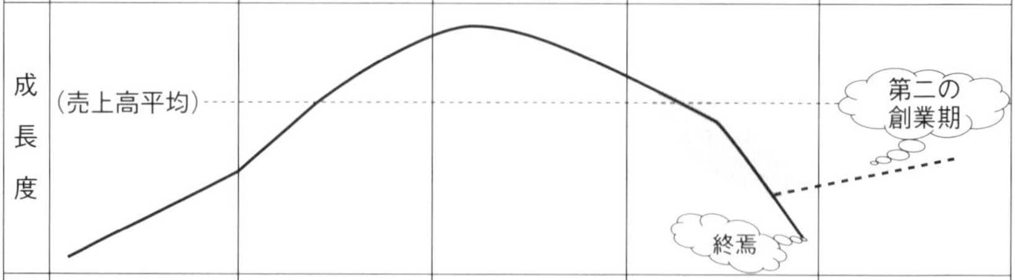

経営課題	経営基盤の確立	経営基盤の強化	経営合理化と多角化	業績の立直し	大胆なリストラと経営革新

（注１）　貸出条件緩和など金融円滑化の要請は、アミ掛けで示した時期の中小企業者からのものが多い。

（注２）　成熟期、衰退期に事業変革と体質改善に着手し、大胆なリストラと経営革新に成功すれば「終焉」することなく、「再生期」に入る。

施行以前から「経営基盤が弱い」「財務内容に問題がある」「経営者の高齢化」「事業承継者がいない」などの構造的な問題を抱えた中小・零細企業者からの申出が多くなっています。このため、当該企業のライフサイクルとライフサイクルの各段階における経営課題の把握が不可欠です。

一般的に、中小企業の寿命は30年から40年といわれています。これは中小企業の場合、経営者＝企業となっているケースが多く、経営者が高齢となり、活力がなくなると企業そのものの成長も鈍化することによります。企業経営者が、自社のライフサイクルにおける経営上の諸問題を認識したうえで、成熟期、衰退期に大胆な経営革新を行い、後継者へのバトンタッチをスムーズに行えば、企業はいわゆる「第二創業期」を迎え、寿命は飛躍的に延びるのですが（図表Ⅱ－25）、残念ながら中小・零細企業の多くは、「再生期」を迎えることなく「終焉」を迎えてしまいます。たとえば、金融円滑化対応のなかで、短期つなぎ資金や新規資金（ニューマネー）を投入するにしても、今、当該企業がライフサイクルのどの期にいるのか、どのような経営上の問題を抱えているのか、その対応策はどうなっているのかなどを正確に把握し、与信効果と事業継続の可能性を見極めたうえでなければ、「単なる延命のための捨て金」となってしまいます。それは当該企業にとっても、金融機関にとっても決してよいものではありません。金融円滑化対応には、企業のライフサイクルからの視点が不可欠なのです。

事例解説

1　事例の問題点

事例を読み、読者の皆さんのなかには、当店でも起こりうるケースだと思われた方も多いと思います。事例を「金融円滑化法に基づく監督指針」（平成21年12月発表、巻末資料№9参照）、および「金融円滑化法に基づく監督指針（コンサルティング機能発揮）」（平成23年4月発表、巻末資料№10参照）をもとに検証すると次の4つの問題点が浮かび上がります。

(1)　金融円滑化法に対する認識不足

金融円滑化監督指針（Ⅱ－1－2－1(1)）では、「債務者から貸付け条件の変更等の申込みに関する相談を受けた場合には、当該相談に真摯に対応しているか」を検証の着眼点としています。事例はまさに「中小企業者からの貸付条件の変更の申出」であり、同法にのっとった対応をしなければコンプライアンス違反となってしまいます。A支店の対応は金融円滑化法に対する認識が欠如しているといわざるをえません。

(2)　案件受付・管理態勢の不備

金融円滑化法に基づく監督指針（Ⅱ－1－2－1(2)）では、「債務者から口頭で貸付け条件の変更等の申込みがあった場合には、当該申込みの内容を記録しているか」を検証するとしていますが、B行員はC社長の貸付条件変更の申出を「案件受付管理簿」へ記載せず、上司への報告もしていません。つまりB行員の「握込み」によりC社長の申出は検討のテーブルにすら乗っていないことになります。これでは検討のしようがありません。また本部も当局から指摘されるまで苦情の発生を把握していませんでした。B行員の行動は、A支店のみならず、A銀行全体の態勢面の問題として当局の指導を受ける可能性があります。

(3) 貸出条件変更の申出に対する機械的・画一的な判断

金融円滑化法3条では「金融機関は、中小企業者に対する信用供与については、当該中小企業者の特性及びその事業の状況を勘案しつつ、できる限り、柔軟にこれを行うよう努めるものとする」としており、4条1項では「顧客からの貸付条件変更等の申出に対しては、機械的・画一的な判断を行うのではなく、顧客の事情をきめ細かく把握した上で、顧客の特性及びその事業の状況を勘案しつつ、できる限り柔軟にこれを行うよう努めなければならない」としています。事例でのB行員の対応には「不良債権化する可能性の高い与信であり、メインが貸付条件の緩和（毎月の返済額の減額）に応じていないなかで、当行が先行して返済額の減額に応じてよいのだろうか」との疑問が根底にあり、「この案件はまずM信金から対応すべきであり、その状況をみてからでも遅くないだろう」という考えがうかがえます。他金融機関がメインであるという理由で、積極的に貸出条件変更に取り組まないのは、まさに債務者の実態把握を前提としない機械的・画一的な判断であり、「不適切な対応」といえます。

(4) 経営再建への支援不足

金融円滑化法に基づく金融監督に関する監督指針（Ⅱ－1－2－2(1)）では、「経営再建計画を策定する意思のある債務者から要請がある場合には、経営再建計画の策定を支援しているか」としています。また監督指針（Ⅱ－1－2－2(3)）では、「他の金融機関から借入れを行っている債務者から貸付け条件の変更等の申込みがあった場合には、守秘義務に留意しつつ、当該債務者の同意を前提に金融機関間で相互に貸付条件の変更等に係る情報の確認を行うなど、密接な連携を図るよう努めているか」としています。B行員は、経営再建計画作成への協力依頼を受けているのですが、積極的には取り組もうとしていません。A支店はC社長からの同意を得たうえで、メインのM信金と積極的に情報交換を行い、直ちに経営再建計画の作成・支援に取り組むべきでした。

2　苦情防止のポイント

金融円滑化に関する苦情をなくすには、次の４点に取り組む必要があります。

(1)　金融円滑化に対する意識を変える

企業の業績はその時々の景気や取引先・お客様の動向などにより、好調なときもあれば、悪いときもあります。好調なときはすり寄り、悪くなれば貸金回収に早変わりする……これでは取引先との信頼関係を築くことはできません。取引先が苦しいときこそ、親身になって相談に応じ、再建を支援すべきなのですが、取引先の相談に応じるどころか貸金回収をほのめかす……そんな取引先の信用を失うような言動を平気でやってしまう職員が多くなっているような気がします。一度融資取引で失った信用や信頼は、その後支店長や担当者が何人かわっても容易に回復することはできません。それが融資取引のむずかしさでもあります。

長年の取引先が苦境にあるとき、真っ先に相談に乗り、金融を通じてできる限りの支援する……これは金融機関に与えられた社会的使命（ミッション）です。金融円滑化案件への営業店、職員の取組努力は、収益至上主義の目標管理下では評価されにくい項目ですが、まさに金融機関としての社会的責任と公共的使命が問われる業務なのですから、「金融円滑化法があるからやる」「当局からの指導を受けないために仕方なくやる」のではなく、自らの意思で能動的に取り組む。営業店の現場で日々債務者に対応する職員一人ひとりの金融円滑化に対する意識を変えることが、苦情発生を防止するための第一歩です。

(2) 金融円滑化案件は「まず応じること」を前提に対応する

金融円滑化案件は緊急を要するものが多いので、貸出条件の緩和等の要請には「まず応じること」を前提に検討することが重要です。「他金融機関との協調はどうするか」「元金返済額をいくら減額するか」「今後の返済はどうなるのか」など、検討に時間がかかる場合は、とりあえず数カ月間、元金返済をストップし、検討する時間を確保する必要があります。企業の「命運」が懸かっています。金融円滑化案件は、スピード対応が不可欠です。

(3) 役席の日常管理

金融円滑化対応に限らず、融資役席は常に融資窓口での担当者と債務者の会話内容に注意を払う必要があります。事例のＤ課長は、Ｃ社長の当初の来店時には不在でしたが、その後Ｃ社長とＢ行員が窓口で話し込んでいる様子をたびたび目撃しています。普段あまり来店しない中小企業者と思われる人物が、深刻な面持ちで担当者と話し込んでいる様子に「ピン」とこなければ、融資役席としては失格です。２人の間に割り込んででも、直接お客様から話を聞くくらいの気転が必要です。

また夕方の終業時に行う係内ミーティングは、今日一日の出来事を確認するのが主な目的ですが、これが形式的に行われているようでは、事例のような苦情の「火種」に気づくことはできません。「今日は債務者から貸出条件変更などイレギュラーな申出はなかったか」「案件受付管理簿への記載もれはないか」「○○会社の案件はどうなった」というようにいちいち具体的に確認する必要があります。この確認が担当者の「握込み」を防止します。役席の日常管理の要諦は、夕方のミーティングにあるといっても過言ではありません。

3　その後の対応について

債務者からの当局への申立てにより本件が表面化したこともあり、A支店では本部指示により、直ちに次のような対応を行いました。

① 支店長がC商店を訪問し、まずC社長に今回の一連の対応を十分謝罪したうえで、あらためて条件変更について検討させてほしいと伝え、C社長の了承を得た。

② C商店の資金繰り状況を検証した結果、早急に対応する必要があると判断した支店長は、C社長に検証結果を説明し、了承を得たうえで、まず証書貸付2件の元金返済を3カ月間ストップした。

③ M信金と協議の結果、経営改善計画は、A行の中小企業診断士3名が所属する経営改善室が中心となって作成することとなった。

④ 2カ月後、5年間の「経営改善計画書」ができあがり、計画に基づきA行とM信金は、すべての証書貸付について3月からの1年間の元金返済猶予、その後2年間の元金返済額を2分の1とする条件変更を実施した。完成した「経営改善計画書」の骨子は次のとおり。

・問題の学園前店は、遅くとも6カ月後には閉店する。

・閉店後は店舗を取り壊し、できるだけ早い時期に土地を売却し有利子負債の圧縮に充てる。駐車場ニーズの強い場所なので、売却先が見つかるまでは月極駐車場として活用する。

・学園前店の閉店に伴い、本格的なリストラに着手し、従業員数を現在の20名から15名とする（社員2名、パート3名の削減）。

・減産資金2,000万円の貸金対応は、M信金とA行が1,000万円ずつ折半で対応する。

・老朽化している本店の店内改装（約600万円）は3カ月以内に行い、資金はM信金とA行が300万円ずつ貸金対応する。

・販路拡大を目指し、ホームページの充実化、ネット販売への参入を検討する。

・2年前に大手商社を退職し、学園前店の店長として働いているC氏の次男を当社の後継者として育成するため、学園前店閉鎖後は本店店長とし、C氏自ら指導する。

など

事例11-2　お客様相談室にて

勝室長と融資部M主任調査役は、C商店への金融円滑化対応を説明するため、午前10時から○○局○○財務事務所を訪問し、12時過ぎにお客様相談室へ戻ってきました。

勝 室 長：ただいま。

千葉行員：お疲れ様でした。

坂本行員：室長、お疲れ様でした。説明に随分、時間がかかったようですが、先方の反応はいかがでしたか。

勝 室 長：当然の話だけど、反応は芳しくなかったよ。「貸出条件の変更」「M信金との協調」「経営改善計画書の策定」については一定の評価をいただき、C商店の案件については、一応の決着となったんだが、その後、当行の融資案件受付・管理態勢について細部にわたり質問を受け、当行としてどのような再発防止策に取り組むか1カ月後に報告するよう指示を受けたんだ。

坂本行員：そうですか……。ところでC商店は、今後どうなるのでしょうか。

勝 室 長：元金の返済猶予、条件変更の方針も決まったし、今後のリストラ策が実行に移れば、少なくとも今までのように赤字を垂れ流すということはなくなるだろう。

坂本行員：なるほど……ただ、社員2名、パート3名を解雇ということになると、当然従業員への退職金支払が生じますよね。

勝 室 長：たしかにそうだ。今回のリストラ対象の社員2名は、いずれも60歳以上の高齢者であり、C商店発展への貢献も大きいため割増退職金を出すべきなんだろうが、そこまでの余裕がC商店にあるかどうか……。いずれにしても今回の減産資金対応のなかで検討されるだろう。ただ、今回の経営改善計画作成を通じて、新たに発見できたC商店のよい点もある。C社長の後継者と考えられる次男だが、面談したA支店の支店長は「大手商社にいただけあって、財務数字にめっぽう強く、C商店の問題点をしっかり認識している。今後、C社長の手元で商売を勉強すればよい後継者になるだろう」といっていた。

中小企業は良きにつけ悪しきにつけ、代表者次第ってところがあるので、多くの企業が悩む後継者問題がクリアできている点は、C商店の将来性をみるうえで大きなポイントとなる。M主任調査役は、今回策定した経営再建計画がうまくいけば、C商店は第二の創業期を迎えられるだろうといっていた。

坂本行員：ではこれからのA支店の課題は、一度失ってしまったC商店の信頼をどのようにして回復するかってことですね。

勝 室 長：そう、そこが問題なんだ。C商店とすれば、いきなり当行との取引関係を解消するとまではいかないものの、業績が回復した時点でM信金や他の金融機関に取引をすべてもっていかれることも考えられるしね。

千葉行員：今回の問題の原因をつくったB行員は時期的にもうすぐ異動のタイミングですね。担当者がかわればC社長の怒りも少しは収まるんじゃないですか？

勝 室 長：いや千葉さん、それは違う。今回のように債務者との信頼関係が壊れてしまった場合は、担当者や支店長がかわっても、そう簡単に関係は修復しない。

人は苦しいときに投げつけられた冷たい言葉や態度は、忘れようにも忘れられないものなんだ。C社長のように、年配の方であればなおさらだ。C商店との今後の取引については、新規開拓と同様、また一からやり直して、M信金からメインバンクの地位を奪い取るぐらいの気概で臨まなければ関係の修復はむずかしいだろうね。

坂本行員：融資取引で失った信用や信頼を回復するのは、本当に大変なんですね……。

ところで室長、今回の事案だけでなく、総じて金融円滑化に関する苦情は決着しても後味の悪いものですね。

勝 室 長：まったく、そのとおりだ。金融円滑化に関する苦情は、通常の苦情と異なり、直接、債務者が当局へ申し立てるケースが多く、申立内容よりもまず「コンプライアンスの問題」としてクローズアップされてしまうので、解決までに時間も労力もかかってしまう。何よりも銀行としてお客様の苦境を察知できず、迅速な対応ができなかった点は、問題点、反省点として残ってしまう。また支店では、その後の債務者との関係がギクシャクしてしまうことも多く、後味が悪くなるのも致し方ないと思う。銀行としては、このような苦情が二度と起きないよう、態勢整備を行うしかないだろう。

千葉行員：金融円滑化法については、今までも通達や研修などで、かなり徹底しているにもかかわらず、昨年度は10件の苦情が発生しています。そのうち、銀行を飛び越えて当局に直接申し出たものは半数の5件です。今回のように、担当者が案件を握り込んでしまったのは論外として、金融支援の内容、実行時期、他金融機関との調整などで債務者との間に行き違いが生じ、しびれを切らした債務者が当局に苦情を申し立てたというケースがほとんどです。室長、どうすれば金融円滑化に関する苦情はなくなるのでしょうか。

勝 室 長：うむ……むずかしい問題だが、まず金融円滑化法が施行されたのは、「金融機関の身から出た錆」だということをしっかり認識する必要があると思う。債務者とのリレーションがしっかりしていて、何でも相談できる相手として金融機関が存在していれば、金融円滑化法などなくてもよいはずなんだが、ここ数年どこの金融機関も収益重視の観点から、アップフロントの収益確保、新規取引先の獲得、重要取引先や大口先への集中与信などに傾注し、与信取引先の大部分を占める既存の中小企業者への配慮を疎かにしてしまった。その結果、長引く不況により体力が低下した中小・零細企業の債務者への対応が後手に回ってしまった。与信額は少なくとも、身を切るような低金利競争に巻き込まれない中小・零細企業との与信取引は、金融機関のサウンドバンキングの礎のはずなんだが……。

坂本行員：金融円滑化への対応は、金融機関に原点回帰を促す機会にもなったということですね。

勝 室 長：そのとおりだ。企業も人と同じように、長いライフサイクルのなかでは、体調を崩すこともあるし、体力が落ちる時期もあるだろう。金融機関が、途上与信や継続的なモニタリングを通じて、与信先の業況悪化、資金繰り悪化の兆候に気づき、いち早く金融支援やコンサルティング機能の発揮ができれば、当該企業の体力消耗に歯止めが掛けられ、最悪の事態である「破綻」に陥ることを防ぐことも可能だろう。

金融円滑化対応は、まさにリレーションシップ・バンキングの真価が問われる業務なのだ。

第8章

慢性化した苦情・クレーム

本書でこれまで取り上げてきた苦情・クレームはいずれも一過性のものでした。一過性の苦情・クレームは、対応の難易度、解決までの時間の差はあってもいずれ決着するものですが、軽微な苦情やクレームも頻発するようになり慢性化してしまうと、一筋縄では解決できなくなってしまいます。その意味で慢性化した苦情・クレームは、いちばん解決がむずかしいものといえるでしょう。本章では、慢性化した苦情の典型例として「待ち時間に対する苦情」を取り上げ、その対応のポイントと待ち時間短縮法について考えてみたいと思います。

事例12-1 待ち時間に対する苦情

「今日は月初めということで、さすがに来店客は少ないな」

K支店長が8月の定例異動で人口約50万人の地方都市に所在するN支店（行員数25名、うちパート6名）に着任して、約2週間がたちました。お得意様への新任挨拶の訪問も終わり、「今日はできるだけ外出せず、前任支店長の引継書や支店の計数などに目を通そう」と考え、支店長席で執務を行っていました。正午前を少し過ぎた頃、その苦情は突然、発生しました。

「あなた、何分待たせれば気がすむの。カードを引いて20分も待っているのに、私の順番までまだ5人もいるじゃない。窓口は5つもあるのに2人しか行員は座っていないし、奥のほうの男性は笑いながら長電話

している。もう昼休みもなくなっちゃうじゃない。いったい、お客様を何と思っているの!!」

K支店長は、店内中に響き渡るような大きな声に驚き、思わず支店長席から腰を上げ、みると40歳過ぎの女性のお客様が、テラーのA行員を激しい口調で非難しています。A行員は何度も頭を下げ、何とかお客様をなだめようとしていますが、相手の叱責は止みそうにありません。

「これはいかん」……K支店長は反射的にテラーカウンターのほうに行こうとして、ハッと店内の異様な雰囲気に気づきました。

もう1人のテラーB行員は、A行員を気遣う気持ちはうかがえるものの、多くのお客様が順番を待っていることもあり、自分の事務処理で手一杯の様子です。受付・相談コーナーの係長は、窓口での異変に気がついているのでしょうが、何やらむずかしそうな相談を受けている最中のようで、お客様との会話を続けています。さらに第二線に目をやると、内部検印のT課長は、まるで窓口の騒動は目に入らぬかのように自分の仕事に没頭しています。第三線の内部係は、全員パートタイマーで、自分の仕事以外は我関せずの様子です。また、あいにく内部事務次長のS次長は昼食時間のようです。結局、執務室内の行員はだれもA行員のサポートに行く様子はありません。

その時、昼休みが終わり、執務室に戻ってきたベテランテラーのW行員がカウンターの異常に気づき、女性客とA行員の間に割って入り、お客様に謝罪のうえ、要件を受け付けたため、やっと騒動は収まりましたが、W行員の事務処理がすんで、通帳をお渡しするとその女性客は帰り際、A行員のほうを向き、

「N支店は平気でお客を長時間待たせるって近所では評判よ。少しは改善しようって気持ちはないの？」

と再び大きな声で叱りつけ、店から出ていきました。A行員は、「ありがとうございました」とそのお客様の背中に声をかけながらも、半分泣き出しそうな顔をしています。

当日の業務が終了したのを見計らい、K支店長はS次長とT課長を2階の会議室に呼び、昼間の苦情について意見を聞きました。

支店長：次長と課長に来てもらったのはほかでもない、今日のお昼頃に発生した待ち時間に対する苦情の件だ。T課長、今日の昼間はかなりお客様の待ち時間が長かったようだが、当店ではいつも、あんなにお待たせしているの？

T課長：昼食の時間帯は、どうしても人員が手薄になるため、待ち時間が長くなります。それに今日は月の初旬ということで、内部・窓口行員が3名、研修や休暇で不在だったため、いつもより待ち時間が長くなったようです。

S次長：私は昼休みでしたので後で聞いたのですが、大きな声で苦情をいっていたのは、当店向かいの薬局の奥さんでしょう。いつも「時間がない」「処理が遅い」と文句ばかりいっているクレーマーみたいな人ですよ。

支店長：クレーマーといったけど、本当にお待たせしているのなら、こちらに問題があるだろう。お客様をクレーマー扱いするのはいかがなものだろう。

Ｓ次長：これは失言しました。でも、当店の人員構成から考えると、あの程度の待ち時間は致し方ないと思います。市内の他店も同じようなものだと思いますよ。

支店長：他店も同じようなものか……。ところで課長、先月の店頭の１日平均来店客数は何人ぐらいなの？

Ｔ課長：平均来店客数ですか。ATMコーナーの来店客数を除くと200人ぐらいだと思います。

支店長：200人ぐらいか……。では、いちばん多い日は何日で何人ぐらいの来店客があるの？

Ｔ課長：月によって違いますが、だいたい25日前後が来店客数のピークで、先月25日は600人前後だと思います。

支店長：では、来店客１人当りの平均待ち時間は何分ぐらいなの？

Ｔ課長：平均待ち時間ですか……。多分、10分くらいと思います。

Ｓ次長：いや、12～13分くらいだろう。

支店長：じゃあ、テラー１人当り平均EQ件数はどうなの？

Ｔ課長：すみません。本部からの還元データに載っているのは知っていますが、覚えていません。

Ｓ次長：80件くらいでしょう。

支店長：そうか……。

実は次長、課長には悪いが、いまの質問はすべて私が事前に調べている。

・当店の１日平均EQ件数は７月211件、前期の平均は270件
・先月のいちばん、EQ件数の多い日は月末で321件
・来店客１人当りの平均待ち時間は、ブロック内10カ店で最長の６分26秒
・出納係を除くテラー１人当り平均EQ件数は62件となっている。

ところで次長は、店頭の基本的な数字も把握していないのに、なぜ、「当店の待ち時間が長いのは致し方ない。他店も同じような状況

だ」と断言できたのかな。

Ｓ次長：失礼しました。憶測でいってしまいました。

支店長：そうか……。追いつめるような質問をして悪かったな。では、次に当店の繁忙対策はどのようになっているのか聞かせてくれないか。

Ｔ課長：繁忙対策というと人繰りの問題ですね。月の行員の休暇や研修、パートの出勤日は、前月末までに次長と協議して計画し、全員に回覧しています。20日、25日と月末の繁忙日はフル出勤体制にしています。

Ｓ次長：この頃は研修や休暇・会議がやたらに多く、人繰りが大変です。

支店長：課長や次長のいう繁忙対策とは若干違うようだが、私の知りたい繁忙対策とは、行員の出勤計画を指しているのではなく、繁忙日や繁忙する時間帯、テラーが手薄になる昼食の時間帯などの窓口応援態勢はどうなっているのか聞いているのだが……。

Ｓ次長：当店でも以前は、融資係や個人営業係の行員が、繁忙日や繁忙時間帯に窓口に入り、助務を行っていたのですが、過去の異動で、融資係、個人営業係にテラー経験者がいなくなったので、今は係を横断した窓口支援はしていません。

支店長：そうか……。では、テラーのできる代替要員の育成計画はどうなっているの？

Ｓ次長：当店は、特に若い行員が多いので、今はそれぞれが自分の仕事を覚えるので手一杯の状況です。特にテラー養成の計画はつくっていません。

支店長：なるほど……、そういうことだから今日のような「待ち時間」に対する苦情が発生するわけだ。お客様は大きな声で「この店は平気で長時間、お客様を待たせる」といっていたが、あながち誇大表現ではなかったのだな。次長、課長の説明でだいたい、当店の状況はわかった。ありがとう。お疲れ様。

S次長とT課長は一礼して会議室を後にしましたが、支店長はしばらくその場に残り、あらためて当店の来店客数、EQ状況などの数字を確認し、「窓口・内部のカナメである2人の役席が、自店の来店客数、待ち時間すら答えられないようでは当店のCSは相当厳しい状況だな。これは性根を入れて、店頭態勢の改善に取り組まねば……」と思いました。

キーワード解説

○平均待ち時間

本章で問題視している「待ち時間」とは、1人のテラーがEQボタンを押してから次のEQボタンを押すまでの時間を指します。

［お客様がEQ発券機のボタンを押し、EQシートをとる］

↓

［テラーが手元のEQボタンを押し、お待ちのお客様をコールする］

↓

［事務処理］

↓

［事務処理が終わり、お客様を呼び、通帳等を返却する］

↓

［次のお客様を呼ぶため、EQボタンを押す］

（待ち時間）

このため、テラーごとの正確な待ち時間を計測するには、お待ちのお客様のいないときは、テラーは自分のEQカウントを「休止」または「停止」の状態にしなければなりません。

事例12-2　ある日のお客様相談室にて

忙しかった期末も過ぎ、今日は早くも10月15日です。千葉行員と坂本行員は、来週開かれる今期初の顧客保護等管理委員会の準備のため、朝から資料づくりに専念していましたが、5時前になり一段落ついたのでしょうか、坂本行員が何やら勝室長に興味深い質問をしているようです。ちょっと覗いてみましょう！

坂本行員：勝室長、以前から一度お聞きしたかったことがあるのですが、よろしいでしょうか。

勝 室 長：ああいいよ、何だね。

坂本行員：室長がこれまで経験した苦情・クレームのなかでいちばん、解決がむずかしかったものはどのようなものですか。ぜひお聞かせください。

……勝室長は少し考えた後……

勝 室 長：うむー、なかなかおもしろい質問だけどむずかしい質問でもあるね。これまでさまざまな苦情・クレーム対応を経験してきたが、強いていえば「待ち時間に対する苦情」かな。

坂本行員：「待ち時間」ですか……。言葉は適切ではないかもしれませんが、随分と地味な苦情ですね。私はてっきり、悪質なクレーマーや反社からの苦情に取り組んだ「武勇伝」的なお話が聞けると思っていたのですが……。

勝 室 長：ハ、ハ、ハ……、それは期待はずれだったね。たしかにクレーマーや反社の対応はむずかしく、とても気を遣うものだが、あくまでも一過性の苦情だからいつかは解決する。だが「待ち時間に対する苦情」は、一過性のうちはよいが、慢性的に発生するようになると、なかなか改善できないものなんだ。私が初支店長として着任した支店も待ち時間に対する慢性的な苦情に悩んでいたのだが、原因を探り出し抜本的な対策を実施し、改善の成果が出てくるまでに、結局1年もかかってしまった。「待ち時間に対する苦情」が、銀行にとって永遠のテーマといわれるゆえんだ。ところで千葉さん、上期の「待ち時間に対する苦情」の発生状況はどうでしたか？

千葉行員：はい、上期中に本部に寄せられた「待ち時間に対する苦情」は51件であり、件数の多さでは前期に引き続き上位に位置しています。待ち時間に対する苦情が多い上位20カ店の顔ぶれは、前期とほとんど変わりなく、やはり業務量や来店客数が多い繁忙店が多いのですが、そのなかに、業務量も来店客数もそんなに多くないのに、前期に引き続き上位20カ店に入っている支店が３カ店あります。

勝 室 長：どの支店ですか？

千葉行員：Ｍ支店、Ｎ支店とＷ支店です。

勝 室 長：Ｎ支店ですか……？　Ｍ支店とＷ支店は店周の人口の割に店舗面積が狭く、来店客数も増加傾向にあるため待ち時間が長くなってしまうのはわかるが、Ｎ支店については原因が思い浮かびませんね。だが前期に引き続き多いということは、「待ち時間に対する苦情」が慢性化している可能性があるな。何か特殊な事情があるかもしれない。早速明日、事務部に報告し、Ｎ支店を調査してもらうことにしよう。千葉さん、店頭指導班のＹ主任調査役に明日のアポイントを入れてくれ。もちろん、千葉さんも同行してください。

千葉行員：はい!!

▶解　説

1 「待ち時間に対する苦情」が慢性化すると……

店頭での待ち時間は、それぞれのお客様（利用者）により、長くも短くも感じられるものなので、「待ち時間に対する苦情」は、サービス業である金融機関では、ある程度は必然的に発生するものかもしれません。また営業店でも、この手の苦情は大きなトラブルや深刻な紛争に発展することが少ないだけに「軽微な苦情」として片づけてしまいがちですが、いつも場当たり的な対応ですましていると、次第に頻発するようになり、ついには店舗運営の大きな障害になってしまいます。

待ち時間に対する苦情が発生した場合、まず受けた担当者が謝罪し、次に担当者に任せていても事態が沈静化しない場合は、「３変法」（人・場所・時間を変える）により解決を図ります。以上は一般的な「突発型の苦情」の対処法と同じですが、「待ち時間に対する苦情」が頻発するようになれば、とて図表Ⅱ－26　軽微な苦情を放置していると……

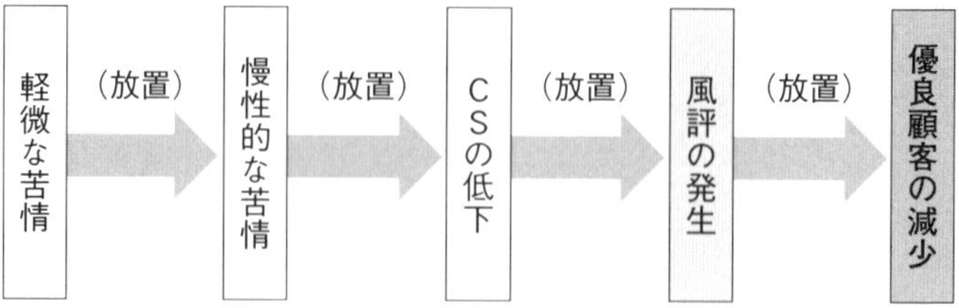

も「３変法」では手に負えなくなってしまいます。こうなると、徐々にCSが低下し、「あの支店はいつも待ち時間が長い」「行員の動作がキビキビしていない」「いくらいっても改善してくれない」というような「悪い風評」が発生しだし、ついには客離れが起こり「優良顧客の減少」となります（図表Ⅱ－26）。

Point　軽微な苦情も放置していると慢性化し、解決がむずかしくなる

2　原因分析と対策

⑴　苦情の発生原因

ある金融機関で過去１年間に寄せられた「待ち時間に対する苦情」の発生原因を集計したところ、図表Ⅱ－27のようになりました。

一口に「待ち時間に対する苦情」といってもその原因はさまざまであり、抜本的な改善には正確な現状把握が不可欠です。

⑵　現状把握

ポイントとなる数字さえ押さえれば、比較的簡単に現状把握ができます。また他店・全店の平均との比較により、自店の問題点をあぶり出すことも可能です。使用する主なデータは次のとおりです。

①　来店客の動向

・平均来店客数

・平均EQ件数

図表Ⅱ－27 「待ち時間に対する苦情」の発生原因

苦情内容	件数	割合
昼休みの時間帯にテラーが少ない	9	17%
口座開設で待たされた	9	17%
いつも待ち時間が長い	8	15%
住所変更、改印、再発行などの事務が遅い	6	12%
業務知識の少ないテラーがいる	6	12%
繁忙日の態勢が悪い	6	12%
引継ぎが悪い（休暇職員の引継ぎ）	2	3％
その他	6	12%
計	52	100%

・僚店、同質店、全店の平均値　など

② 各テラーの執務状況

・１日平均EQ件数

・１日平均待ち時間

・時間ごとの処理件数　など

⑶ 問題点の把握

調査の結果、「実際の待ち時間が他店に比べて長い」「テラーの処理スピードが遅い」などの状況があれば、「ソフト面」「ハード面」の両方から問題点を探ります。

〈ソフト面〉

① 繁忙対策の検証

・繁忙日、繁忙時間帯の対策は立てているか（助務体制）

・計画的にテラーを育成しているか。OJTは十分か（事務の平準化）

・職員の互換性、多能化のため、計画的な係替えは実施しているか（事務の平準化）

・テラーの昼食交代、休暇時の引継ぎは適切か

② CS・ホスピタリティの検証

・待ち時間の長いお客様への声掛けは行っているか

・お客様からの質問（ATM操作、伝票の記入の仕方など）への対応は十分か

③ テラーの検証

・決められた事務手順を遵守しているか

・テラーは協力しあっているか

・身辺の整理・整頓はできているか

・テラーが離席しないような備品配置になっているか

〈ハード面〉

① 執務室内の検証

・動線を妨げるレイアウトになっていないか

・動線が必要以上に長くないか

・職員ができるだけ離席せずに仕事ができるような備品配置となっているか

・使用頻度の高い機器（コピー機、FAX等）の配置は適切か

② ロビーの備品

・EQ表示板の位置は適切か、みやすいか

・繁忙日の表示、来店客集中防止への協力依頼等のポスター表示は行っているか

・記帳台の備品（伝票、印肉、ボールペンなど）の欠品はないか

・雑誌、新聞類は充実しているか

・ロビーの椅子はきれいか、数は十分か　など

▶事例解説

1　実態調査

お客様相談室からＮ支店の「待ち時間に対する苦情」の状況の説明を受けた事務部のＹ主任調査役は、早速Ｎ支店に電話したところ、支店長から「実は私も着任早々、長い待ち時間に対する厳しい苦情をテラーが受けているのをみて、早く改善しなければと考えていたのですが、原因はテラーの事務処

理能力だけではなさそうなので、どこから手をつけたらいいのかわからず、悩んでいたところです。本部に調査してもらい、専門家の視点で指導をいただければこれほど頼もしいことはありません。ぜひ調査してください」との依頼を受けました。

翌月、事務部のＹ主任調査役、Ｕ調査役補、Ｅ係長（元営業店のベテランテラー）の３人とお客様相談室の千葉行員は、Ｎ支店を訪問し「待ち時間」の実態および苦情発生原因の調査に着手しました。

各人の役割分担は次のとおりです。

・Ｙ主任調査役：Ｎ支店の基本計数の収集と分析、繁忙日時の助務体制、OJTの取組状況など

・Ｕ調査役補：店舗レイアウト、行員の動線、執務室内の事務機器の配置など

・Ｅ係長：各テラーの現金および出納機器の取扱手順、テラーの動作、伝票の流れ　など

・千葉行員：ロビーからお客様目線で執務中の行員観察、CS調査　など

４人は、調査日を「普通の営業日（11／２）」「閑散日（11／９）」「繁忙日（11／25）」の３日に分け、それぞれの分担を調査し、報告書をまとめました。報告書の概要は次のとおりです。

(1)　待ち時間に関する基礎的データ

Ｎ支店の「来店客数の推移」「EQ件数の特徴」は図表Ⅱ－28のとおりです（調査意見は図の下欄に記入）。

来店客の動向を調査した結果、周辺の店外ATM、コンビニ増加により、Ｎ支店の来店客数も多くの支店同様、減少傾向でしたが、月別、月中旬別、曜日別、時間帯別のEQ件数の分析では、繁忙日と閑散日の来店客数の変動が大きいという特徴が確認されました。

・月別：12月のEQ件数は２月・８月の２倍以上。

・日別：月末までの３日間のEQ件数は、15日前後のEQ件数の2.5倍。

・曜日別：月曜日のEQ件数は、水曜日の1.6倍。

図表Ⅱ－28　N支店の「来店客数の推移」と「EQ件数の特徴」

〈年間EQ件数の推移〉

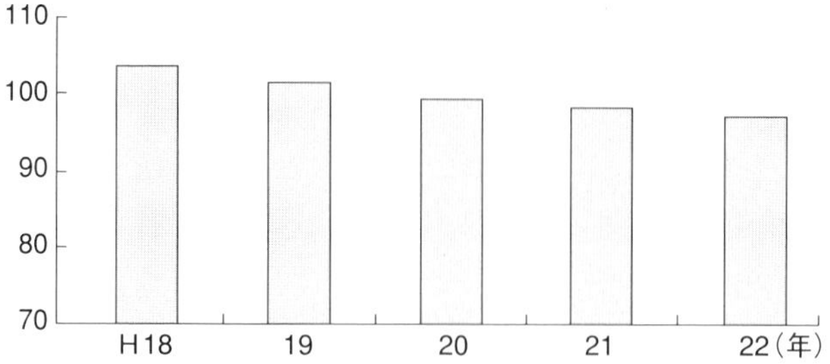

・５年間の年間平均来店客数を「100」としたときの各年の来店客指数は年々減少傾向にある。

〈月別EQ件数〉

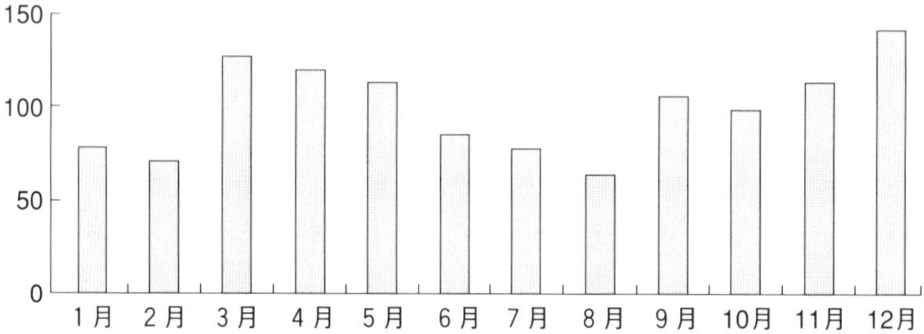

・平成22年の月別来店客数の平均を「100」としたときの各月の来店客指数。２月と８月に大きな「谷」があり、３月、９月、12月に「山」がある。

〈日別EQ件数の推移〉

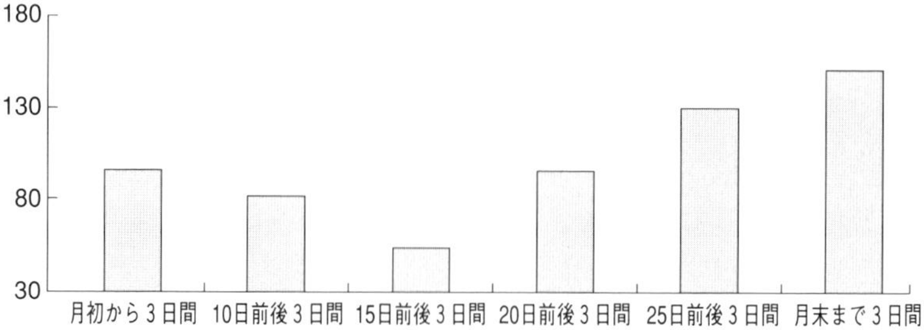

・平成22年の１日平均来店客数×３を「100」としたときの月中３日をピックアップした来店客指数。特に来店客数が多いのは25日前後と月末までの３日間。

〈曜日別EQ件数〉

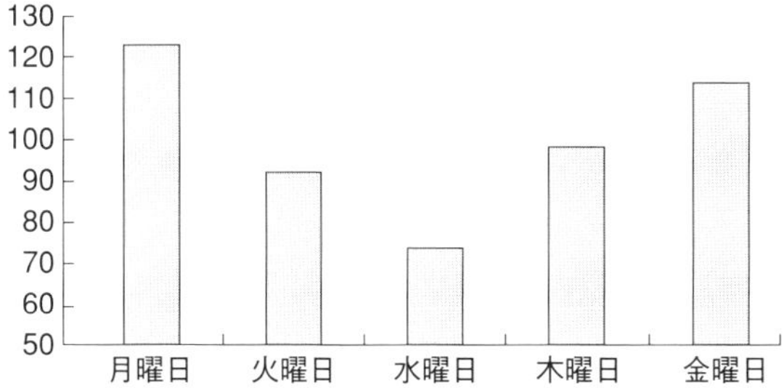

・平成22年の１日平均来店客数を「100」としたときの各曜日別の来店客指数。月曜日と金曜日は繁忙日が多い。

〈時間別EQ件数〉

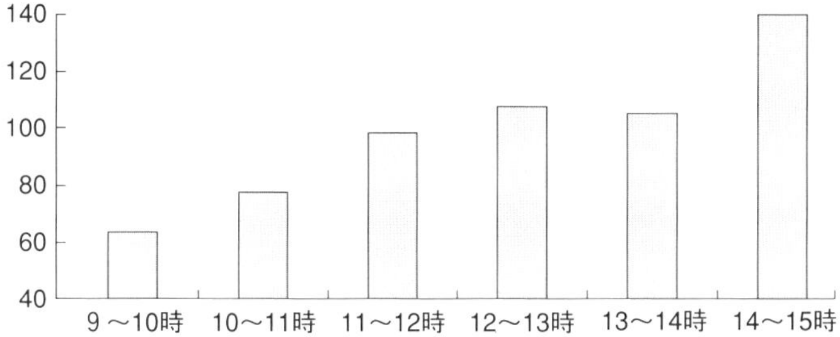

・１日の平均来店客数を６で割った数字を「100」としたときの時間ごとの来店客指数。12～13時の来店客数は14～15時ほど多くない。

〈時間別平均待ち時間（分）〉

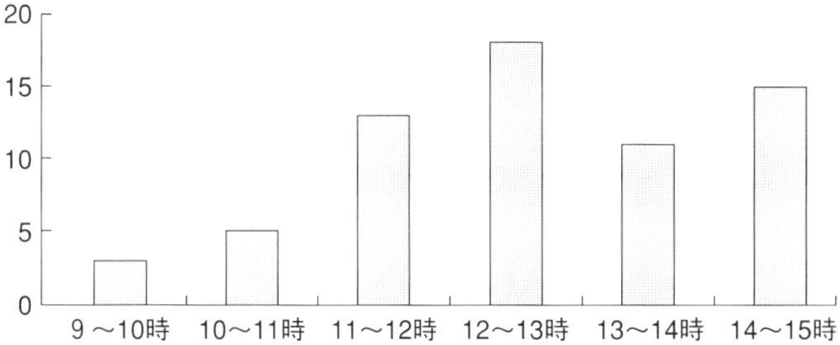

・時間別の平均来店客数（実数）。来店客数に比べて12～13時の待ち時間がかなり長い。

・時間帯別：12〜13時の平均待ち時間（17分10秒）は、９〜10時の３倍で、14〜15時よりも３分長い。

⑵　各テラーの事務処理状況（図表Ⅱ－29）

①　Ｅ係長によるモニタリング

それぞれのテラーのEQ件数に大きな差があるため、事務部のＥ係長は営業時間中の各テラーの現金取扱状況、出納機器の操作状況などを１日かけてモニタリングしたところ、各テラーとも手を休めることもなく、忙しそうに事務処理を行っていましたが、よく観察すると、テラーパートＣとＤの事務に次の問題がありました。

・テラーパートＣとＤは、「お待ち」のEQ件数が多くなっても自分のペースを変えず、積極的にEQボタンを押そうとしない。

・「出納事務手順書」では、OTM（オート・テラー・マシン）を利用しての入

図表Ⅱ－29　各テラーの事務処理状況

窓口No.	職種（職位）	テラー経験年数	平均EQ件数	平均待ち時間
A	テラー（行員）	３年	81	３分40秒
B	テラー（行員）	１年６カ月	76	３分50秒
C	テラー（パート）	２年２カ月	47	６分12秒
D	テラー（パート）	８カ月	41	７分15秒
E	出納係（行員）	８年	25	11分40秒

・平成23年上期の各テラーの１日平均EQ件数と１件当りの「お待ち」の時間。Ｅは出納係で比較の対象外。行員とパートでEQ件数に大きな差がある。

〈各テラーの平均EQ件数〉

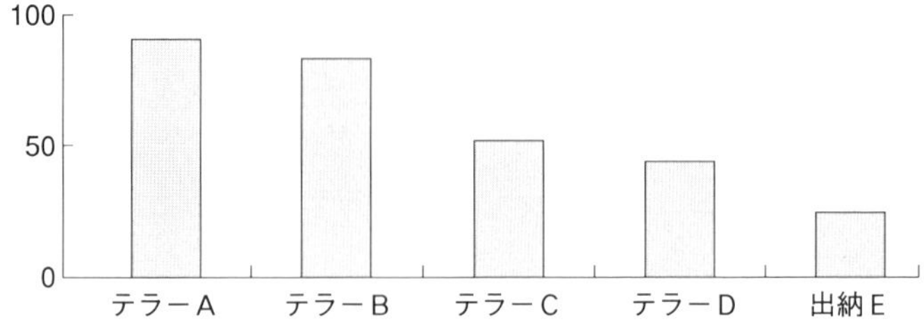

出金は、手で札勘を１回行うこととしているが、テラーパートＣとＤは２回・３回、多い時はそれ以上の回数、札勘している。

・伝票の確認、検算を繰返し行っている。

② テラーへのヒアリング

比較的お客様が少ない時間を見計らい、Ｅ係長はテラーパートＣとＤに個別面談を行いました。まずＣと面談し、なぜ事務手順にのっとった現金取扱い（札勘は１回行う）をしないのかヒアリングしたところ、Ｃは重い口を開いて次のように答えました。

「私は他の金融機関で内部事務の経験はあるのですが、テラーは初めての経験です。今、４歳半の娘を保育所に預けて勤務していますが、保育所は午後５時半までに迎えに行く約束ですから、遅くとも５時には帰宅して、迎えに行かねばなりません。もし現金事故や事務ミスを起こし、迎えの時間に行けなかったら、義母に迎えに行くよう頼まなければなりません。だから絶対に現金事故や事務ミスは起こさないよう、念には念を入れて札勘や検算をしています。正職員のテラーの方と違い、自分はパートなので、早く帰ることを第一に仕事をしています」との答えでした。同じようにテラーパートＤも、定時（午後４時）退行を優先するため、自分なりの厳格なルールで現金や伝票をチェックしており、「自分の担当外の業務には決して手を出さないようにしている」とのことでした。

③ 問 題 点

事務の堅確化はたしかに重要です。事務手順の「省略」や「手抜き」は、事務ミスや現金事故につながるとして常日頃、厳しく諌められていますが、正確な事務処理を求めるあまり、それぞれのテラーが事務手順を逸脱した「過度な札勘」や「行き過ぎたチェック」を行えば、当然、処理時間が長くなります。EQシステムは全テラーが均等にボタンを押すことで、待ち時間の短縮と事務処理時間の効率化を図る仕組みなので、一定の処理スピードが確保されなければ、待ち時間は長くなり、迷惑するのはお客様です。今回の本部調査で、Ｎ支店の「お客様待ち時間」が長い原因の一つが、テラーパー

図表Ⅱ－30　N支店の店舗レイアウト（現状）

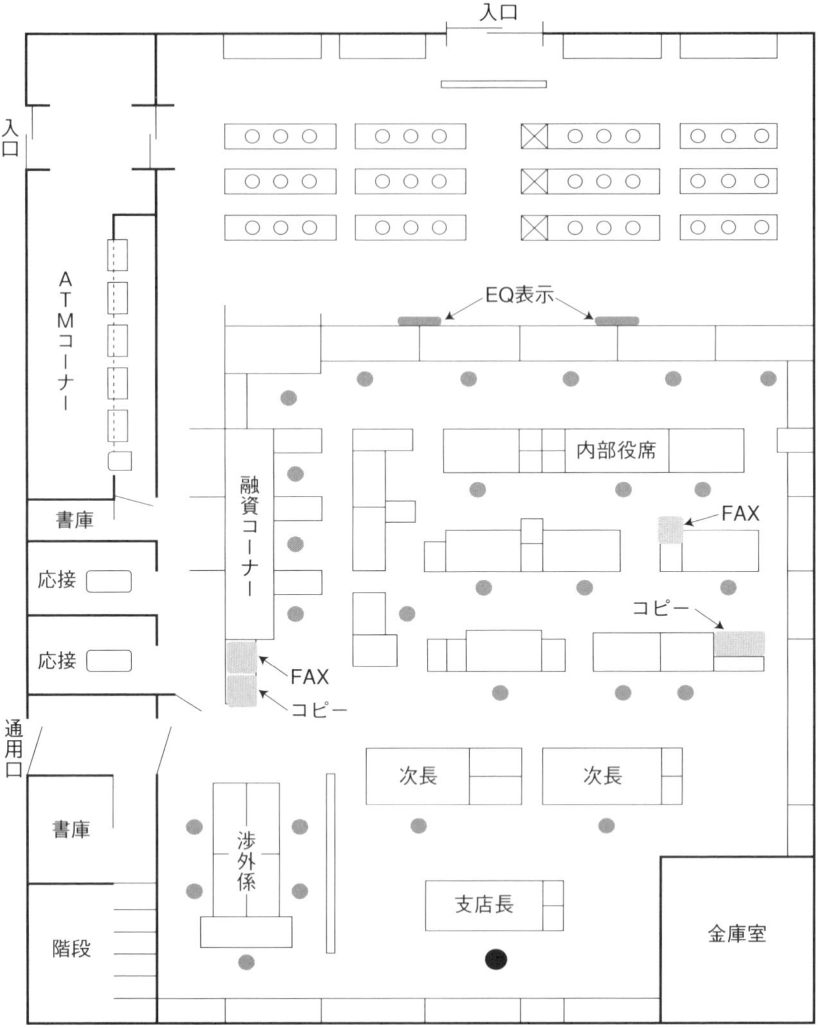

・店舗の形状が縦に長い。
・行員の動線を遮る機器やキャビネットが多い。
・コピー機やFAXが近くにない。

トCとDの「入念すぎるチェック」にあることが明らかになりました。

Point EQ件数が少ないテラーは、規則どおりの出納事務手順を行っていないことが多い

(3) 店舗レイアウト（図表Ⅱ－30）

営業店の位置づけや戦略は、銀行全体の方針により随時変化しているため、営業店によっては徐々にふえた電子機器やキャビネット、机などが、職員の動線を塞ぎ、業務の妨げとなっているケースが見受けられます。N支店はまさにこのケースでした。また全員がよく使う機器（コピー機やFAX機など）が執務室の中心ではなく、壁際などに設置されているため、行員一人ひとりの動線が長くなり、事務効率の低下を招いていました。執務室内の動線は、営業店運営の生命線の一つといっても過言ではありませんが、今回の調査で指摘されるまで、執務室内のレイアウトに違和感をもっていた行員は1人もいませんでした。

Point 執務室内の動線は、営業店運営の生命線

(4) マネジメント

N支店では、月間の人繰りについては、20日、25日、月末は全員出勤を決めていましたが、繁忙日や繁忙時間帯の助務体制は、特に実施していませんでした。また、スキルアップを図るためのOJT、計画的なテラーの育成、事務の平準化も怠っていたため、窓口係以外でテラーができる行員は2名だけでした。K支店長が危惧していたとおり、CS向上のポイントである繁忙日対策はほとんど行われていませんでした。

(5) ロビーからみた執務室内の状況（図表Ⅱ－31）

千葉行員は制服から普段着に着替えて3日間、ロビーから、支店の雰囲気、執務中の行員の動作等を調査しました。調査結果は次のとおりです。

① テラーから「いらっしゃいませ」「ありがとうございました」の声はよ

図表Ⅱ－31　N支店の店舗レイアウト（現状）……お客様の視線

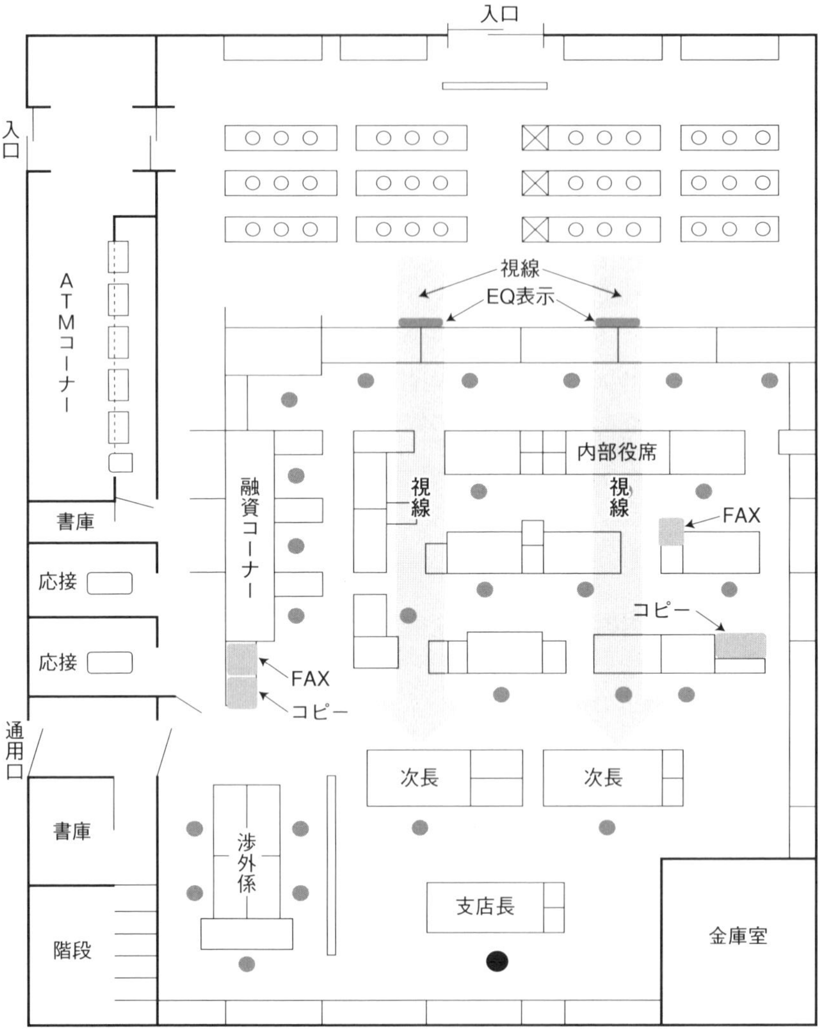

・縦長の店舗はお客様の視線が奥の行員の動作にまで注がれる。

く出ていたが、後方事務や他の係からの声は少ない。特に役席はほとんど発声していなかった。

② 多くのお客様は、自分のEQ番号がいつ呼ばれるかわからないので、店内2カ所に設置されたEQ掲示板をずっと凝視していた（N支店のEQ掲示板は呼び出すEQの番号のみ掲示するタイプでした）。

③ 一見のお客様も多いのか、テラーにEQの発券機の場所を尋ねるお客様が数人いた。

④ ATMコーナーのお客様からの振込みや入出金操作に関する問合せが多く、そのたびに執務室から内部行員が出て行って説明していた。

⑤ ロビーに設置されている雑誌や書籍を読んでいるお客様はほとんどいなかった。

⑥ 思った以上に、ロビーから執務室内の職員の様子が見渡せ、支店長、次長の執務の様子も目に入った。

⑦ 調査時間中も、待ち時間にイライラしたお客様から「まだなの」「早くして」などの問合せや要求が数件発生していた。特にテラーの人数が少ない昼食時間中に多く発生していた。

⑧ 待ち時間が長いお客様から注がれる、執務中の行員への視線は冷たく、不満が強いように感じられた。

2 改善策

12月2日の業務終了後、調査を担当した事務部の3名、千葉行員、N支店の支店長と全役席が出席し、調査結果の報告および苦情削減策の検討が行われ、次のとおり改善の方向性が決まりました。

〈短期的な施策〉

⑴ 組織体制

① 今月（12月）から3月までを待ち時間を短縮するための「集中取組期間」とする。

② 期間中の実行委員長は内部事務次長とする。

③ 期間中、各テラーは自分のEQ件数処理件数、平均待ち時間、待ち時間

に対する苦情の有無を窓口日誌に朱書きし、内部役席に報告する。

④　内部役席は、毎日の各テラーのEQ件数と平均待ち時間を集計して委員長に提出する。

⑤　委員長は、毎日の来店客数、EQ件数、待ち時間を一覧表にして毎日、支店長に提出する。

⑥　毎日の「お客様1人平均待ち時間」を表とグラフにして2F食堂までの通路壁面に張り、行員全員にお客様待ち時間に対する問題意識を喚起する。

⑵　繁忙日対策

①　毎日の来店客数はある程度予想できるので、20日過ぎてからの繁忙日は、常に5つの窓口すべてにテラーを配置することとし、行員の昼食時間帯（11時半～13時半）もフル稼働できるよう助務態勢を万全にする。

②　休暇や研修等でテラーの欠員が確実な日は、事前に昼食時間帯に窓口に入る助務行員を決めておき、次長は月間計画表に記載し全員に周知する。

⑶　繁忙時間帯の対策

当店の来店客は、12～13時および14～15時に集中し、特に12時半～13時の30分間は、来店客数の割には平均待ち時間が長くなる傾向にあるので、行員の昼食時間帯（11時半～13時半）の繁忙対策を次のとおり実施する（図表Ⅱ－32）。

①　EQ件数（お待ちの件数）が10件をオーバーしたら内部役席は融資役席に助務要請する。

②　融資役席は昼食時間帯の助務に応じられるよう、テラーができる行員の昼食時間は前半（11時半～12時半）に設定する。

③　業務の都合や研修、休暇等で助務に応じられないときは、融資役席が渉外役席に助務を要請する。

④　渉外役席および行員は、12～13時は極力、外訪活動は行わず、だれかが窓口の繁忙支援に応じられるよう待機する。

図表Ⅱ－32　助務要請のリレー

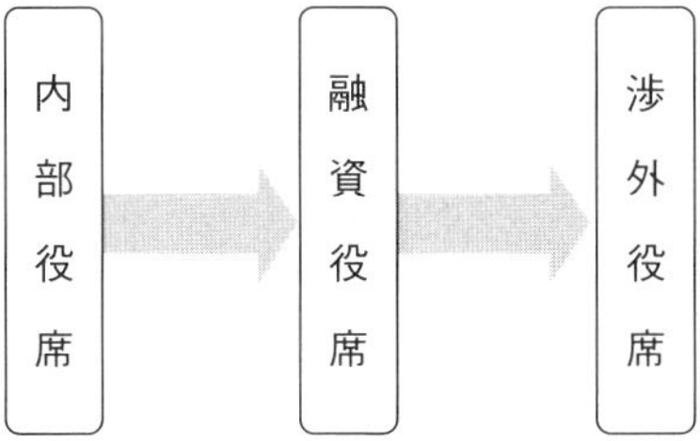

⑷　テラーへのOJT

正確なテラー事務の修得を目標に、現在のテラー４名に対するOJTを実施する。

①　12月上旬の３日間、事務部のＥ係長が実際にＮ支店の窓口に入り、事務手順書にのっとった現金および出納事務機器の取扱手順をOJT指導する。

②　特にテラーパートＣおよびＤについては、「お待ち時間４分台」もしくは「１日のEQ件数70件以上」を目標にして、スピーディな事務処理を徹底指導する。

〈中・長期的な施策〉

⑴　執務室内のレイアウト変更

①　行員の動線を確保するため、机、脇机、キャビネット等を移動する。特に数の多くなった電子機器の端末やモニター、プリンター類は、縦型収納ラックを購入し、整理して収納する。

②　全員の使用頻度が高いFAX・コピー機は、できるだけ執務室の中心付近に設置する。

③　テラーの離席回数を減らすため、テラー席背後に収納棚（扉なし）を設置する。

④　ロビーが見通せる位置に次長席、支店長席を移動する。

⑤　ATMコーナーのお客様からの問合せに迅速に対応するため、ドアを設置する。

⑥　費用のかからない機器移動は即日実行するが、工事費用等の必要な移動

図表Ⅱ－33　N支店の店舗レイアウト（変更後）

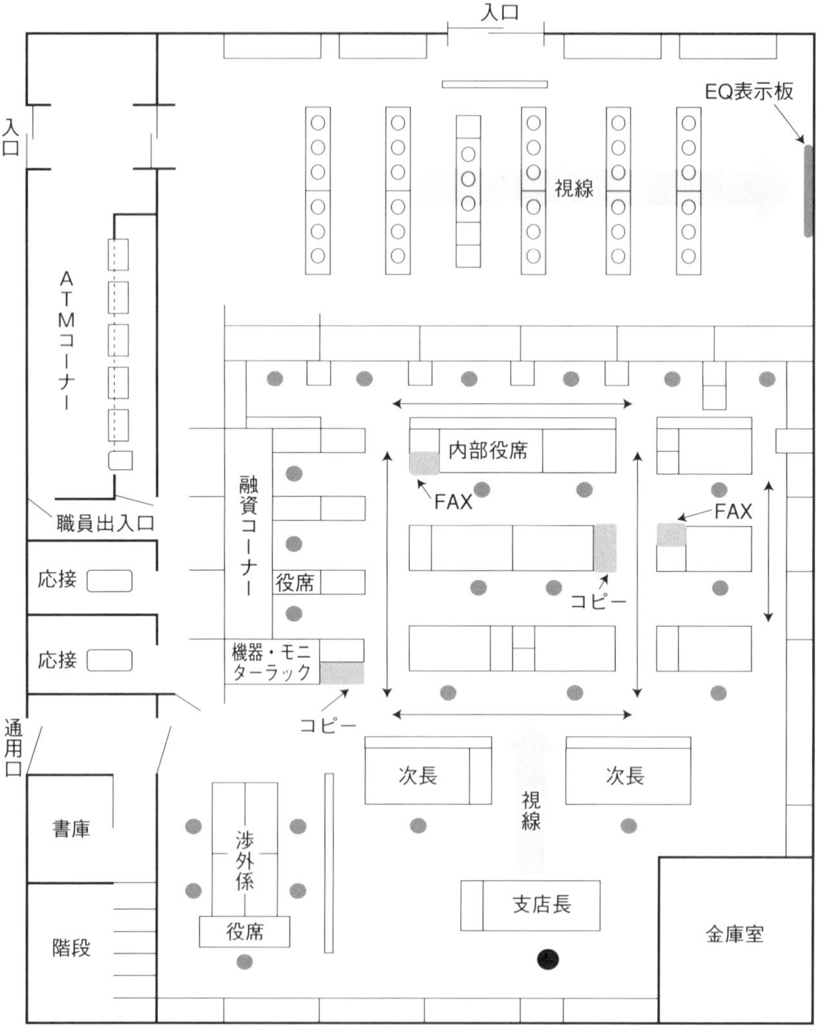

・ロビーの椅子をカウンターに対して横向きにする。
・EQ表示板は横の壁面に掲示し大型表示板にする。
・全員がよく使うコピー機、FAXは執務室中心付近に配置する。
・縦と横の行員動線には机やキャビネット等を置かない。
・支店長席、次長席からロビーまでの視線を大切にする。

は、来期予算に計上して変更する。

Point 全員が使うFAXやコピー機等は執務室の中心に置くと事務効率が向上する

⑵ ロビーの椅子の向きとEQ表示板の位置を変更する（図表Ⅱ－33）

縦長の店舗形状の営業店は、横長の営業店に比べ「待ち時間に対する苦情」が多く発生する傾向がある。このため、来期の予算計画で、次の２点の改装費を申請する。

① ロビーの椅子をテラーカウンター向きから横向きに変更する。

② 総合EQシステムを導入し、EQ表示板を大型のものに取り替え、支店側面に取り付ける。

Point 縦長の店舗形状の営業店は、横長の支店に比べ「待ち時間に対する苦情」が多い

ポイント解説

○N支店のような縦長の店舗形状の営業店は、「待ち時間に対する苦情」が多く発生する傾向があります。これはロビーのお客様の視線が、EQ掲示板の先にある職員の執務態度に注がれることに原因があります。待ち時間が長くなると執務室内が見渡せるだけに、「こんなに待っている客が多いのになぜ窓口には２人しか座っていないのか」「後方で談笑している職員をなぜ窓口に配置しないのか」というような不満が生じてしまいます。

○椅子の向きを横にするレイアウトは、最近、市役所や病院などでもよくみられるようになりました。他の業種でも「待ち時間に対する苦情」への有効な対策として浸透しつつあります。

⑶ 次期テラーの養成

テラーができる行員の絶対数が少ないので、テラー経験のない内部行員２名（新入行員、２年目行員）を次期テラー要員として育成する。比較的来店客数の少ない１～２月を集中育成期間とし、実際に窓口でテラー業務を経験

させる。また本部集合研修にも積極的に派遣する。

⑷ ロビーアシスタントの配置

お客様からの問合せ、要望、苦情などを受けとめるロビーアシスタントが配置できれば、店頭CSは大きく向上する。休暇・昼食時の交代、相互研鑽、相互補完ができるよう、パート２名の増員配置を検討する。

店舗人員の問題があるため、早期実現はむずかしいが、できるだけ早い時期に配置できるよう人事部に要請する。

3 待ち時間の短縮がもたらす効果

「待ち時間に対する苦情」が多発する原因を調査し改善するには、店内のさまざまな問題を解決しなければなりません。そのためには、徹底した原因分析と周到な改善計画により、営業店の全員が協力し、時間をかけて問題解決に取り組む必要があります。場合によっては、大幅な店舗改装が必要な場合もあります。その意味では「一過性の苦情」とは比べものにならないほど大変ですが、基礎データである「待ち時間」の改善状況は、数字で正確に確認できるので、うまく好循環サイクルに乗れば、効果は比較的早く表れます。一連の改善を通じ、職員一人ひとりの動きがよくなり、事務効率が向上してきます。事務効率が向上すれば、「待ち時間」はおのずと短縮されていきます。「待ち時間」が短縮されれば、職員のお客様対応にも「余裕」が生まれ、自然と「笑顔」がふえてきて、CSが向上してきます。「待たせない営業店づくり」はCSの基本なのです。職員がテキパキと働く営業店には、凛とした雰囲気と適度の緊張感があり、そのような営業店では、クレーマーや反社による「言い掛かり」など変なトラブルも少ないものです。「好循環サイクルにいかにして乗せるか」……営業店長の手腕のみせどころといえます。

Point 「待ち時間」が改善するとCSは向上しトラブルも減少する

第 9 章

お客様の声は「宝の山」

事例13　おわりに……〈お客様相談室にて〉

半期の「お客様の声」を集計し経営に報告する「顧客保護等管理委員会」がお昼前に終了し、午後も特に支店からの苦情等の連絡やお客様からの苦情の電話もなく、お客様相談室としては珍しく平穏に業務が終了しようとしています。では今日も 3 人の会話に耳を傾けてみましょう。

勝 室 長：千葉さん、顧客保護等管理委員会の資料作成、お疲れ様。半期の全店の「お客様の声」受付状況、苦情・クレームの発生状況の経年分析などかなりの事務量だったが、千葉さんの要点を的確にとらえた資料のおかげで、委員会はスムーズに進行できました。特に今まで、単に文章や表で報告していた苦情・クレーム発生状況を整理・分類し、「お客様の声の傾向」「苦情・クレームの要因分析」「ブロックごとの苦情・クレームの傾向」などをグラフで「見える化」した資料は、とてもわかりやすく、役員にも好評でした。当室の半期の努力や苦労が報われたような気がして、私もうれしかったよ。千葉さん、ありがとう!!

千葉行員：室長、お礼なんて……恐縮します。でも今回の委員会資料は、全店の半期の苦情・クレーム発生件数が前期比20%減少し、当局などに直接申し立てられた件数も前期比30%以上減少しているなかでの資料作成でしたから、やりがいがあったのも事実です。

勝 室 長：そうだね。経営としても、苦情・クレームの総件数や、直接当局などに申し立てられた苦情・クレーム件数は、特に注目している点だから、それが大幅に減少している現状に、とても満足している様子だったよ。

千葉行員：それを聞いて、安心しました。ところで室長、今回の委員会のなかで、役員から特に指示事項などはありませんでしたか。

勝 室 長：指示事項は数点あったが、特に頭取から、早急に全店のお客様用トイレの状況を調査し、報告するようご指示があった。これは委員会資料として提出した3カ月間の「お客様の声」のなかに、「S支店のトイレがいまだに『和式』で使いにくい」「D支店にお客様用のトイレを設置してほしい」というものがあったため、CS担当部長が問題として取り上げ、今回の委員会で議論の対象となったものだが、最終的に頭取からの改善指示となったんだ。

千葉行員：わかりました。至急、担当部へ報告し、全店の状況を調査するよう依頼します。

坂本行員：なるほど……。こういうかたちで、支店から報告された「お客様の声」が経営に届けられ、調査、改善へのプロセスに移行するのですね。

千葉行員：そうよ、坂本さん。支店の皆さんが、お客様から受けた相談・要望や苦情・クレームを当室で取りまとめ、顧客保護等管理委員会を通じて経営に報告される仕組みになっているの。

勝 室 長：委員会では、全店の顧客サポート状況を検証するだけでなく、担当店の努力では解決できない全行的な課題も、経営の立場から改善や解決を検討する仕組みになっている。

たとえば、同一地区のお客様（利用者）から「ATMが近くになくて不便だ」というような要望が頻繁にあがってくるようであれば、顧客保護等管理委員会を通じ、経営は当該地区のATM設置をCS上の問題として意識することになる。

苦情・クレームは、まさに「お客様の生の声」であり、そのなかには、商品やサービス、CSの向上につながるヒントとなる情報がぎっしり詰まっている。またお客様（利用者）から寄せられた苦情・クレームがきっかけで、行員の違法行為や不祥事件が発覚することもあり、苦情・クレームは「外部からのモニタリング機能」を果たすといわれるゆえんだ。

坂本行員：苦情・クレームは、マイナスのイメージばかりでしたが、経営に役立つ情報となると、当室としてもやりがいがありますね。

勝室長：そのとおりだ。苦情・クレームをはじめとする「お客様の声」は「宝の山」でもある。でもせっかくの「宝の山」も、支店の担当者が「握込み」したり、支店が本部への報告をサボタージュしたのでは、経営に活かすことはできない。そういった意味でも、行員には積極的に「お客様の声」をすくい上げてほしいものだ。

さて今日は、顧客保護等管理委員会も無事終了し、当室の懸案事項も一段落しているので、久しぶりにみんなで食事にでも行かないか。

千葉行員：「行きましょう！」

坂本行員：「行きましょう!!」

III

資　料　編

［資料No.1］

顧客保護等管理態勢の確認検査用チェックリスト

Ⅰ．経営陣による顧客保護等管理態勢の整備・確立状況

【検証ポイント】

・　本チェックリストにおいて、「顧客保護等」とは、以下の①から⑥をいい、「顧客保護等管理」とは、金融機関の顧客の保護及び利便の向上の観点から、①から⑥を達成するため必要となる管理をいう。

①　与信取引（貸付契約及びこれに伴う担保・保証契約）、預金等の受入れ、商品の販売、仲介、募集等及びその他顧客との間で業として行われる取引（以下「取引」という。）に関し顧客に対する説明が適切かつ十分に行われることの確保（経営相談・経営指導等をはじめとした金融円滑化の観点から顧客説明が適切かつ十分に行われることの確保を含む。）

②　顧客からの問い合わせ、相談、要望、苦情及び紛争（以下「相談・苦情等」という。）への対処が適切に処理されることの確保（経営相談・経営指導等をはじめとした金融円滑化の観点から顧客からの相談・苦情等への対処が適切に処理されることの確保を含む。）

③　顧客の情報が漏えい防止の観点から適切に管理されることの確保

④　金融機関の業務が外部委託される場合における業務遂行の的確性を確保し、顧客情報や顧客への対応が適切に実施されることの確保

⑤　金融機関又はグループ関連会社[1]による取引に伴い顧客の利益が不当に害されることのないよう利益相反の管理が適切に行われることの確保

⑥　その他金融機関の業務に関し顧客保護や利便の向上のために必要であると金融機関において判断した業務の管理が適切になされることの確保

・　金融機関における顧客保護等管理態勢の整備・確立は、預金者等を含めた金融機関の業務の利用者（以下「顧客」という。）の保護及び利便の向上の観点から重要であるのみならず、金融機関の業務の健全性及び適切性の観点から極めて重要であり、経営陣には、これらの態勢の整備・確立を自ら率先して行う役割と責任がある。

・　顧客保護等管理については、金融機関の経営陣をはじめとする各役職員が、顧客の視点から自らの業務を捉えなおし、不断に検証し改善する姿勢が

1　銀行法第13条の３の２に定める、当該銀行、当該銀行を所属銀行とする銀行代理業者又は当該銀行の親金融機関等若しくは子金融機関等のほか、当該金融機関が顧客保護のために利益相反の管理が必要であると判断した会社がある場合にはその会社。

重要であり、金融機関に対する公共の信頼は、このような絶えざる見直しの努力の上に成り立つものであることを十分に理解していることが重要である。

・　本チェックリストにおいては、各顧客保護等の態勢の整備及びその実効的機能の確保の役割・責任は、それぞれ各顧客保護等の管理責任者にあることを前提として記述する。これ以外にも組織体制のあり方は様々であり、当該金融機関が、部門や部署を設置して管理させる方法や、営業推進部門等を含む顧客保護の必要性がある部門や部署等に担当者を配置する等の方法により管理を行っている場合もある。この場合、その業務の遂行に必要な知識と経験を有する人員を適切な規模で配置し、業務の遂行に必要な権限を与えているか等の事実を実証的に検証し分析した上で、顧客保護等の態勢が実効的に機能しているかを確認する。

・　検査官は、検証に当たって、本チェックリストに加え、金融円滑化編チェックリストに記載された顧客保護等管理に関する項目についても留意する。

・　検査官は、経営陣が、①方針の策定、②内部規程・組織体制の整備、③評価・改善態勢の整備をそれぞれ適切に行っているかといった観点から、各顧客保護等管理に係る態勢が有効に機能しているか否か、経営陣の役割と責任が適切に果たされているかをⅠ．のチェック項目を活用して具体的に確認する。

・　Ⅱ．以降のチェック項目の検証において問題点の発生が認められた場合、当該問題点がⅠ．のいずれの要素の欠如又は不十分に起因して発生したものであるかを漏れなく検証し、双方向の議論を通じて確認する。

・　検査官が認識した弱点・問題点を経営陣が認識していない場合には、特に、態勢が有効に機能していない可能性も含めて検証し、双方向の議論を通じて確認する。

・　検査官は、前回検査における指摘事項のうち、軽微でない事項の改善状況について検証し、実効性ある改善策が策定され実行されているか否か確認する。

１．方針の策定

①　【取締役の役割・責任】

取締役は、金融機関の顧客の保護及び利便の向上の重要性を十分に認識し、顧客保護等を重視しているか。また、経営相談・経営指導等をはじめとした金融円滑化の観点からの顧客保護等の重要性を十分に認識しているか。

特に顧客保護等管理の担当取締役は、顧客保護等管理の重要性を十分に理解し、この理解に基づき当該金融機関の顧客保護等の現状を的確に認識し、適正な顧客保護等管理態勢の整備・確立に向けた方針及び具体的な方策を検討しているか。

② 【顧客保護等管理方針の整備・周知】

取締役会は、経営方針に則り、顧客保護及び利便の向上に向けた管理の方針（以下「顧客保護等管理方針」という。複数に分かれている場合には、これらを総称するものとする。）を定め、組織全体に周知させているか。

特に、顧客保護等管理方針に以下の事項が明確に記載される等、顧客保護等管理のために漏れのない適切なものとなっているか。また、金融円滑化管理方針と整合性を確保しているか。

(i) 顧客を保護するために行うべき以下の管理に関する方針

・ 顧客に対する取引又は商品の説明及び情報提供（以下「顧客説明」という。）の適切性及び十分性の確保

・ 顧客の相談・苦情等の対処（以下「顧客サポート等」という。）の適切性及び十分性の確保

・ 顧客の情報の管理（以下「顧客情報管理」という。）の適切性の確保

・ 金融機関の業務が外部委託される場合における顧客情報や顧客への対応の管理（以下「外部委託管理」という。）の適切性の確保

・ 金融機関又はグループ関連会社による取引に伴い顧客の利益が不当に害されることのないよう行われる利益相反の管理（以下「利益相反管理」という。）の適切性の確保

・ その他顧客保護や利便の向上のために必要であると取締役会において判断した業務の管理の適切性の確保

(ii) 顧客の範囲（例えば、「金融機関の業務の利用者及び利用者となろうとするものを含む」等）

(iii) 顧客保護の必要性のある業務の範囲

③ 【方針策定プロセスの見直し】

取締役会は、定期的に又は必要に応じて随時、顧客保護等管理の状況に関する報告・調査結果等を踏まえ、方針策定のプロセスの有効性を検証し、適時に見直しているか。

2．内部規程・組織体制の整備

① 【内部規程の整備・周知】

取締役会等は、顧客保護等管理方針に則り、顧客説明管理、顧客サポート等管理、顧客情報管理、外部委託管理、利益相反管理に関する取決めを明確に定めた内部規程（以下総称して「顧客保護等管理規程」という。）を各顧客保護等管理に係る管理責任者に策定させているか。2 取締役会等は、顧客保護等管理規程に

ついて、リーガル・チェック等を経て、顧客保護等管理方針に合致することを確認した上で承認し、組織内に周知させているか。

② 【各管理責任者の設置及び権限の付与】

取締役会等は、顧客保護等管理方針及び顧客保護等管理規程に則り、以下の管理責任者を設置し、その責任及び権限を明確化し適切な役割を担わせる態勢を整備しているか。また、各管理責任者には、その業務に関し十分な知識及び経験を有する人員を充てているか。[3]

・　顧客に対する適切な説明を確保する態勢を整備・確立するための顧客に対する説明の管理全般を統括する責任者（以下「顧客説明管理責任者」という。）

・　顧客サポート等に係る情報を集約し、相談・苦情等に対する対応の進捗状況及び処理指示を一元的に管理する責任者（以下「顧客サポート等管理責任者」という。）

・　適切な顧客情報管理態勢を整備・確立するための顧客情報の管理全般を行う者（以下「顧客情報統括管理責任者」という。）

・　金融機関の業務が外部委託される場合における顧客情報や顧客への対応を管理する責任者（以下「外部委託管理責任者」という。）

・　適切な利益相反管理態勢を整備・確立するための利益相反管理全般を統括する責任者（以下「利益相反管理責任者」という。）

③ 【牽制機能の確保】

取締役会等は、各管理責任者について牽制機能が有効に働く態勢を整備しているか。特に、当該管理責任者が他の業務との兼務をする場合、営業推進部門等からの干渉を防止する態勢となっているかに留意して検証する。

④ 【営業推進部門等における顧客保護等管理態勢の整備】

(i) 取締役会等は、営業推進部門等を含む顧客保護等管理の必要性が存在する部門・部署・職員等に対し、遵守すべき内部規程・業務細則等を周知させ、遵守させる態勢を整備しているか。例えば、各管理責任者に、営業推進部門等が遵

2　顧客保護等管理規程は、必ずしも一本化されていない場合やコンプライアンス・マニュアル等に統合されている場合もある。これらの形式にこだわらず、記載すべき事項が漏れなく明文化され、取締役会等の承認を受け、必要のある役職員に周知徹底され、顧客保護等の実効的な態勢が整備されているか否かを実証的に検証する。

3　一の顧客保護等の管理責任者が他の顧客保護等の管理責任者や他の部門の職員（管理者含む）を兼任する場合には、業務の規模・特性に応じてその態勢が合理的か否か、専任の管理責任者を置く場合と比して顧客保護等の観点から同等の機能が確保されているかに留意して検証する。また、例えば、顧客説明について、複数の顧客説明管理責任者を配置して管理させる態勢もありうるが、その場合には、管理全般に係る責任を複数の顧客説明管理責任者が連帯して負う方法や、複数の顧客説明管理責任者のうち管理全般に係る責任を負う者を定める方法により責任の所在が明確となっているかを検証する。

守すべき内部規程・業務細則等を特定させ、効果的な研修を定期的に行わせる等の具体的な施策を行うよう指示しているか。

(ii) 取締役会等は、各管理責任者を通じ、営業推進部門等において、顧客保護等管理の実効性を確保する態勢を整備しているか。例えば、顧客説明については、営業推進部門等に担当者を配置し、管理責任者と連携させる等の工夫をしているか。[4]

(iii) 取締役会等は、各部門又は部署に、顧客情報を管理する顧客情報管理担当者を配置し、その責任及び権限を明確化しているか。また、顧客情報管理担当者は、その業務に関し十分な知識及び経験を有する者となっているか。

⑤ 【外部委託先に対する顧客情報保護の徹底】

(i) 取締役会等は、顧客情報について、委託契約等に基づく外部委託先（以下「外部委託先」という。）が取り扱う顧客情報の性質及び量等に応じた取扱いルール及び責任を明確に定めているか。

(ii) 取締役会等は、外部委託先の管理について責任部署を明確にし、当該責任部署に顧客情報管理担当者を置いているか。

(iii) 取締役会等は、外部委託先の顧客情報管理が定期的に点検される態勢を整備しているか。

(iv) 取締役会等は、顧客情報保護のための施策が委託先に適切に伝達され、また、委託先の事故等が責任部署に対して迅速かつ正確に報告される態勢を整備しているか。

⑥ 【取締役会等への報告・承認態勢の整備】

取締役会等は、報告事項及び承認事項を適切に設定した上で、管理責任者に、定期的に又は必要に応じて随時、取締役会等に対し状況を報告させ、又は承認を求めさせる態勢を整備しているか。特に、経営に重大な影響を与える、又は顧客の利益が著しく阻害される事案については、取締役会等に対し速やかに報告させる態勢を整備しているか。

⑦ 【監査役への報告態勢の整備】

取締役会は、監査役へ直接報告されるべき事項を特定した場合には、報告事項を適切に設定した上で各管理責任者からの直接の報告を行わせる態勢を整備しているか。[5]

⑧ 【内部監査実施要領及び内部監査計画の策定】

取締役会等は、内部監査部門に、顧客保護等管理について監査すべき事項を適

4　人員の配置及び権限の付与についての権限が取締役会等以外の部署・役職にある場合には、その部署・役職の性質に照らし、牽制機能が働く等合理的なものとなっているか否かを検証する。

5　このことは、監査役が自ら報告を求めることを妨げるものではなく、監査役の権限及び活動を何ら制限するものではないことに留意する。

切に特定させ、内部監査の実施対象となる項目及び実施手順を定めた要領（以下「内部監査実施要領」という。）並びに内部監査計画を策定させた上で承認しているか。[6]

⑨　【内部規程・組織体制の整備プロセスの見直し】

取締役会等は、定期的に又は必要に応じて随時、顧客保護等管理の状況に関する報告・調査結果等を踏まえ、内部規程・組織体制の整備プロセスの有効性を検証し、適時に見直しているか。

3．評価・改善活動

⑴　分析・評価

①　【顧客保護等管理の分析・評価】

取締役会等は、監査役監査、内部監査及び外部監査の結果、各種調査結果並びに各部門からの報告等全ての顧客保護等管理の状況に関する情報に基づき、顧客保護等管理の状況を的確に分析し、顧客保護等管理の実効性の評価を行った上で、態勢上の弱点、問題点等改善すべき点の有無及びその内容を適切に検討するとともに、その原因を適切に検証しているか。また、必要な場合には、利害関係者以外の者によって構成された調査委員会等を設置する等、その原因究明については万全を期しているか。

②　【分析・評価プロセスの見直し】

取締役会等は、定期的に又は必要に応じて随時、顧客保護等管理の状況に関する報告・調査結果等を踏まえ、分析・評価プロセスの有効性を検証し、適時に見直しているか。

⑵　改善活動

①　【改善の実施】

取締役会等は、上記３．⑴の分析・評価及び検証の結果に基づき、必要に応じて改善計画を策定しこれを実施する等の方法により、適時適切に当該問題点及び態勢上の弱点の改善を実施する態勢を整備しているか。

②　【改善活動の進捗状況】

取締役会等は、改善の実施について、その進捗状況を定期的に又は必要に応じて随時、検証し、適時適切にフォローアップを図る態勢を整備しているか。

③　【改善プロセスの見直し】

取締役会等は、定期的に又は必要に応じて随時、顧客保護等管理の状況に関する報告・調査結果等を踏まえ、改善プロセスの有効性を検証し、適時に見直しているか。

6　内部監査計画についてはその基本的事項について承認すれば足りる。

Ⅱ．各管理責任者による顧客保護等管理態勢の整備・確立状況

【検証ポイント】

・　本章においては、各管理責任者が果たすべき役割と負うべき責任について検査官が検証するためのチェック項目を記載している。

・　本チェックリストにおいては、各顧客保護等の態勢の整備及びその実効的機能の確保の役割・責任は、それぞれ各顧客保護等の管理責任者にあることを前提として記述する。各管理責任者が行うべき役割は広範囲にわたるため、管理責任者のみでは十分な確保を図ることができないと取締役会が判断する場合に、顧客保護等管理のための部門や部署を設置して管理させる方法や、営業推進部門等を含む顧客保護の必要性がある部門や部署等に担当者を配置し、管理責任者と連携する等の方法により管理を行う場合も想定される。この場合、その業務の遂行に必要な知識と経験を有する人員を適切な規模で配置し、業務の遂行に必要な権限を与えているか等を実証的に検証し分析した上で、顧客保護等の態勢が実効的に機能しているかを確認する。

・　Ⅱ．の各チェック項目の検証において問題点の発生が認められた場合、当該問題点がⅠ．のいずれの要素の欠如又は不十分に起因して発生したものであるかをⅠ．のチェックリストにおいて漏れなく検証し、双方向の議論を通じて確認する。

・　検査官が発見した問題点を経営陣が認識していない場合には、特に上記Ⅰ．の各態勢及びその過程が適切に機能していない可能性も含め、厳格に検証し、双方向の議論を通じて確認する。

・　検査官は、前回検査における指摘事項のうち、軽微でない事項の改善状況について検証し、実効性ある改善策が策定され実行されているか否か確認する。

1．　顧客説明管理態勢

⑴　内部規程等の策定

①　【顧客説明管理規程及び顧客説明マニュアルの整備・周知】

(i)　顧客説明管理責任者は、顧客説明の適切性及び十分性を確保する必要性のある業務の所在、種類及びその管理の方法を十分に理解しているか。

(ii)　顧客説明管理責任者は、顧客保護等管理方針に則り、顧客説明の適切性及び十分性を確保する必要性のある業務の特定、顧客説明に関するモニタリングの方法を決定し、これに基づいた当該業務についての管理を行うための取決めを明確に定めた内部規程（以下「顧客説明管理規程」という。）を策定している

か。

(iii) 顧客説明管理責任者は、顧客保護等管理方針及び顧客説明管理規程に則り、顧客に対する説明を行う者が遵守すべき手続等に関し、説明の対象となる顧客及び取引又は商品の範囲及びその管理の方法、確認すべき項目、手続及び判断基準等を明確に定めた業務細則（以下「顧客説明マニュアル」という。）を策定し、又は他の部門に策定させた上で内容の適切性について確認しているか。[7]

(iv) 顧客説明管理規程は、リーガル・チェック等を経て、顧客説明に関する法令等の内容を十分に踏まえ、適用ある法令等を網羅していることを確認した上、取締役会等の承認を受け、組織内に周知されているか。

(v) 顧客説明管理規程及び顧客説明マニュアルは、金融円滑化管理規程及び金融円滑化マニュアルとの整合性が確保されているか。

② 【顧客説明管理規程の内容】

顧客説明管理規程の内容は、業務の特性に応じ、顧客説明の適切性及び十分性の確保の必要性のある業務についての管理に必要な取決めを網羅し、管理を行うための組織体制、権限及び役割、方法等を明確に定める等、適切に規定されているか。特に、以下の点について、明確に規定しているか。

- 顧客説明のための組織体制（顧客説明管理部門又は顧客説明管理担当者を設置している場合には、これらの権限と役割等を含む。）に関する取決め
- 顧客説明を行う者が遵守すべき事項に関する取決め（例えば、顧客説明を行う者が確保すべき知識水準等の資質、顧客の属性の確認、属性確認後契約締結までに行う重要事項の説明、契約締結後のフォローアップに関する取決め等）
- 金融機関が取り扱う各種取引及び商品に内在するリスクについての明示に関する取決め
- 上記リスク以外の顧客の属性に応じて説明すべき重要な事項の明示に関する取決め
- 新規商品等の審査・承認に関する取決め
- 顧客保護のために必要な情報の共有・利用に関する取決め
- 取締役会等に対する報告に関する取決め
- コンプライアンス統括部門との間の連携・情報伝達に関する取決め
- 営業担当者又は顧客説明管理担当者からの顧客説明管理責任者に対する報

7 顧客説明管理規程、顧客説明マニュアルを分別する必要は必ずしもないことに注意する。金融機関によってはコンプライアンス・マニュアル等に一体化されている場合もある。また、商品や業務毎に分けた複数の顧客説明管理規程や顧客説明マニュアルが存在する場合もある。これらの形式にこだわらず、記載すべき事項が明文化され、取締役会等の承認を受けた上、顧客説明を行なう者に周知徹底され、顧客に対する適切かつ十分な説明がなされる態勢となっているか否かを検証する。

告に関する取決め

③ 【顧客説明マニュアルの内容】

顧客説明マニュアルの内容は、金融機関の営む業務の内容及び方法に応じた、顧客の知識、経験及び財産の状況を踏まえた重要な事項の説明の具体的な手続を含む顧客説明の手続を網羅し、詳細かつ平易に規定されているか。例えば、顧客説明マニュアルにその取引・商品の内容に応じ以下の点を記載する等の方法により、顧客説明を行う者が適切かつ十分な顧客説明及び顧客への対応等を行うことができるものとなっているか。[8]

(i) リスクの特定等

- 金融機関が取り扱う取引又は商品のうち、顧客への説明を要する取引又は商品の種類
- 取引又は商品に存在するリスクの種類及び量（例えば、元本割れリスク、金利上昇リスク、最大損失額等）

(ii) 顧客の属性の確認

- 顧客の属性（顧客の知識、経験及び財産の状況等をいう。具体的には、例えば、顧客の年齢、投資経験の有無及び年数、リスクの理解度、現在の金融資産の構成及びそれぞれの金額、リスクの許容度、個人連帯保証契約の場合にあっては保証人の経営への関与の度合い[9]、その他必要な属性に関する情報を含む。）の確認に関する手続
- 取引又は商品に存在するリスクと顧客の属性との合致の確認に関する手続（判断の理由に関する記録の作成も含む。）

(iii) 属性確認後契約締結までの手続

- 顧客への勧誘に関する行為規範（例えば、優越的地位の濫用、誤認を生じさせる説明、拘束条件付取引等の防止に関する行為規範）
- 顧客に対し説明し、理解を求めるべき重要な事項の内容（例えば、取引又は商品の内容、元本割れ等のリスクの説明、解約時の手続及び手数料、個人連帯保証契約の場合にあっては保証債務を履行せざるを得ない事態に至る可能性[10]等）
- 取引に関する交渉経過等に関する記録の作成及び保存

8　顧客説明マニュアルに、十分な記載がなされていない場合には、顧客説明マニュアルや研修の内容等を総合的に検証し、顧客に対して適切かつ十分な説明がなされる態勢になっているかを検証する。

9　経営者以外の第三者との間で個人連帯保証契約を締結する場合には、経営者以外の第三者の個人連帯保証を求めないことを原則とする融資慣行を確立するとの観点に照らし、必要に応じ、「信用保証協会における第三者保証人徴求の原則禁止について」（平成18年３月31日中小企業庁ウェブサイト）における考え方に留意することとしているか検証する。

・　顧客に対する書面交付が必要な場面及び交付の手続
・　顧客に対する交付書面の内容
・　顧客の理解の確認手続及び顧客から取得すべき確認書面の内容
・　顧客説明についての記録の提出先及び記録の内容のチェックに関する手続
・　顧客からの申込を拒絶する場合の手続

(iv)　契約締結後のフォローアップ手続等

・　契約締結及び実行の事後確認手続
・　顧客説明の適切性及び十分性に関する事後チェック等の手続
・　相談・苦情等に関する他部門の担当者等との連携の方針
・　コンプライアンス統括部門に対する情報伝達の手続
・　顧客サポート等に関する情報の連絡に関する手続

(2)　顧客説明に係る管理の実施

①　【顧客説明に係る管理態勢の整備】

顧客説明管理責任者は、顧客説明管理規程、顧客説明マニュアル及びその他の顧客説明に関する取決めを顧客説明を行う者に遵守させ、適切かつ十分な顧客説明を行うための態勢を整備し、その実効性を確保するための具体的施策を実施しているか。

また、顧客説明管理責任者は、関係業務部門及び営業店等に対し、顧客に対する適切かつ十分な説明を確保するための具体的な方策を指示し、各部署における顧客説明が適切かつ十分に行われるよう管理しているか。

②　【指導・監督】

顧客説明管理責任者は、顧客説明を行う者、関係業務部門及び営業店等に対して、顧客説明の適切性及び十分性を確保するための指導・監督を行う等適切に管理しているか。

③　【研修等による周知徹底】

顧客説明管理責任者は、顧客説明マニュアルについて、定期的に研修を実施する等、職員に対し周知徹底を図っているか。また、顧客説明マニュアルの改訂に応じ、適時に周知徹底を行う等の措置を講じているか。

④　【広告等に関する管理】

顧客説明管理責任者は、広告及び勧誘に用いる資料等における表示（以下「広告等」という。）に関する内部規程等に従い、取引又は商品に関する広告等について事前にリーガル・チェック等を受け、銀行法[11]、金融商品取引法、私的独占

10　契約者本人が経営に実質的に関与していないにもかかわらず、自発的に連帯保証契約の申し出を行った場合には、金融機関から特段の説明を受けた上で契約者本人が自発的な意思に基づき申し出を行った旨が記載され、自署・押印された書面の提出を受けるなどにより、当該契約について金融機関から要求されたものではないことを確認する態勢となっているか検証する。

の禁止及び公正取引の確保に関する法律及びその告示、不当景品類及び不当表示防止法その他の関係法令及び自主規制機関の規則等に反しないものとなっているか、また顧客に対する説明として十分かつ適切なものとなっているか確認し、又は広告審査担当者等に確認させる態勢を整備しているか。

⑤ 【顧客説明に関するモニタリングの実施】

(i) 【顧客説明に関するモニタリング】

顧客説明管理責任者は、営業推進部門等における顧客説明マニュアルの遵守状況のモニタリング等により、顧客に対する説明の適切性及び十分性が確保されているか継続的に確認し、必要に応じて抑止行動をとっているか。

(ii) 【顧客説明における記録の作成・保管状況のモニタリング】

顧客説明管理責任者は、顧客に対する説明を行う者が、顧客に対する説明に関し、その説明の状況を顧客説明マニュアルに従い適時適切に記録を作成し、保管していることをモニタリングし、随時事後検証を行うことを可能にしているか。

(iii) 【顧客説明における法令等遵守状況のモニタリング】

顧客説明管理責任者は、顧客に対する説明に関し、法令等違反を防止するための継続的モニタリングを行っているか。

⑥ 【金融円滑化管理責任者との連携】

顧客説明管理責任者は、金融円滑化管理責任者と適切に連携し、新規融資や貸付条件の変更等の相談・申込みへの対応のうち、金融円滑化の趣旨に照らして、不適切又は不適切なおそれのあるものについて、適時適切に情報を収集し、金融円滑化管理責任者に報告しているか。

⑦ 【取締役会等への報告態勢】

顧客説明管理責任者は、定期的に又は必要に応じて随時、取締役会等に対し報告すべき事項を報告しているか。特に、経営に重大な影響を与える、又は顧客の利益が著しく阻害される事案については、取締役会等に対し速やかに報告しているか。

⑧ 【監査役への報告態勢】

顧客説明管理責任者は、取締役会の決定事項に従い、監査役へ直接報告を行っているか。

(3) 評価・改善活動

顧客説明管理責任者は、定期的に又は必要に応じて随時、顧客説明管理規程及び顧客説明マニュアルの遵守状況等顧客説明に関する管理の状況に関する報告・調査結果、モニタリングの結果等を踏まえ、顧客説明態勢の実効性を検証し、適時に顧客説明管理規程及び顧客説明マニュアルの内容、組織体制、研修・指導の

---

11 銀行法が準用される場合を含む。以下同じ。

実施、モニタリングの方法等の見直しを行い、必要に応じて取締役会等に対し、改善のための提言を行っているか。

2．顧客サポート等管理態勢

(1) 内部規程等の策定

① 【顧客サポート等管理規程及び顧客サポート・マニュアルの整備・周知】[12]

(i) 顧客サポート等管理責任者は、顧客サポート等の適切性及び十分性を確保する必要性及び重要性を十分に理解しているか。

(ii) 顧客サポート等管理責任者は、顧客保護等管理方針に則り、顧客サポート等の適切性及び十分性を確保するための取決めを決定し、当該業務についての管理を行うための取決めを明確に定めた内部規程（以下「顧客サポート等管理規程」という。）を策定しているか。

(iii) 顧客サポート等管理責任者は、顧客保護等管理方針及び顧客サポート等管理規程に則り、顧客サポート等の方法及び遵守すべき手続等について、その手続を定めた業務細則（以下「顧客サポート・マニュアル」という。）を策定しているか。

(iv) 顧客サポート等管理規程は、リーガル・チェック等を経て、取締役会等の承認を受けた上で、組織内に周知されているか。

(v) 顧客サポート等管理規程及び顧客サポート・マニュアルは、金融円滑化管理規程及び金融円滑化マニュアルとの整合性が確保されているか。

② 【顧客サポート等管理規程の内容】

顧客サポート等管理規程の内容は、業務の規模・特性に応じ、顧客サポート等の適切性及び十分性の確保について必要な取決めを網羅し、管理を行うための組織体制、権限・役割等を明確に定める等、適切に規定されているか。特に、以下の点について、明確に規定しているか。

- 顧客サポート等のための組織体制（顧客サポート等担当部門又は顧客サポート等担当者の設置の有無、その権限と役割等を含む。）に関する取決め
- 顧客サポート等を行う者が遵守すべき手続に関する取決め
- 障がい者等[13]についても障がいのない者と同様のサービスを提供できるような配慮に関する取決め
- 金融分野における裁判外紛争解決制度（以下「金融ADR制度」という。）

---

12 顧客サポート等管理規程及び顧客サポート・マニュアルを分別する必要は必ずしもないことに注意する。また、金融機関によってはコンプライアンス・マニュアル等に一体化されている場合もある。これらの形式にこだわらず、記載すべき事項が漏れなく明文化され、必要のある者に周知徹底され、適切に管理されていることを検証する。

13 成年後見制度等の対象でなく意思表示を行う能力がありながら視覚・聴覚や身体機能の障がいのために銀行取引における事務手続き等を単独で行うことが困難な者をいう。

による苦情処理・紛争解決に関する取決め
・　顧客サポート等の状況のモニタリングに関する取決め
・　反社会的勢力による相談・苦情等を装った圧力に関する取決め
・　顧客サポート等のために必要な情報の共有に関する取決め
・　取締役会等に対する報告に関する取決め
・　コンプライアンス統括部門との間の連携・情報伝達に関する取決め

③　【顧客サポート・マニュアルの内容】

顧客サポート・マニュアルの内容は、顧客サポート等の具体的な手続を網羅し、詳細かつ平易に規定されているか。例えば、顧客サポート・マニュアルに以下の点を記載する等の方法により、顧客サポート等を行う者が適切かつ十分な顧客サポート等を行い、かつ、相談・苦情等について取締役会等に適切な情報伝達を行うことができるものとなっているか。

・　相談・苦情等の記録の作成及び保管に関する手続
・　相談・苦情等に対する内容の確認の手続（相談・苦情等の受付、相談・苦情等の内容の確認の手続）
・　相談・苦情等への対処の手続（相談・苦情等に関し顧客の納得を得るための対応、相談・苦情等の解決に向けた進捗管理、長期未済案件の発生防止及び相談・苦情等が紛争となった場合の手続等）
・　金融ADR制度による苦情処理・紛争解決に関する手続
・　相談・苦情等についての情報を関連する部門に伝達するための手続
・　反社会的勢力による相談・苦情等を装った圧力に関する連絡先及び手続
・　法令等違反行為が疑われる場面の典型例及び法令等違反行為が疑われる場合の担当部門の連絡先（コンプライアンス統括部門等）
・　振り込め詐欺等の犯罪の被害や口座の不正利用が疑われる相談・苦情等に対する対処の手続

(2)　顧客サポート等の実施

①　【顧客サポート等に係る管理態勢の整備】

(i)　顧客サポート等管理責任者は、顧客サポート等管理規程、顧客サポート・マニュアル及びその他の顧客サポート等に関する取決めを顧客サポート等を行う者に遵守させ、適切かつ十分な顧客サポート等を行うための態勢を整備し、その実効性を確保するための具体的施策を実施しているか。

(ii)　顧客サポート等管理責任者は、相談・苦情等の内容や顧客の要望等に応じ、顧客に対して適切な外部機関等（金融ADR制度において金融機関が利用している外部機関を含む。以下同じ。）の紹介及び当該外部機関等の手続の概要等について情報を提供する態勢を整備しているか。また、迅速な苦情処理・紛争解決のため、外部機関等に対し適切に協力する態勢を整備しているか。

(iii)　顧客サポート等管理責任者は、顧客から相談・苦情等を受けた場合においては、外部機関等に対して紛争解決手続の申立てを安易に行うのではなく、十分な対応を行い、かつ申立ての必要性について適切に検討する態勢を整備しているか。

(iv) 顧客サポート等管理責任者は、金融ADR制度への対応として、特に、以下の点について態勢を整備しているか。[14]

イ．指定紛争解決機関（以下「指定ADR機関」という。）が存在する場合

(イ) 指定ADR機関との間で速やかに手続実施基本契約を締結しているか。また、指定ADR機関に変動があった場合は、顧客の保護及び利便の向上の観点から最善の策を選択し、速やかに必要な措置を講じているか。さらに、指定ADR機関と締結した手続実施基本契約の内容を適切に履行する態勢を整備しているか。

(ロ) 手続実施基本契約を締結した指定ADR機関の商号又は名称及び連絡先を適切に公表しているか。また、預金者等に対する情報の提供に係る書面、契約締結前交付書面等、金融ADR制度への対応内容を記載することが法令上義務付けられている書面について、指定ADR機関の商号又は名称及び連絡先を記載しているか。

ロ．指定ADR機関が存在しない場合

(イ) 業務の規模・特性等を踏まえ、以下の各事項のうち一つ又は複数を苦情処理措置・紛争解決措置として適切に選択し、選択した措置が適切に機能する態勢を整備しているか。

ａ．苦情処理措置

- 苦情処理に従事する従業員への助言・指導を消費生活専門相談員等に行わせること
- 当該金融機関で業務運営体制・社内規則等を整備し、公表等すること
- 金融商品取引業協会、認定投資者保護団体を利用
- 国民生活センター、消費生活センターを利用
- 他の業態の指定ADR機関を利用
- 苦情処理業務を公正かつ的確に遂行できる法人を利用

ｂ．紛争解決措置

- 裁判外紛争解決手続の利用の促進に関する法律に定める認証紛争解決手続を利用
- 金融商品取引業協会、認定投資者保護団体を利用
- 弁護士会を利用

14 本項目により具体的事例を検証する際には、関係法令、監督指針を踏まえる必要があることに留意する。

・　国民生活センター、消費生活センターを利用
・　他の業態の指定ADR機関を利用
・　紛争解決業務を公正かつ的確に遂行できる法人を利用

(ロ)　預金者等に対する情報の提供に係る書面、契約締結前交付書面等、金融ADR制度への対応内容を記載することが法令上義務付けられている書面について、例えば、金融機関が外部機関を利用している場合においては当該外部機関の商号又は名称及び連絡先を記載するなど、実態に即して適切な事項を記載しているか。なお、外部機関を利用する場合、顧客保護の観点から、例えば、外部機関の商号又は名称及び連絡先等、外部機関に関する情報について顧客への周知・公表を行うことが望ましい。

②　【相談窓口の充実等】

(ⅰ)　顧客サポート等管理責任者は、相談・苦情等を受け付けることができる窓口（通常の窓口業務の一環として相談・苦情等を受け付けている場合には、当該窓口）における相談・苦情等の対応の充実、強化を図るための措置を講じているか。また、例えば、インターネット上の窓口、アンケート、匿名の意見を投書できる意見箱等のチャネルを設置する等、幅広く相談・苦情等を受け付ける取組を実施しているか。さらに、これらの取組について広く公開するとともに、分かりやすく周知しているか。

(ⅱ)　コールセンターにより相談窓口を設置している場合には、適切な知識・経験を有する人員を配置するなどのほか、研修等の実施による顧客サポート・マニュアルの周知徹底に対しても十分な配慮を行っているか。

③　【顧客サポート等の適切性】

(ⅰ)　顧客からの相談・苦情等を受けた役職員は、顧客サポート・マニュアルに従い関連部署と連携の上、適時適切に対応する態勢となっているか。また、相談・苦情等の解決に向けた進捗管理を適時適切に行い、長期未済案件の発生を防止するとともに、未済案件の速やかな解消を行う態勢となっているか。

(ⅱ)　反社会的勢力による相談・苦情等を装った圧力に対しては、通常の相談・苦情等と区別し、断固たる対応をとるためコンプライアンス統括部門等に速やかに連絡し、必要があれば警察等関係機関との連携をとった上で適切に対処しているか。

④　【記録、保存及び報告】

(ⅰ)　顧客サポート等管理責任者は、顧客からの相談・苦情等の内容について、その対処結果を含めて、記録簿等により記録・保存するとともに、一元的に管理しているか。

(ⅱ)　顧客サポート等管理責任者は、顧客からの相談・苦情等の内容及び処理結果を、適時にコンプライアンス統括部門、内部監査部門等に報告しているか。特に、経営に重大な影響を与える、又は顧客の利益が著しく阻害される事項につ

いては、速やかにコンプライアンス統括部門、内部監査部門等の適切な部署へ報告するとともに、取締役会等に報告しているか。

⑤ 【相談・苦情等の原因分析及び改善の実施】

顧客サポート等管理責任者は、相談・苦情等の内容について分析し、必要な調査を行って相談・苦情等の発生原因を把握した上、内容の分析に基づき、必要に応じて取締役会等に対する改善のための提言や関連部署に対し報告・改善を求める等、改善に向けた取組を不断に行う態勢を整備しているか。特に、繰り返し生じる相談・苦情等については、何らかの問題が生じている可能性を含め十分検討し、適切な取組に向け、具体的な方策をとっているか。

⑥ 【顧客サポート等に関するモニタリングの実施】

顧客サポート等管理責任者は、顧客サポート・マニュアルの遵守状況のモニタリング等により、顧客サポート等の適切性及び十分性が確保されているか継続的に確認し、必要に応じて抑止行動をとっているか。コールセンターにより相談窓口を設置している場合には、その混雑の程度をモニタリングし、適切な顧客サポート等が迅速に行われているか検証しているか。

⑦ 【金融円滑化管理責任者との連携】

顧客サポート等管理責任者は、金融円滑化管理責任者と適切に連携し、新規融資や貸付条件の変更等の相談・申込みへの対応のうち、金融円滑化の趣旨に照らして、不適切又は不適切なおそれのあるものについて、適時適切に情報を収集し、金融円滑化管理責任者に報告しているか。

⑧ 【取締役会等への報告態勢】

顧客サポート等管理責任者は、定期的に又は必要に応じて随時取締役会等に対し報告すべき事項を報告しているか。特に、経営に重大な影響を与える、又は顧客の利益が著しく阻害される事案については、取締役会等に対し速やかに報告しているか。

⑨ 【監査役への報告態勢】

顧客サポート等管理責任者は、取締役会の決定事項に従い、監査役へ直接報告を行っているか。

(3) 評価・改善活動

顧客サポート等管理責任者は、定期的に又は必要に応じて随時、顧客サポート等管理規程及び顧客サポート・マニュアルの遵守状況等顧客サポート等に関する管理の状況に関する報告・調査結果、モニタリングの結果等を踏まえ、顧客サポート等管理態勢の実効性を検証し、適時に顧客サポート等管理規程及び顧客サポート・マニュアルの内容、組織体制、研修・指導の実施、モニタリングの方法等の見直しを行い、必要に応じて取締役会等に対し、改善のための提言を行っているか。

3．顧客情報管理態勢

(1) 内部規程等の策定

① 【顧客情報管理規程及び顧客情報管理マニュアルの策定】

(i) 顧客情報統括管理責任者は、顧客情報管理の適切性を確保する必要性及び重要性を十分に理解しているか。

(ii) 顧客情報統括管理責任者は、顧客保護等管理方針に則り、顧客情報管理の適切性を確保するための組織体制及び顧客情報管理に関するモニタリングの方法を決定し、当該業務についての管理を行うための取決めを明確に定めた内部規程（以下「顧客情報管理規程」という。）を策定しているか。また、顧客情報管理規程は、リーガル・チェック等を経て、取締役会等の承認を受けた上で、組織内に周知されているか。

(iii) 顧客情報統括管理責任者は、顧客保護等管理方針及び顧客情報管理規程に則り、顧客情報管理の方法及び遵守すべき手続等について、その手続を定めた業務細則（以下「顧客情報管理マニュアル」という。）を策定し組織内に周知しているか。

② 【顧客情報管理規程の内容】

顧客情報管理規程の内容は、業務の規模・特性に応じ、顧客情報管理の適切性の確保についての管理に必要な取決めを網羅し、管理を行うための組織体制、権限及び役割、方法等を明確に定める等、適切に規定されているか。

③ 【顧客情報管理マニュアルの内容】

顧客情報管理マニュアルの内容は、顧客情報管理に必要な手続を網羅し、詳細かつ平易に規定されているか。特に、以下の点について定めているか。

・ 管理の対象となる帳票や電子媒体等
・ 管理の対象となる帳票や電子媒体等に関し、収納する場所、廃棄方法等適切に管理するための方法
・ アクセスできる役職者の範囲、アクセス権の管理方法
・ 顧客情報を外部に持ち出す場合の顧客情報の漏えいを防止するための取扱い方法
・ 漏えい事故が発生した場合の対応方法（顧客情報統括管理責任者や顧客情報管理担当者及び当局への報告、必要に応じた情報のアクセス制限や顧客への説明など情報漏えいによる二次被害を防止するための方策など）

(2) 顧客情報管理の実施

① 【顧客情報管理に係る態勢整備】

顧客情報統括管理責任者は、顧客情報管理規程及び顧客情報管理マニュアル等を顧客情報管理担当者を通じて遵守させ、関係業務部門及び営業店等に対し、顧客情報の適切な取扱いを確保し牽制機能を発揮する態勢を整備し、その実効性を確保するための具体的施策を実施しているか。

② 【指導・監督】

顧客情報統括管理責任者は、顧客情報管理事務を適時・適切に実施できるよう、関係業務部門及び営業店等に対して、指導・監督を行う等適切に管理しているか。

③ 【システム対応】

顧客情報統括管理責任者は、システム担当部門又はシステム担当者を通じて、以下のような対応を行っているか。

(i) 顧客情報のプリントアウトやダウンロードについて、適切な方法により、利用目的に応じたデータの内容・量の制限を行っているか。

(ii) 顧客情報へのアクセスについて、職制や資格に応じて必要な範囲内に制限しているか。

(iii) パソコンやホストコンピュータ等に保存された顧客情報データについて、顧客情報データベースへのアクセスにおけるパスワードの設定や認証システムの整備、暗号化等により保護されているか。

(iv) 外部委託先との間における顧客情報のやり取りに関しては、システム上必要な保護措置を講じているか。

④ 【顧客情報漏えい時の事後対応の管理状況】

(i) 顧客情報統括管理責任者は、顧客情報の漏えいが発生した場合、担当の顧客情報管理担当者に、顧客情報統括管理責任者に対して直ちに報告させる態勢を整備しているか。

(ii) 顧客情報統括管理責任者は、顧客情報の漏えいが発生した場合、顧客情報管理規程に従い、速やかにコンプライアンス統括部門及び取締役会等に報告する態勢となっているか。

(iii) 顧客情報統括管理責任者は、顧客情報の漏えいが発生した場合、当局への報告、必要に応じた情報のアクセス制限や顧客への説明など情報漏えいによる二次被害を防止するための方策などを行っているか。また、顧客情報の漏えいが発生した原因を分析し、再発防止に向けた対策を講じているか。

⑤ 【各部門の顧客情報管理状況等のモニタリング】

顧客情報統括管理責任者は、顧客情報管理担当者を通じて、各部門の内部規程及び顧客情報管理マニュアルの遵守状況及び顧客情報の管理状況について継続的にモニタリングを実施しているか。

⑥ 【外部委託先の顧客情報管理状況のモニタリング】

顧客情報統括管理責任者又は顧客情報管理担当者は、銀行代理業者及び外部委託先が顧客情報を適切に管理し、事故発生時においても適切に所定の対応を行っているかについて把握しているか。

⑦ 【取締役会等への報告態勢】

顧客情報統括管理責任者は、定期的に又は必要に応じて随時取締役会等に対し報告すべき事項を報告しているか。特に、経営に重大な影響を与える、又は顧客の利益が著しく阻害される事案については、取締役会等に対し速やかに報告しているか。

⑧ 【監査役への報告態勢】

顧客情報統括管理責任者は、取締役会の決定事項に従い、監査役へ直接報告を行っているか。

⑶ 評価・改善活動

顧客情報統括管理責任者は、定期的に又は必要に応じて随時、顧客情報管理規程及び顧客情報管理マニュアルの遵守状況等、顧客情報管理の状況に関する報告・調査結果、モニタリングの結果等を踏まえ、顧客情報管理態勢の実効性を検証し、適時に顧客情報管理規程及び顧客情報管理マニュアルの内容、組織体制、研修・指導の実施、モニタリングの方法等の見直しを行い、必要に応じて取締役会等に対し、改善のための提言を行っているか。

4．外部委託管理態勢

⑴ 内部規程等の策定

① 【外部委託規程の策定】

(i) 外部委託管理責任者は、外部委託に関し、その管理の方法、確認すべき項目及び手続に関する取決め及び判断基準等を定めた内部規程（以下「外部委託規程」という。）を策定しているか。

(ii) 外部委託規程は、リーガル・チェック等を受け、取締役会等の承認を受けた上で、組織内に周知されているか。

② 【外部委託規程の内容】

外部委託規程の内容は、業務の規模・特性に応じ、外部委託管理の適切性の確保についての管理に必要な取決めを網羅し、管理を行うための組織体制、権限及び役割、方法等を明確に定める等、適切に規定されているか。特に、以下の事項について定めているか。

・ 外部委託先の選定に関する取決め
・ 外部委託先に対するモニタリングに関する取決め
・ 銀行代理業者に対する銀行代理業の委託が行われているときは、所属銀行としての代理業者の監督のための取決め
・ 銀行代理業者・外部委託先との契約を解除する場合の顧客情報の取扱いに関する取決め

⑵ 外部委託管理の実施

① 【委託業務の的確な遂行を確保するための措置】

外部委託管理責任者は、業務を第三者（金融機関の親会社・子会社・関連会社を含む。）に委託する場合、当該業務の規模・特性に応じ、その的確な遂行を確

保するための措置（委託契約等において外部委託先に対して態勢整備を求めることを含む。）を講じているか。

② 【外部委託先の選定】

外部委託管理責任者は、オペレーショナル・リスクの総合的な管理部門と連携し、外部委託の実施前に当該外部委託業務に内在するオペレーショナル・リスクを特定し、サービスの質や存続の確実性等のリスク管理上の問題点を認識した上で、外部委託業務を的確、公正かつ効率的に遂行することができる能力を有する者に委託するための措置を講じているか。

③ 【委託契約の締結】

外部委託管理責任者は、委託契約の内容について、事前にリーガル・チェック等を受けた上、委託する業務の規模・特性に応じ、適切な措置を講じることができる内容の契約となっているか確認する態勢を整備しているか。

④ 【外部委託先に対するモニタリングの実施】

外部委託管理責任者は、外部委託先における外部委託業務の実施状況を、定期的に又は必要に応じて随時確認すること等により、外部委託先が当該業務を委託契約に従い的確に遂行しているかを検証し、必要に応じ改善させる等、外部委託先に対する必要かつ適切な監督等を行うための措置を講じているか。例えば、外部委託先との間の委託契約において、監督、モニタリング、報告に関する条項を適切に規定する等により、適時適切な対応が可能なものとなっているか。

⑤ 【外部委託先の業務に関する相談・苦情等処理態勢】

外部委託管理責任者は、外部委託先が行う外部委託業務に係る顧客からの相談・苦情等を適切かつ迅速に処理するために必要な措置を講じているか。例えば、クレーム等について顧客から当該金融機関への直接の連絡体制を設けるなど適切な相談・苦情等処理態勢が整備されているか。

⑥ 【外部委託先の業務のバックアップ態勢】

外部委託管理責任者は、外部委託先が外部委託業務を適切に行うことができない事態が生じた場合には、他の適切な外部委託先を選定し、当該外部委託業務を速やかに移管する等、顧客の保護を図る観点から当該外部委託業務に支障が生じることを防止するための措置を講じているか。

⑦ 【金融円滑化管理責任者との連携】

外部委託管理責任者は、金融円滑化管理責任者と適切に連携し、外部委託先における新規融資や貸付条件の変更等の相談・申込みへの対応のうち、金融円滑化の趣旨に照らして、不適切又は不適切なおそれのあるものについて、適時適切に情報を収集し、金融円滑化管理責任者に報告しているか。

⑧ 【委託契約の変更・解除等】

外部委託管理責任者は、金融機関の業務の健全かつ適切な運営を確保し、外部委託業務に係る顧客の保護を図るため必要がある場合には、速やかに当該外部委託業務の委託契約の変更又は解除等の必要な措置を講ずるための事前の方策を講じているか。

⑨　【顧客情報保護措置】

外部委託管理責任者は、外部委託先における顧客情報管理のための措置を講じているか。

例えば、外部委託契約において顧客情報の目的外使用の禁止、守秘義務を課する等の措置が講じられているか。また、個人である顧客に関する情報の取扱いを委託する場合には、適切に取り扱われるよう外部委託先に対する適切な監督が行われるための措置を講じているか。

⑩　【取締役会等への報告態勢】

外部委託管理責任者は、定期的に又は必要に応じて随時取締役会等に対し報告すべき事項を報告しているか。特に、経営に重大な影響を与える、又は顧客の利益が著しく阻害される事案については、取締役会等に対し速やかに報告しているか。

⑪　【監査役への報告態勢】

外部委託管理責任者は、取締役会の決定事項に従い、監査役へ直接報告を行っているか。

(3)　評価・改善活動

外部委託管理責任者は、定期的に又は必要に応じて随時、外部委託規程の遵守状況等外部委託管理の状況に関する報告・調査結果、モニタリングの結果等を踏まえ、外部委託管理態勢の実効性を検証し、適時に外部委託管理規程の内容、組織体制、研修・指導の実施、モニタリングの方法等の見直しを行い、必要に応じて取締役会等に対し、改善のための提言を行っているか。

5．利益相反管理態勢

(1)　内部規程等の策定

①　【利益相反管理規程の策定】

(i)　利益相反管理責任者は、利益相反管理の適切性を確保する必要性及び重要性を十分に理解しているか。

(ii)　利益相反管理責任者は、顧客保護等管理方針に則り、利益相反管理の適切性を確保するための取決めを明確に定めた内部規程（以下「利益相反管理規程」という。）を策定しているか。

(iii)　利益相反管理規程は、リーガル・チェック等を受け、取締役会等の承認を受けた上で、組織内に周知されているか。

②　【利益相反管理規程の内容】

利益相反管理規程の内容は、当該金融機関又はグループ関連会社の業務の規模・特性に応じ、法令15に基づく利益相反管理の実施方針において定めるべき事項を含め、利益相反管理の適切性の確保についての必要な取決めを網羅し、管理を行うための組織体制、権限及び役割、方法等を明確に定める等、適切に規定されているか。特に、以下の事項について定めているか。

・　利益相反管理のための組織体制（利益相反管理担当部門又は利益相反管理担当者の設置の有無、その権限と役割等を含む。）に関する取決め
・　利益相反管理を行う者が遵守すべき手続に関する取決め
・　利益相反管理の状況のモニタリングに関する取決め
・　利益相反のおそれがある取引の特定に関する取決め
・　利益相反管理の方法に関する取決め
・　利益相反管理に関する記録の保存に関する取決め
・　利益相反管理のために必要な情報の集約に関する取決め
・　取締役会等に対する報告に関する取決め
・　コンプライアンス統括部門、顧客説明管理責任者及び顧客情報管理責任者等との間の連携・情報伝達に関する取決め

⑵　利益相反管理の実施

①　【利益相反管理に係る態勢整備】

(i)　利益相反管理責任者は、利益相反管理規程を遵守させる等、適切かつ十分な利益相反管理を行うための態勢を整備し、その実効性を確保するための具体的施策を実施しているか。特に、利益相反管理について、営業部門からの独立性を確保し、牽制機能を発揮する態勢を整備しているか。

(ii)　利益相反管理責任者は、利益相反管理を行うにあたり、コンプライアンス統括部門、顧客説明管理責任者及び顧客情報管理責任者等との連携を適切に行う態勢を整備しているか。

②　【指導・監督】

利益相反管理責任者は、利益相反管理を適時・適切に実施できるよう、関係業務部門及び営業店等に対して、指導・監督を行う等適切に管理しているか。

③　【利益相反のおそれがある取引の特定】

利益相反管理責任者は、利益相反のおそれがある取引を適切に特定するための態勢を整備しているか。

④　【利益相反管理の方法】

利益相反管理責任者は、例えば以下のような方法により、又は以下のような方法を組み合わせることにより、適切かつ十分な利益相反管理を確保するための態勢を整備しているか。

・　利益相反を発生させる可能性のある部門を分離する方法
・　利益相反のおそれがある取引の一方又は双方の取引条件又は方法を変更す

15　銀行法施行規則第14条の11の３の３第１項第３号。

る方法

・　利益相反のおそれがある取引の一方の取引を中止する方法

・　利益相反のおそれがあることを顧客に開示する方法

⑤　【記録・保存】

利益相反管理責任者は、利益相反のおそれがある取引の特定及び顧客の利益を保護するために実施した利益相反管理の方法等について、適切に記録・保存しているか。

⑥　【利益相反管理に関するモニタリングの実施】

利益相反管理責任者は、利益相反管理規程の遵守状況のモニタリング等により、利益相反管理の適切性及び十分性が確保されているか継続的に確認し、必要に応じて抑止行動をとっているか。

⑦　【取締役会等への報告態勢】

利益相反管理責任者は、定期的に又は必要に応じて随時取締役会等に対し報告すべき事項を報告しているか。特に、経営に重大な影響を与える、又は顧客の利益が著しく阻害される事案については、取締役会等に対し速やかに報告しているか。

⑧　【監査役への報告態勢】

利益相反管理責任者は、取締役会の決定事項に従い、監査役へ直接報告を行っているか。

⑶　**評価・改善活動**

利益相反管理責任者は、定期的に又は必要に応じて随時、利益相反管理規程の遵守状況等利益相反管理の状況に関する報告・調査結果、モニタリングの結果等を踏まえ、利益相反管理態勢の実効性を検証し、適時に利益相反管理規程の内容、組織体制、研修・指導の実施、モニタリングの方法等の見直しを行い、必要に応じて取締役会等に対し、改善のための提言を行っているか。

Ⅲ．個別の問題点

【検証ポイント】

・　本章においては、顧客保護等管理の実態に即した個別具体的な問題点について検査官が検証するためのチェック項目を記載している。

・　本チェックリストにおいては、各顧客保護等の態勢の整備及びその実効的機能の確保の役割・責任は、それぞれ各顧客保護等の管理責任者にあることを前提として記述する。これ以外にも組織体制のあり方は様々であり、当該金融機関が、部門や部署を設置して管理させる方法や、営業推進部門等を含む顧客保護の必要性がある部門や部署等に担当者を配置する等の方法により管理を行っている場合もある。この場合、その業務の遂行に必要な知識と経験を有する人員を適切な規模で配置し、業務の遂行に必要な権限を与えているか等の事実を実証的に検証し分析した上で、顧客保護等の態勢が実効的に機能しているかを確認する。

・　Ⅲ．の各チェック項目の検証において問題点の発生が認められた場合、当該問題点がⅠ．又はⅡ．のいずれの要素の欠如又は不十分に起因して発生したものであるかをⅠ．又はⅡ．のチェックリストにおいて漏れなく検証し、双方向の議論を通じて確認する。

・　検査官が発見した問題点を経営陣が認識していない場合には、特に上記Ⅰ．の各態勢及びその過程が適切に機能していない可能性も含め、厳格に検証し、双方向の議論を通じて確認する。

・　検査官は、前回検査における指摘事項のうち、軽微でない事項の改善状況について検証し、実効性ある改善策が策定され実行されているか否か確認する。

1．顧客保護等全般

①　【新規商品等に関する取扱い】

顧客保護等管理責任者は、統合的リスク管理方針に定める新規商品等に関し、統合的リスク管理部門の要請を受けた場合、事前に当該新規商品等に関する規制、内部規程等を調査し、顧客保護等の観点から生じうる問題点を洗い出した上で、統合的リスク管理部門に適時に報告しているか。

2．顧客説明態勢

(1)　顧客説明態勢全般についての着眼点

①　【顧客説明に関する方針】

金融商品の販売等に係る勧誘に関する方針（以下「勧誘方針」という。）は、法令の定めるところにより適切に策定され、速やかに公表されているか。また、勧誘方針を変更した場合、速やかに公表しているか。また、勧誘方針と顧客説明マニュアル等は整合的なものとなっているか。

②　【顧客説明に関する法令等違反行為の防止に関する方策の着眼点】

顧客説明に関し、法令等違反行為を防止するための適切な方策が講じられているか。例えば、業務の特性に応じ、顧客説明マニュアルの整備及び研修等の方策に留まらず、複数人によるチェック態勢や、顧客からの確認書面の取得等、日常の業務プロセスとして法令等違反行為を未然に防止する方策が実施され、実効的な機能を有する態勢となっているか。

③　【法令上必要とされる顧客説明の実施に関する方策の着眼点】

顧客説明に関し、法令上義務付けられた情報の提供・誤認防止を適切に行う方策が講じられているか。特に、以下の取引又は商品については、顧客に対する適切かつ十分な説明を行うことによって、法令等遵守を徹底する態勢が整備されているか。

・　元本補てんのない信託契約の締結の代理若しくは媒介
・　取引所金融先物取引等
・　金融先物取引の受託等
・　金融等デリバティブ取引、当該取引の媒介、取次ぎ又は代理等
・　デリバティブ等と預金等との組合せによる満期時に全額返還される保証のない商品

④　【紛争の未然防止】

顧客との紛争の未然防止のための態勢が整備されているか。例えば、以下のような事項につき徹底されているか。

・　リーガル・チェック等態勢
・　説明すべき事項の特定、説明書類等
・　契約に関する顧客の意思を確認することができる意思確認書類の作成の徹底
・　顧客に対する説明状況記録の作成・保存
・　利益相反のおそれがあることの顧客への適切な開示
・　優越的地位の濫用、抱き合わせ取引等の不公正取引の防止態勢
・　シンジケート・ローンのアレンジャー業務における情報提供態勢

⑵　個別の取引又は商品に関する着眼点

①　【預金等に関する顧客説明】

預金等の受入れに際し、顧客説明マニュアルに従い、適切かつ十分な顧客説明を行う態勢が整備されているか。例えば、金利の明示、解約に係る手数料や手続の説明等が平易になされるものとなっているか。特に、預金取引にオプション・スワップ等のデリバティブ取引が含まれているとき（デリバティブ取引のみを行う場合を含む。）は、以下の点に留意して検証する。

・　取引内容やリスクについて、顧客の知識・経験に対応して図面や例示等を用いて平易に説明し、書面を交付して説明しているか。
・　中途解約時に生じる解約精算金等の計算方法や試算額を説明しているか。
・　デリバティブ取引を併せてみれば元本割れの可能性のある預金商品に関しては、元本保証のないこと等の詳細な説明を行う態勢が整備されているか。

②　【リスク商品に関する顧客説明】

いわゆるリスク商品の販売に際し、顧客説明マニュアルに従い、適切かつ十分な顧客説明が行われる態勢が整備されているか。例えば、元本割れ等のリスクの明示、顧客の属性に応じた説明等が適切かつ十分に行われるものとなっている

か。また、リスク商品の販売に際し、銀行法、金融商品取引法、保険業法、独占禁止法等の法令等に則った顧客説明が確保される態勢となっているか。

③ 【与信取引に関する顧客説明】

(i) 与信取引（貸付契約及びこれに伴う担保・保証契約）に際し、顧客説明マニュアルに従い、適切かつ十分な顧客説明が行われる態勢が整備されているか。特に、以下の与信取引については、それぞれ以下の点に留意して検証する。

イ．融資取引にオプション・スワップ等のデリバティブ取引が含まれているとき（デリバティブ取引のみを行う場合を含む。）

・ 商品内容やリスクについて、顧客の知識・経験に対応して図面や例示等を用いて平易に説明し、書面を交付して説明しているか。

・ 中途解約時に生じる解約精算金等の計算方法や試算額を説明しているか。

ロ．住宅ローン契約について

・ 商品内容やリスクについて、顧客の知識・経験に対応して図面や例示等を用いて平易に説明し、書面を交付して説明しているか。

・ 金利変動型又は一定期間固定金利型の住宅ローンについては、金利変動リスクを十分説明しているか。

(ii) 顧客から新規融資や貸付条件の変更等の相談・申込みを受けた場合に、迅速な検討・回答に努めているか。また、謝絶又は資金回収を行う場合には、可能な限り根拠を示して顧客の理解と納得を得るための説明に努めているか。例えば、信用保証協会等が謝絶したことのみを謝絶理由とするなどの対応を行っていないか。さらに、これらの説明においては、顧客の事情をきめ細かく把握して迅速に対応するとともに、これまでの取引関係や顧客の知識、経験及び財産の状況に応じて対応しているか。

(iii) 債務者から貸付条件の変更等の相談を受けた場合に、適切に対応しているか。当該相談に係る申込みを妨げていないか。また、債務者から貸付条件の変更等の申込みを受けた場合に、債務者の意思に反して当該申込みを取り下げさせていないか。

(iv) 顧客から新規融資や貸付条件の変更等の相談・申込みを受けた場合に、当該金融機関から新たな担保・保証の要求や貸付条件の提示（金利の引上げ等を含む。）を行うに当たっては、その内容を速やかに提示しているか。また、これまでの取引関係や顧客の知識、経験及び財産の状況を踏まえた、顧客の理解と納得を得ることを目的とした十分な説明を行っているか。

④ 【保険募集に関する顧客説明】

保険募集に際し、顧客説明マニュアルに従い、適切かつ十分な顧客説明が行われる態勢を整備し、自ら責任ある販売態勢等を構築しているか。例えば、委託元である保険会社と連携して、保険商品及び契約に関する正確な説明や保険業法等の法令等（保険募集指針を含む）に則った説明等が確保されるために必要な内容を顧客説明マニュアルに規定するとともに、その内容について、定期的に研修を実施する等、職員に対し周知徹底を図っているか。また、契約概要及び注意喚起情報について書面を交付して説明するとともに、顧客のニーズや知識・経験及び財産の状況を踏まえた説明が確保される態勢となっているか。

(3) 弊害防止措置に関する着眼点

顧客との取引において、優越的地位の濫用、抱き合わせ取引等の不適切な事象を回避するため、業務隔壁を設ける等の顧客説明の場面における弊害防止措置を講じる態勢となっているか。

例えば、金融商品取引業者との間で、法人顧客に対してオプトアウト[16]の機会を提供することにより非公開情報の提供を行う場合や、内部管理等に関する業務を行うために非公開情報を受領し又は提供する場合に、適切な対応を行っているか。また、保険募集において、優越的地位の濫用等の不公正取引、顧客の同意を得ない非公開金融情報や非公開保険情報の利用等の弊害防止措置等が適切に機能しているか。

3．顧客サポート等管理態勢

① 【相談・苦情等処理の紛争解決機能の発揮】

顧客からの相談・苦情等への対応は、単に処理の手続の問題と捉えるに留まらず、相談・苦情等の内容に応じ、初期の紛争処理の問題として、可能な限り、顧客の理解と納得を得て解決することを目指すものとなっているか。

② 【保険募集に関する顧客サポート等】

(i) 顧客からの保険契約に関する相談・苦情等への対応は、保険会社と連携を密にしながら、可能な限り、顧客の理解と納得を得て解決することを目指すものとなっているか。

(ii) 保険契約締結後に行うことが必要となる業務のうち、保険会社との間の委託契約等において金融機関が分担することとされた業務を適切に行うための態勢が整備されているか。また、保険会社のみが分担することとされた業務についても、顧客から問い合わせ等を受けた場合には、内容に応じた保険会社の窓口を紹介する等、顧客を「門前払い」、「たらい回し」することのないよう配慮を行っているか。

16　あらかじめ非公開情報を共有する旨を通知された上で、共有を望まない場合に親法人等又は子法人等への非公開情報の提供の停止を求めることをいう。

4．顧客情報管理態勢

①【顧客情報管理のための組織の整備等】

個人顧客の顧客情報に関しては、その安全管理、従業者及び委託先（当該情報の取り扱いを委託する場合）の監督として、当該情報の漏えい、滅失又はき損等の防止を図るために必要かつ適切な措置として以下の措置が講じられているか。

イ．金融分野における個人情報保護に関するガイドライン第10条、第11条及び第12条の規定に基づく措置

ロ．金融分野における個人情報保護に関するガイドラインの安全管理措置等についての実務指針Ⅰ、Ⅱ、Ⅲ及び別添２の規定に基づく措置

②【情報共有についての着眼点】

第三者との間で顧客情報を共有する場合、共有に係る同意を、原則として書面による等の方法により、事前かつ適切に取得する態勢となっているか。ただし、個人顧客の顧客情報については、金融分野における個人情報保護に関するガイドライン第13条第６項に該当する場合を除く。

5．外部委託管理態勢

①【預金の受払事務の委託】

ATMシステムに関し、外部委託している場合、必要なセキュリティ対策が講じられるよう適切に外部委託先の管理状況をモニタリングし、監督しているか。

6．銀行代理業者への委託管理態勢

銀行代理業者への委託が行われているときは、上記Ⅱ．４．(2)の外部委託に関する着眼点に加え、以下の事項について検証するものとする。

①【銀行代理業者の監督のための態勢整備】

銀行代理業者の監督のための部署を設置し又は担当者を配置し[17]、銀行代理業者の監督、業務監査、研修、モニタリングを実施するための態勢を整備しているか。

②【銀行代理業者の選定】

銀行代理業者の選定にあたっては、当該者が法令上の許可の基準に適合するものであるか、十分な検討が行われる態勢となっているか。委託した銀行代理業を、当該銀行代理業者が再委託することについて許諾する場合においても、再委託先について十分な検討が行われる態勢となっているか。

③【銀行代理業者との間の委託契約】

銀行代理業者との間の委託契約においては、法令上求められる以下の事項について契約上適切に実施できるものとなっているか確認しているか。

17　外部委託管理責任者が兼任することを妨げるものではない。

(i) 法令等遵守のための研修の実施のための措置
(ii) 業務の実施状況の確認や遂行状況の検証を行い、必要に応じ改善させる等の適切な監督等を行うための措置
(iii) 銀行代理業者の業務の健全かつ適切な運営を確保するため必要があると認める場合における委託契約の変更及び解除のための措置
(iv) 資金の貸付け又は手形の割引を内容とする契約の締結の代理又は媒介について必要に応じて自らが審査を行うための措置
(v) 顧客情報の適切な管理を確保するための措置
(vi) 適切な名称の表示に関する措置
(vii) 銀行代理業に係る業務に関し、犯罪を防止するための措置
(viii) 銀行代理業者の営業所又は事務所の廃止にあたって、他への引継ぎが適切に行われる等、顧客に著しい影響を及ぼさないようにするための措置
(ix) 銀行代理業者の銀行代理業務に関する相談・苦情等を適切かつ迅速に処理するための措置

7．利益相反管理態勢

① 【銀行代理業者及び子金融機関等の顧客の利益相反管理のための態勢整備】
当該金融機関を所属銀行とする銀行代理業者又は当該金融機関の子金融機関等[18]の顧客についても、顧客の利益が不当に害されることのないよう利益相反管理を行う態勢を整備しているか。

8．その他

金融機関が、業務に関し顧客保護や利便の向上のために必要であると金融機関において判断した業務[19]については、顧客保護等管理方針、顧客保護等管理規程等において自ら定めた水準に応じ、適切な管理態勢が整備されているか。

18　銀行法第13条の３の２第３項参照。
19　本チェックリストⅠ．の【検証ポイント】最初のポイント⑤に記載の「その他金融機関の業務に関し顧客保護や利便の向上のために必要であると金融機関において判断した業務の管理が適切になされることの確保」参照。

［資料No.２］

生保各社に寄せられた苦情等の件数（平成22年上期）

㈳生命保険協会

4大生保	A生命	56,316
	B生命	46,106
	C生命	35,967
	D生命	26,598
	(小計)	164,987
	(１社平均)	41,247
その他国内生保	E生命	18,571
	F生命	14,938
	G生命	13,821
	H生命	10,128
	I生命	7,214
	J生命	7,203
	K生命	5,108
	(小計)	76,983
	(１社平均)	10,998

外資系大手	A社	47,462
	B社	41,073
	C社	15,119
	D社	13,472
	E社	8,247
	F社	7,705
	G社	7,353
	(小計)	140,431
	(１社平均)	20,062
18社合計		382,401
１社平均		21,245

(参考) ……生命保険協会留意希望事項
・各社とも「お客さまからの不満足の表明のあったもの」を苦情としている。
・苦情情報を積極的に収集するため、会員会社が苦情をお受けする窓口を増やし、より多くの機会にご案内していくことで、苦情受付件数が多くなる傾向にある。
・各社毎の苦情件数は、上記事項を確認の上、件数だけでなく、当該会社の取り組み方針や対応態勢、改善への取組み等、また会員会社の会社概要等も合わせて確認すること。(「苦情件数が多い＝お客さまへの対応に問題がある」とは、一概に言えない)

［資料No.３］

全国銀行協会相談室に寄せられた苦情等

１．相談等の業務別分類表

項目名	主な内容	備　考
加入銀行	所在地・電話・コード	・本部・店舗の所在地・電話番号、銀行コード、店番号
会員銀行	合併・統廃合	・銀行の合併、店舗の統廃合
	銀行経営・決算	・休日・営業時間、決算、ディスクロージャー、自己資本比率規制
	その他	
銀行協会		・全銀協相談室、カウンセリングサービス、個人信用情報センター等に関する照会
預金業務	預金全般	・仕組み（最低預入金額、付利単位、中途解約、期限後の取扱い等）
	各種預金商品	・流動性預金、定期性預金、財形預金、当座預金（外貨預金、デリバティブ内包預金を除く）
	口座開設	・口座名義、本人確認、マネー・ローンダリングの趣旨等
	異動・諸届・移管	・名義、住所、印鑑等の変更、移管
	紛失・盗難	・通帳、証書、カード、印鑑の紛失・盗難
	口座解約・払戻し	・満期解約、中途解約、満期日休日時の取扱い、第三者・代理人による払戻し
	相続	・手続き、必要資料
	睡眠預金	・払戻手続き
	預金保険制度	・限度額、対象商品、対象金融機関、ペイオフ
	その他	・総合口座、残高証明書、届出印の有効性、差押え
貸出業務	貸出全般	・融資条件、借入手続き
	消費者ローン	・カードローン、その他無担保ローン
	事業資金	・一般貸出、公庫・地方自治体の制度融資、代理貸付
	住宅ローン	・一般住宅ローン、リフォームローン、リバースモーゲージ

	アパートローン	・アパートローン、不動産担保融資
	その他	・年金・恩給担保貸付、任意売却、競売
内国為替業務	振込・送金	・仕組み、手続き、本人確認、マネーローンダリングの趣旨等、誤振込み、組戻し
	その他	・手数料（振込、組戻し等）、振込依頼書
手形交換	手形・小切手	・振出、取立、裏書、支払、引受
	不渡	・不渡・取引停止処分、異議申立、依頼返却、処分済証明
	その他	・時効、遡求、電子記録債権
外国為替業務	海外送金	・仕組み、手続き、取扱銀行
	外貨両替	・仕組み、手続き、手数料、取扱銀行、レート
	外貨預金	・仕組み、通貨オプション付定期預金
	その他	・旅行小切手、輸出入取引
チャネル業務	インターネット・モバイルバンキング	・インターネットバンキング、モバイルバンキング、テレフォンバンキング
	CD・ATM取引	・CD・ATMの機能、カードの仕組み、MICS提携網 ・稼働日・稼働時間、手数料、引出し限度額
	カード	・国際キャッシュカード、デビットカード
	その他	・メールオーダーサービス、ファームバンキング
証券業務（窓販）	公共債売買	・国債、地方債等の窓口販売、保護預り
	投資信託	・投資信託
	その他	・株式・社債等証券会社の商品、証券仲介業
保険業務（窓販）	生命保険	・個人年金保険、終身保険、定期保険、養老保険
	損害保険	・火災保険（住宅ローンに付随するものを除く）、事業関連保険
	第三分野	・医療保険、がん保険、傷害保険
	その他	
デリバティブ業務	金利・通貨スワップ	・金利スワップ、通貨スワップ、金利オプション、通貨オプション

	デリバティブ内包預金	・デリバティブ内包預金、円仕組預金
	その他	・商品デリバティブ、クレジットデリバティブ、デリバティブ内包ローン
その他の銀行業務	口座振替	・公共料金、税金等の支払い、収納（代行）企業との関係
	貸金庫等保管サービス	・貸金庫、セーフティケース、保護預り、夜間金庫
	資産運用関係	・信託、金融債、その他の貯蓄商品（金関連商品等）
	通貨・両替	・現金・記念貨幣、損傷日本銀行券・両替（外貨両替を除く）
	その他	・会員制サービス（ポイントサービス）
その他	利子課税・税金一般	・利子課税（分離課税、総合課税）、マル優・マル特制度
	金融犯罪関連	・振込め詐欺、偽造キャッシュカード、フィッシングメール
	金融関連業法等	・銀行法、金商法、金販法等、金融制度改革の動向
	その他	・その他、分類不能なもの

2．相談等の発生原因別分類表

項目名	主な内容
照会	手続・制度・商品等の照会
	その他（上記以外）
説明態勢	銀行側の説明不足・説明相違
	説明内容に関する見解相違
	その他（上記以外）
応対姿勢	態度・言葉遣い
	ATM誘導等、店頭応対方法への不満
	その他（上記以外）
商品・サービス	顧客からの被害発生の申出
	ATM・システム機能に対する改善要望
	その他（上記以外）

広告宣伝	広告宣伝物・説明資料による誤認
	広告宣伝物・説明資料の改善要望
	その他（上記以外）
店舗等設備	顧客からの被害発生の申出
	店舗網・店舗設備等に対する改善要望
	その他（上記以外）
取引方針	与信姿勢への不満
	取引方針・判断への不満
	その他（上記以外）
経営方針	新聞報道や経営方針等
事務の錯誤・遅延	オペレーションミス等、銀行側の作為によるミス
	期日管理や処理もれ等、銀行側の不作為
	その他（上記以外）
その他の改善	伝票・必要書類に対する改善要望等
	その他業務全般に対する改善要望等
	その他（上記以外）
その他	外部要因・他社要因
	その他（上記以外）
個人情報保護関連	個人情報の取扱い

（出所） 全国銀行協会ホームページ「紛争解決等業務の実施状況」より

［資料No.４］

犯罪による収益の移転防止に関する法律

（平成19年３月31日法律第22号）

最終改正：平成23年６月24日法律第74号

（最終改正までの未施行法令）
平成23年４月28日法律第31号（一部未施行）

（目的）

第１条　この法律は、犯罪による収益が組織的な犯罪を助長するために使用されるとともに、これが移転して事業活動に用いられることにより健全な経済活動に重大な悪影響を与えるものであること、及び犯罪による収益の移転が没収、追徴その他の手続によりこれをはく奪し、又は犯罪による被害の回復に充てることを困難にするものであることから、犯罪による収益の移転を防止すること（以下「犯罪による収益の移転防止」という。）が極めて重要であることにかんがみ、特定事業者による顧客等の本人確認、取引記録等の保存、疑わしい取引の届出等の措置を講ずることにより、組織的な犯罪の処罰及び犯罪収益の規制等に関する法律（平成11年法律第136号。以下「組織的犯罪処罰法」という。）及び国際的な協力の下に規制薬物に係る不正行為を助長する行為等の防止を図るための麻薬及び向精神薬取締法等の特例等に関する法律（平成３年法律第94号。以下「麻薬特例法」という。）による措置と相まって、犯罪による収益の移転防止を図り、併せてテロリズムに対する資金供与の防止に関する国際条約等の的確な実施を確保し、もって国民生活の安全と平穏を確保するとともに、経済活動の健全な発展に寄与することを目的とする。

（定義）

第２条　この法律において「犯罪による収益」とは、組織的犯罪処罰法第２条第４項に規定する犯罪収益等又は麻薬特例法第２条第５項に規定する薬物犯罪収益等をいう。

２　この法律において「特定事業者」とは、次に掲げる者をいう。

一　銀行
二　信用金庫
三　信用金庫連合会
四　労働金庫
五　労働金庫連合会
六　信用協同組合
七　信用協同組合連合会
八　農業協同組合

九　農業協同組合連合会
十　漁業協同組合
十一　漁業協同組合連合会
十二　水産加工業協同組合
十三　水産加工業協同組合連合会
十四　農林中央金庫
十五　株式会社商工組合中央金庫
十五の二　株式会社日本政策投資銀行
十六　保険会社
十七　保険業法（平成7年法律第105号）第2条第7項に規定する外国保険会社等
十八　保険業法第2条第18項に規定する少額短期保険業者
十九　共済水産業協同組合連合会
二十　金融商品取引法（昭和23年法律第25号）第2条第9項に規定する金融商品取引業者
二十一　金融商品取引法第2条第30項に規定する証券金融会社
二十二　金融商品取引法第63条第3項に規定する特例業務届出者
二十三　信託会社
二十四　信託業法（平成16年法律第154号）第50条の2第1項の登録を受けた者
二十五　不動産特定共同事業法（平成6年法律第77号）第2条第5項に規定する不動産特定共同事業者（信託会社又は金融機関の信託業務の兼営等に関する法律（昭和18年法律第43号）第1条第1項の認可を受けた金融機関であって、不動産特定共同事業法第2条第4項に規定する不動産特定共同事業を営むものを含む。）
二十六　無尽会社
二十七　貸金業法（昭和58年法律第32号）第2条第2項に規定する貸金業者
二十八　貸金業法第2条第1項第5号に規定する者のうち政令で定める者
二十八の二　資金決済に関する法律（平成21年法律第59号）第2条第3項に規定する資金移動業者
二十九　商品先物取引法（昭和25年法律第239号）第2条第23項に規定する商品先物取引業者
三十　社債、株式等の振替に関する法律（平成13年法律第75号）第2条第2項に規定する振替機関（同法第48条の規定により振替機関とみなされる日本銀行を含む。）
三十一　社債、株式等の振替に関する法律第2条第4項に規定する口座管理機関
三十一の二　電子記録債権法（平成19年法律第102号）第2条第2項に規定する電子債権記録機関

三十二　独立行政法人郵便貯金・簡易生命保険管理機構
三十三　本邦において両替業務（業として外国通貨（本邦通貨以外の通貨をいう。）又は旅行小切手の売買を行うことをいう。）を行う者
三十四　顧客に対し、その指定する機械類その他の物品を購入してその賃貸（政令で定めるものに限る。）をする業務を行う者
三十五　それを提示し又は通知して、特定の販売業者から商品若しくは権利を購入し、又は特定の役務提供事業者（役務の提供の事業を営む者をいう。以下この号において同じ。）から有償で役務の提供を受けることができるカードその他の物又は番号、記号その他の符号（以下「クレジットカード等」という。）をこれにより商品若しくは権利を購入しようとする者又は役務の提供を受けようとする者（以下「利用者たる顧客」という。）に交付し又は付与し、当該利用者たる顧客が当該クレジットカード等を提示し又は通知して特定の販売業者から商品若しくは権利を購入し、又は特定の役務提供事業者から有償で役務の提供を受けたときは、当該販売業者又は役務提供事業者に当該商品若しくは権利の代金又は当該役務の対価に相当する額の金銭を直接に又は第三者を経由して交付するとともに、当該利用者たる顧客から、あらかじめ定められた時期までに当該代金若しくは当該対価の合計額の金銭を受領し、又はあらかじめ定められた時期ごとに当該合計額を基礎としてあらかじめ定められた方法により算定して得た額の金銭を受領する業務を行う者
三十六　宅地建物取引業法（昭和27年法律第176号）第２条第３号に規定する宅地建物取引業者（信託会社又は金融機関の信託業務の兼営等に関する法律第１条第１項の認可を受けた金融機関であって、宅地建物取引業法第２条第２号に規定する宅地建物取引業（第４条第１項において単に「宅地建物取引業」という。）を営むもの（第20条第１項第14号において「みなし宅地建物取引業者」という。）を含む。）
三十七　金、白金その他の政令で定める貴金属若しくはダイヤモンドその他の政令で定める宝石又はこれらの製品（以下「貴金属等」という。）の売買を業として行う者
三十八　顧客に対し、自己の居所若しくは事務所の所在地を当該顧客が郵便物（民間事業者による信書の送達に関する法律（平成14年法律第99号）第２条第３項に規定する信書便物並びに大きさ及び重量が郵便物に類似する貨物を含む。以下同じ。）を受け取る場所として用い、又は自己の電話番号を当該顧客が連絡先の電話番号として用いることを許諾し、当該自己の居所若しくは事務所において当該顧客あての郵便物を受け取ってこれを当該顧客に引き渡し、又は当該顧客あての当該電話番号に係る電話（ファクシミリ装置による通信を含む。第20条第１項第11号において同じ。）を受けてその内容を当該顧客に連絡する役務を提供する業務を行う者

三十九　弁護士（外国法事務弁護士を含む。）又は弁護士法人

四十　司法書士又は司法書士法人

四十一　行政書士又は行政書士法人

四十二　公認会計士（公認会計士法（昭和23年法律第103号）第16条の２第５項に規定する外国公認会計士を含む。）又は監査法人

四十三　税理士又は税理士法人

（国家公安委員会の責務等）

第３条　国家公安委員会は、特定事業者による本人確認、取引記録等の保存、疑わしい取引の届出等の措置が的確に行われることを確保するため、特定事業者に対し犯罪による収益の移転に係る手口に関する情報の提供その他の援助を行うとともに、犯罪による収益の移転防止の重要性について国民の理解を深めるよう努めるものとする。

２　国家公安委員会は、特定事業者により届け出られた疑わしい取引に関する情報その他の犯罪による収益に関する情報が、刑事事件の捜査及び犯則事件の調査並びに犯罪による収益の移転防止に関する国際的な情報交換その他の協力に有効に活用されるよう、迅速かつ的確にその集約、整理及び分析を行うものとする。

３　国家公安委員会その他の関係行政機関及び地方公共団体の関係機関は、犯罪による収益の移転防止について相互に協力するものとする。

（本人確認義務等）

第４条　特定事業者（第２条第２項第39号に掲げる特定事業者（第８条において「弁護士等」という。）を除く。以下同じ。）は、顧客（同項第35号に掲げる特定事業者にあっては、利用者たる顧客。以下同じ。）又はこれに準ずる者として政令で定める者（以下「顧客等」という。）との間で、次の表の上欄に掲げる特定事業者の区分に応じそれぞれ同表の中欄に定める業務（以下「特定業務」という。）のうち同表の下欄に定める取引（以下「特定取引」という。）を行うに際しては、運転免許証の提示を受ける方法その他の主務省令で定める方法により、当該顧客等について、本人特定事項（当該顧客等が自然人である場合にあっては氏名、住居（本邦内に住居を有しない外国人で政令で定めるものにあっては、主務省令で定める事項）及び生年月日をいい、当該顧客等が法人である場合にあっては名称及び本店又は主たる事務所の所在地をいう。以下同じ。）の確認（以下「本人確認」という。）を行わなければならない。

特定事業者	特定業務	特定取引
第２条第２項第１号から第33号までに掲げる	金融に関する業務その他の政令で定める業務	預貯金契約（預金又は貯金の受入れを内容とする契約をいう。第26条第１項において同じ。）の締結、為替取引その他の政令

者		で定める取引
第2条第2項第34号に掲げる者	同号に規定する業務	同号に規定する物品の賃貸借契約の締結その他の政令で定める取引
第2条第2項第35号に掲げる者	同号に規定する業務	クレジットカード等の交付又は付与を内容とする契約の締結その他の政令で定める取引
第2条第2項第36号に掲げる者	宅地建物取引業のうち、宅地（宅地建物取引業法第2条第1号に規定する宅地をいう。以下この表において同じ。）若しくは建物（建物の一部を含む。以下この表において同じ。）の売買又はその代理若しくは媒介に係るもの	宅地又は建物の売買契約の締結その他の政令で定める取引
第2条第2項第37号に掲げる者	貴金属等の売買の業務	貴金属等の売買契約の締結その他の政令で定める取引
第2条第2項第38号に掲げる者	同号に規定する業務	同号に規定する役務の提供を行うことを内容とする契約の締結その他の政令で定める取引
第2条第2項第40号に掲げる者	司法書士法（昭和25年法律第197号）第3条若しくは第29条に定める業務又はこれらに付随し、若しくは関連する業務のうち、顧客のためにする次に掲げる行為又は手続（政令で定めるものを除く。）についての代理又は代行（以下「特定受任行為の代理等」という。）に係るもの	特定受任行為の代理等を行うことを内容とする契約の締結その他の政令で定める取引
	一　宅地又は建物の売買に関する行為又は手続	
	二　会社の設立又は合併に関す	

	る行為又は手続その他の政令で定める会社の組織、運営又は管理に関する行為又は手続（会社以外の法人、組合又は信託であって政令で定めるものに係るこれらに相当するものとして政令で定める行為又は手続を含む。）	
	三　現金、預金、有価証券その他の財産の管理又は処分（前２号に該当するものを除く。）	
第２条第２項第41号に掲げる者	行政書士法（昭和26年法律第４号）第１条の２、第１条の３若しくは第13条の６に定める業務又はこれらに付随し、若しくは関連する業務のうち、特定受任行為の代理等に係るもの	特定受任行為の代理等を行うことを内容とする契約の締結その他の政令で定める取引
第２条第２項第42号に掲げる者	公認会計士法第２条第２項若しくは第34条の５第１号に定める業務又はこれらに付随し、若しくは関連する業務のうち、特定受任行為の代理等に係るもの	特定受任行為の代理等を行うことを内容とする契約の締結その他の政令で定める取引
第２条第２項第43号に掲げる者	税理士法（昭和26年法律第237号）第２条若しくは第48条の５に定める業務又はこれらに付随し、若しくは関連する業務のうち、特定受任行為の代理等に係るもの	特定受任行為の代理等を行うことを内容とする契約の締結その他の政令で定める取引

2　特定事業者は、顧客等の本人確認を行う場合において、会社の代表者が当該会社のために当該特定事業者との間で特定取引を行うときその他の当該特定事業者との間で現に特定取引の任に当たっている自然人が当該顧客等と異なるとき（次項に規定する場合を除く。）は、当該顧客等の本人確認に加え、当該特定取引の任に当たっている自然人（以下「代表者等」という。）についても、本人確認を行わなければならない。

3　顧客等が国、地方公共団体、人格のない社団又は財団その他の政令で定めるものである場合には、当該顧客等のために当該特定事業者との間で現に特定取引の任に当たっている自然人を顧客等とみなして、第１項の規定を適用する。

4　顧客等（前項の規定により顧客等とみなされる自然人を含む。以下同じ。）及び代表者等は、特定事業者が本人確認を行う場合において、当該特定事業者に対して、顧客等又は代表者等の本人特定事項を偽ってはならない。

（特定事業者の免責）

第５条　特定事業者は、顧客等又は代表者等が特定取引を行う際に本人確認に応じないときは、当該顧客等又は代表者等がこれに応ずるまでの間、当該特定取引に係る義務の履行を拒むことができる。

（本人確認記録の作成義務等）

第６条　特定事業者は、本人確認を行った場合には、直ちに、主務省令で定める方法により、本人特定事項、本人確認のためにとった措置その他の主務省令で定める事項に関する記録（以下「本人確認記録」という。）を作成しなければならない。

2　特定事業者は、本人確認記録を、特定取引に係る契約が終了した日その他の主務省令で定める日から、７年間保存しなければならない。

（取引記録等の作成義務等）

第７条　特定事業者（次項に規定する特定事業者を除く。）は、特定業務に係る取引を行った場合には、少額の取引その他の政令で定める取引を除き、直ちに、主務省令で定める方法により、顧客等の本人確認記録を検索するための事項、当該取引の期日及び内容その他の主務省令で定める事項に関する記録を作成しなければならない。

2　第２条第２項第40号から第43号までに掲げる特定事業者は、特定受任行為の代理等を行った場合には、その価額が少額である財産の処分の代理その他の政令で定める特定受任行為の代理等を除き、直ちに、主務省令で定める方法により、顧客等の本人確認記録を検索するための事項、当該特定受任行為の代理等を行った期日及び内容その他の主務省令で定める事項に関する記録を作成しなければならない。

3　特定事業者は、前２項に規定する記録（以下「取引記録等」という。）を、当該取引又は特定受任行為の代理等の行われた日から７年間保存しなければならない。

（弁護士等による本人確認等に相当する措置）

第８条　弁護士等による顧客等又は代表者等の本人確認、本人確認記録の作成及び保存並びに取引記録等の作成及び保存に相当する措置については、第２条第２項第40号から第43号までに掲げる特定事業者の例に準じて日本弁護士連合会の会則で定めるところによる。

2　第５条の規定は、前項の規定により定められた日本弁護士連合会の会則の規定により弁護士等が行う本人確認に相当する措置について準用する。
3　政府及び日本弁護士連合会は、犯罪による収益の移転防止に関し、相互に協力するものとする。

（疑わしい取引の届出等）

第９条　特定事業者（第２条第２項第40号から第43号までに掲げる特定事業者を除く。）は、特定業務において収受した財産が犯罪による収益である疑いがあり、又は顧客等が特定業務に関し組織的犯罪処罰法第10条の罪若しくは麻薬特例法第６条の罪に当たる行為を行っている疑いがあると認められる場合においては、速やかに、政令で定めるところにより、政令で定める事項を行政庁に届け出なければならない。
2　特定事業者（その役員及び使用人を含む。）は、前項の規定による届出（以下「疑わしい取引の届出」という。）を行おうとすること又は行ったことを当該疑わしい取引の届出に係る顧客等又はその者の関係者に漏らしてはならない。
3　行政庁（都道府県知事又は都道府県公安委員会に限る。）は、疑わしい取引の届出を受けたときは、速やかに、当該疑わしい取引の届出に係る事項を主務大臣に通知するものとする。
4　行政庁（都道府県知事及び都道府県公安委員会を除く。）又は前項の主務大臣（国家公安委員会を除く。）は、疑わしい取引の届出又は同項の通知を受けたときは、速やかに、当該疑わしい取引の届出又は通知に係る事項を国家公安委員会に通知するものとする。

（外国為替取引に係る通知義務）

第10条　特定事業者（第２条第２項第１号から第15号まで及び第28号の２に掲げる特定事業者に限る。以下この条において同じ。）は、顧客と本邦から外国（本邦の域外にある国又は地域をいい、政令で定める国又は地域を除く。以下この条において同じ。）へ向けた支払に係る為替取引（小切手の振出しその他の政令で定める方法によるものを除く。）を行う場合において、当該支払を他の特定事業者又は外国所在為替取引業者（外国に所在して業として為替取引を行う者をいう。以下この条において同じ。）に委託するときは、当該顧客に係る本人特定事項その他の事項で主務省令で定めるものを通知して行わなければならない。
2　特定事業者は、他の特定事業者から前項又はこの項の規定による通知を受けて本邦から外国へ向けた支払の委託又は再委託を受けた場合において、当該支払を他の特定事業者又は外国所在為替取引業者に再委託するときは、当該通知に係る事項を通知して行わなければならない。
3　特定事業者は、外国所在為替取引業者からこの条の規定に相当する外国の法令の規定による通知を受けて外国から本邦へ向けた支払又は外国から他の外国へ向けた支払の委託又は再委託を受けた場合において、当該支払を他の特定事業者又は外国所在為替取引業者に再委託するときは、当該通知に係る事項（主務省令で定める事項に限る。）を通知して行わなければならない。

4　特定事業者は、他の特定事業者から前項又はこの項の規定による通知を受けて外国から本邦へ向けた支払又は外国から他の外国へ向けた支払の再委託を受けた場合において、当該支払を他の特定事業者又は外国所在為替取引業者に再委託するときは、当該通知に係る事項（主務省令で定める事項に限る。）を通知して行わなければならない。

（捜査機関等への情報提供等）

第11条　国家公安委員会は、疑わしい取引の届出に係る事項、第９条、この条及び次条に規定する国家公安委員会の職務に相当する職務を行う外国の機関から提供された情報並びにこれらを整理し又は分析した結果（以下「疑わしい取引に関する情報」という。）が検察官、検察事務官若しくは司法警察職員又は税関職員若しくは証券取引等監視委員会の職員（以下この条において「検察官等」という。）による組織的犯罪処罰法別表若しくは第２条第２項第２号イからニまでに掲げる罪、同項第３号若しくは第４号に規定する罪、組織的犯罪処罰法第９条第１項から第３項まで、第10条若しくは第11条の罪、麻薬特例法第２条第２項各号に掲げる罪又は麻薬特例法第６条若しくは第７条の罪に係る刑事事件の捜査又は犯則事件の調査に資すると認めるときは、これを検察官等に提供するものとする。

2　検察官等は、前項に規定する罪に係る刑事事件の捜査又は犯則事件の調査のため必要があると認めるときは、国家公安委員会に対し、疑わしい取引に関する情報の記録の閲覧若しくは謄写又はその写しの送付を求めることができる。

（外国の機関への情報提供）

第12条　国家公安委員会は、前条第１項に規定する外国の機関に対し、その職務（第９条、前条及びこの条に規定する国家公安委員会の職務に相当するものに限る。次項において同じ。）の遂行に資すると認める疑わしい取引に関する情報を提供することができる。

2　前項の規定による疑わしい取引に関する情報の提供については、当該疑わしい取引に関する情報が前条第１項に規定する外国の機関の職務の遂行以外に使用されず、かつ、次項の規定による同意がなければ外国の刑事事件の捜査（その対象たる犯罪事実が特定された後のものに限る。）又は審判（以下この条において「捜査等」という。）に使用されないよう適切な措置がとられなければならない。

3　国家公安委員会は、外国からの要請があったときは、次の各号のいずれかに該当する場合を除き、第１項の規定により提供した疑わしい取引に関する情報を当該要請に係る刑事事件の捜査等に使用することについて同意をすることができる。

一　当該要請に係る刑事事件の捜査等の対象とされている犯罪が政治犯罪であるとき、又は当該要請が政治犯罪について捜査等を行う目的で行われたものと認められるとき。

二　国際約束（第１項の規定による疑わしい取引に関する情報の提供に関する国際約束をいう。第５項において同じ。）に別段の定めがある場合を除き、当該要請に係る刑事事件の捜査等の対象とされている犯罪に係る行為が日本国内において行われたとした場合において、その行為が日本国の法令によれば罪に当たるものでないとき。

三　日本国が行う同種の要請に応ずる旨の要請国の保証がないとき。

4　国家公安委員会は、前項の同意をする場合においては、あらかじめ、同項第１号及び第２号に該当しないことについて法務大臣の確認を、同項第３号に該当しないことについて外務大臣の確認を、それぞれ受けなければならない。

5　第１項の規定による疑わしい取引に関する情報の提供が、疑わしい取引に関する情報を使用することができる外国の刑事事件の捜査等（政治犯罪についての捜査等以外の捜査等に限る。）の範囲を定めた国際約束に基づいて行われたときは、その範囲内における当該疑わしい取引に関する情報の使用については、第３項の同意があるものとみなす。

（報告）

第13条　行政庁は、この法律の施行に必要な限度において、特定事業者に対しその業務に関して報告又は資料の提出を求めることができる。

（立入検査）

第14条　行政庁は、この法律の施行に必要な限度において、当該職員に特定事業者の営業所その他の施設に立ち入らせ、帳簿書類その他の物件を検査させ、又はその業務に関し関係人に質問させることができる。

2　前項の規定により立入検査をする当該職員は、その身分を示す証明書を携帯し、関係人の請求があったときは、これを提示しなければならない。

3　第１項の規定による立入検査の権限は、犯罪捜査のために認められたものと解してはならない。

4　第１項の規定は、特定事業者である日本銀行については、適用しない。

（指導等）

第15条　行政庁は、この法律に定める特定事業者による措置の適正かつ円滑な実施を確保するため必要があると認めるときは、特定事業者に対し、必要な指導、助言及び勧告をすることができる。

（是正命令）

第16条　行政庁は、特定事業者がその業務に関して第４条第１項から第３項まで、第６条、第７条、第９条第１項若しくは第２項又は第10条の規定に違反していると認めるときは、当該特定事業者に対し、当該違反を是正するため必要な措置をとるべきことを命ずることができる。

（国家公安委員会の意見の陳述）

第17条　国家公安委員会は、特定事業者がその業務に関して前条に規定する規定に違反していると認めるときは、行政庁（都道府県公安委員会を除く。以下この条において同じ。）に対し、当該特定事業者に対し前条の規定による命令を行うべき旨又は他の法令の規定により当該違反を理由として業務の停止その他の処分を行うことができる場合にあっては、当該特定事業者に対し当該処分を行うべき旨の意見を述べることができる。

2　国家公安委員会は、前項の規定により意見を述べるため必要な限度において、特定事業者に対しその業務に関して報告若しくは資料の提出を求め、又は相当と認める都道府県警察に必要な調査を行うことを指示することができる。

3　前項の指示を受けた都道府県警察の警視総監又は道府県警察本部長は、同項の調査を行うため特に必要があると認められるときは、あらかじめ国家公安委員会の承認を得て、当該職員に、特定事業者の営業所その他の施設に立ち入らせ、帳簿書類その他の物件を検査させ、又はその業務に関し関係人に質問させることができる。この場合においては、第14条第２項から第４項までの規定を準用する。

4　国家公安委員会は、前項の承認をしようとするときは、あらかじめ、行政庁（行政庁が都道府県知事である場合にあっては、主務大臣を経由して当該都道府県知事）にその旨を通知しなければならない。

5　前項の通知を受けた行政庁は、政令で定めるところにより、国家公安委員会に対し、第14条第１項の規定による権限の行使と第３項の規定による都道府県警察の権限の行使との調整を図るため必要な協議を求めることができる。この場合において、国家公安委員会は、その求めに応じなければならない。

（主務省令への委任）

第18条　この法律に定めるもののほか、この法律を実施するため必要な事項は、主務省令で定める。

（経過措置）

第19条　この法律の規定に基づき政令又は主務省令を制定し、又は改廃する場合においては、その政令又は主務省令で、その制定又は改廃に伴い合理的に必要と判断される範囲内において、所要の経過措置（罰則に関する経過措置を含む。）を定めることができる。

（行政庁等）

第20条　この法律における行政庁は、次の各号に掲げる特定事業者の区分に応じ、当該特定事業者に係る事項に関して、それぞれ当該各号に定める者とする。

一　第２条第２項第１号から第３号まで、第６号、第７号、第16号から第18号まで、第20号から第24号まで、第26号から第28号の２まで及び第42号に掲げる特定事業者　内閣総理大臣

二　第２条第２項第４号及び第５号に掲げる特定事業者　内閣総理大臣及び厚生

労働大臣
三　第２条第２項第８号及び第９号に掲げる特定事業者　農業協同組合法（昭和22年法律第132号）第98条第１項に規定する行政庁
四　第２条第２項第10号から第13号まで及び第19号に掲げる特定事業者　水産業協同組合法（昭和23年法律第242号）第127条第１項に規定する行政庁
五　第２条第２項第14号に掲げる特定事業者　農林水産大臣及び内閣総理大臣
六　第２条第２項第15号に掲げる特定事業者　株式会社商工組合中央金庫法（平成19年法律第74号）第56条第２項に規定する主務大臣
六の二　第２条第２項第15号の２に掲げる特定事業者　株式会社日本政策投資銀行法（平成19年法律第85号）第29条第１項に規定する主務大臣
七　第２条第２項第25号に掲げる特定事業者　不動産特定共同事業法第49条第１項に規定する主務大臣
八　第２条第２項第29号に掲げる特定事業者　商品先物取引法第354条第１項に規定する主務大臣
九　第２条第２項第30号から第31号の２までに掲げる特定事業者（次号に掲げる者を除く。）　内閣総理大臣及び法務大臣
十　第２条第２項第30号及び第31号に掲げる特定事業者のうち国債を取り扱う者　内閣総理大臣、法務大臣及び財務大臣
十一　第２条第２項第32号に掲げる特定事業者及び同項第38号に掲げる特定事業者のうち顧客あての電話を受けてその内容を当該顧客に連絡する役務を提供する業務を行う者　総務大臣
十二　第２条第２項第33号及び第43号に掲げる特定事業者　財務大臣
十三　第２条第２項第34号、第35号及び第37号に掲げる特定事業者並びに同項第38号に掲げる特定事業者のうち顧客あての郵便物を受け取ってこれを当該顧客に引き渡す役務を提供する業務を行う者　経済産業大臣
十四　第２条第２項第36号に掲げる特定事業者　宅地建物取引業法第３条第１項の免許をした国土交通大臣又は都道府県知事（みなし宅地建物取引業者である特定事業者にあっては、国土交通大臣）
十五　第２条第２項第40号に掲げる特定事業者　法務大臣
十六　第２条第２項第41号に掲げる特定事業者　都道府県知事

2　前項の規定にかかわらず、第10条第１項に規定する特定事業者（第２条第２項第15号に掲げる特定事業者を除く。）に係る第10条に定める事項に関する行政庁は、前項に定める行政庁及び財務大臣とする。

3　第１項の規定にかかわらず、特定事業者のうち金融商品取引法第33条の２に規定する登録を受けた者が登録金融機関業務（同法第33条の５第１項第３号に規定する登録金融機関業務をいう。第６項第２号において同じ。）を行う場合には、当該登録金融機関業務に係る事項に関する行政庁は、内閣総理大臣とする。

4　第１項の規定にかかわらず、第２条第２項第37号に掲げる特定事業者のうち古物営業法（昭和24年法律第108号）第３条第１項の許可を受けた者が同法第２条第１項の古物である貴金属等の売買の業務を行う場合には、当該業務に係る事項に関する行政庁は、都道府県公安委員会とする。この場合において、道公安委員会の権限に属する事務は、政令で定めるところにより、方面公安委員会に行わせることができる。

5　内閣総理大臣は、この法律による権限（金融庁の所掌に係るものに限り、政令で定めるものを除く。）を金融庁長官に委任する。

6　金融庁長官は、前項の規定により委任された権限（第９条、第15条及び第16条に関するものを除く。次項において「金融庁長官権限」という。）のうち、次に掲げる行為に係るものを証券取引等監視委員会に委任する。ただし、報告又は資料の提出を命ずる権限は、金融庁長官が自ら行うことを妨げない。

一　第２条第２項第20号及び第22号に掲げる特定事業者による行為

二　登録金融機関業務に係る行為

7　金融庁長官は、政令で定めるところにより、金融庁長官権限のうち、第２条第２項第21号、第30号及び第31号に掲げる特定事業者による行為（前項各号に掲げる行為を除く。）に係るものを証券取引等監視委員会に委任することができる。

8　前２項の場合において、証券取引等監視委員会が行う報告又は資料の提出の命令についての行政不服審査法（昭和37年法律第160号）による不服申立ては、証券取引等監視委員会に対してのみ行うことができる。

9　この法律に規定する行政庁の権限に属する事務（この法律の規定により都道府県知事又は都道府県公安委員会の権限に属することとされている事務を除く。）の一部は、政令で定めるところにより、都道府県知事が行うこととすることができる。

10　前各項に規定するもののほか、第９条及び第13条から第17条までの規定による行政庁の権限の行使に関して必要な事項は、政令で定める。

（主務大臣等）

第21条　この法律における主務大臣は、次のとおりとする。

一　次のイからホまでに掲げる特定事業者の区分に応じ、当該特定事業者に係る事項（次号から第４号までに掲げる事項を除く。）に関して、それぞれ当該イからホまでに定める大臣

イ　ロからホまでに掲げる特定事業者以外の特定事業者　前条第１項に定める行政庁である大臣

ロ　第２条第２項第８号及び第９号に掲げる特定事業者　農業協同組合法第98条第２項に規定する主務大臣

ハ　第２条第２項第10号から第13号まで及び第19号に掲げる特定事業者　水産業協同組合法第127条第２項に規定する主務大臣

ニ　第２条第２項第36号に掲げる特定事業者　国土交通大臣
ホ　第２条第２項第41号に掲げる特定事業者　総務大臣
二　前条第２項に規定する特定事業者に係る同項に規定する事項　前号イからハまでに定める大臣及び財務大臣
三　前条第３項に規定する特定事業者に係る同項に規定する事項　内閣総理大臣
四　前条第４項に規定する特定事業者に係る同項に規定する事項　国家公安委員会
2　この法律における主務省令は、内閣総理大臣、総務大臣、法務大臣、財務大臣、厚生労働大臣、農林水産大臣、経済産業大臣及び国土交通大臣が共同で発する命令とする。

（事務の区分）

第22条　この法律の規定により都道府県が処理することとされている事務のうち次に掲げる者に係るものは、地方自治法（昭和22年法律第67号）第２条第９項第１号に規定する第一号法定受託事務とする。
一　農業協同組合法第10条第１項第３号の事業を行う農業協同組合及び農業協同組合連合会
二　水産業協同組合法第11条第１項第４号の事業を行う漁業協同組合
三　水産業協同組合法第87条第１項第４号の事業を行う漁業協同組合連合会
四　水産業協同組合法第93条第１項第２号の事業を行う水産加工業協同組合
五　水産業協同組合法第97条第１項第２号の事業を行う水産加工業協同組合連合会

（罰則）

第23条　第16条の規定による命令に違反した者は、２年以下の懲役若しくは300万円以下の罰金に処し、又はこれを併科する。

第24条　次の各号のいずれかに該当する者は、１年以下の懲役若しくは300万円以下の罰金に処し、又はこれを併科する。
一　第13条若しくは第17条第２項の規定による報告若しくは資料の提出をせず、又は虚偽の報告若しくは資料の提出をした者
二　第14条第１項若しくは第17条第３項の規定による当該職員の質問に対して答弁をせず、若しくは虚偽の答弁をし、又はこれらの規定による検査を拒み、妨げ、若しくは忌避した者

第25条　本人特定事項を隠ぺいする目的で、第４条第４項の規定に違反した者は、１年以下の懲役若しくは100万円以下の罰金に処し、又はこれを併科する。

第26条　他人になりすまして特定事業者（第２条第２項第１号から第15号まで及び第32号に掲げる特定事業者に限る。以下この条において同じ。）との間における預貯金契約に係る役務の提供を受けること又はこれを第三者にさせることを目的として、当該預貯金契約に係る預貯金通帳、預貯金の引出用のカード、預貯金の

引出し又は振込みに必要な情報その他特定事業者との間における預貯金契約に係る役務の提供を受けるために必要なものとして政令で定めるもの（以下この条において「預貯金通帳等」という。）を譲り受け、その交付を受け、又はその提供を受けた者は、１年以下の懲役若しくは100万円以下の罰金に処し、又はこれを併科する。通常の商取引又は金融取引として行われるものであることその他の正当な理由がないのに、有償で、預貯金通帳等を譲り受け、その交付を受け、又はその提供を受けた者も、同様とする。

2　相手方に前項前段の目的があることの情を知って、その者に預貯金通帳等を譲り渡し、交付し、又は提供した者も、同項と同様とする。通常の商取引又は金融取引として行われるものであることその他の正当な理由がないのに、有償で、預貯金通帳等を譲り渡し、交付し、又は提供した者も、同様とする。

3　業として前２項の罪に当たる行為をした者は、３年以下の懲役若しくは500万円以下の罰金に処し、又はこれを併科する。

4　第１項又は第２項の罪に当たる行為をするよう、人を勧誘し、又は広告その他これに類似する方法により人を誘引した者も、第１項と同様とする。

第27条　他人になりすまして第２条第２項第28号の２に掲げる特定事業者（以下この項において「資金移動業者」という。）との間における為替取引により送金をし若しくは送金を受け取ること又はこれらを第三者にさせることを目的として、当該為替取引に係る送金の受取用のカード、送金又はその受取に必要な情報その他資金移動業者との間における為替取引による送金又はその受取に必要なものとして政令で定めるもの（以下「為替取引カード等」という。）を譲り受け、その交付を受け、又はその提供を受けた者は、１年以下の懲役若しくは100万円以下の罰金に処し、又はこれを併科する。通常の商取引として行われるものであることその他の正当な理由がないのに、有償で、為替取引カード等を譲り受け、その交付を受け、又はその提供を受けた者も、同様とする。

2　相手方に前項前段の目的があることの情を知って、その者に為替取引カード等を譲り渡し、交付し、又は提供した者も、同項と同様とする。通常の商取引として行われるものであることその他の正当な理由がないのに、有償で、為替取引カード等を譲り渡し、交付し、又は提供した者も、同様とする。

3　業として前２項の罪に当たる行為をした者は、３年以下の懲役若しくは500万円以下の罰金に処し、又はこれを併科する。

4　第１項又は第２項の罪に当たる行為をするよう、人を勧誘し、又は広告その他これに類似する方法により人を誘引した者も、第１項と同様とする。

第28条　法人の代表者又は法人若しくは人の代理人、使用人その他の従業者が、その法人又は人の業務に関して次の各号に掲げる規定の違反行為をしたときは、その行為者を罰するほか、その法人に対して当該各号に定める罰金刑を、その人に対して各本条の罰金刑を科する。

一　第23条　3億円以下の罰金刑
二　第24条　2億円以下の罰金刑
三　第25条　同条の罰金刑

（金融商品取引法の準用）

第29条　金融商品取引法第9章の規定は、第20条第6項各号に掲げる行為に係る第25条及び前条第3号に規定する罪の事件について準用する。

附　則　抄

（施行期日）

第1条　この法律は、平成19年4月1日から施行する。ただし、次の各号に掲げる規定は、当該各号に定める日から施行する。

一　第2条第2項（第22号及び第24号を除く。）、第4条から第10条まで及び第13条から第28条までの規定並びに次条、附則第5条から第7条まで、附則第9条から第12条まで及び附則第14条から第18条までの規定、附則第19条中証券取引法等の一部を改正する法律の施行に伴う関係法律の整備等に関する法律（平成18年法律第66号）第189条及び第190条の改正規定並びに同法第196条の改正規定（株式等の取引に係る決済の合理化を図るための社債等の振替に関する法律等の一部を改正する法律（平成16年法律第88号）附則第127条の改正規定を削る部分に限る。）、附則第20条の規定、附則第23条中金融庁設置法（平成10年法律第130号）第8条の改正規定及び同法第20条第1項の改正規定並びに附則第27条の規定　公布の日から起算して1年を超えない範囲内において政令で定める日

二　第2条第2項第22号の規定　前号に定める日（以下「一部施行日」という。）又は証券取引法等の一部を改正する法律（平成18年法律第65号）の施行の日のいずれか遅い日

三　第2条第2項第24号の規定　一部施行日又は信託法の施行に伴う関係法律の整備等に関する法律（平成18年法律第109号）の施行の日のいずれか遅い日

四　附則第8条の規定　一部施行日又は証券取引法等の一部を改正する法律の施行に伴う関係法律の整備等に関する法律の施行の日のいずれか遅い日

（金融機関等による顧客等の本人確認等及び預金口座等の不正な利用の防止に関する法律の廃止）

第2条　金融機関等による顧客等の本人確認等及び預金口座等の不正な利用の防止に関する法律（平成14年法律第32号）は、廃止する。

第3条　削除

（経過措置）

第4条　一部施行日の前日までの間における次の表の上欄に掲げるこの法律の規定の適用については、これらの規定中同表の中欄に掲げる字句は、それぞれ同表の

下欄に掲げる字句とする。

第11条第１項	疑わしい取引の届出	組織的犯罪処罰法第54条第１項の規定による届出
	第９条、	同条並びに
第12条第１項	第９条、	組織的犯罪処罰法第54条並びに

第５条　株式等の取引に係る決済の合理化を図るための社債等の振替に関する法律等の一部を改正する法律の施行の日が一部施行日後となる場合には、同法の施行の日の前日までの間における第２条第２項の規定の適用については、同項第30号中「社債、株式等の振替に関する法律」とあるのは「株券等の保管及び振替に関する法律（昭和59年法律第30号）第２条第２項に規定する保管振替機関及び社債等の振替に関する法律」と、同項第31号中「社債、株式等の振替に関する法律」とあるのは「株券等の保管及び振替に関する法律第２条第３項に規定する参加者及び社債等の振替に関する法律」とする。

第６条　郵政民営化法（平成17年法律第97号）の施行の日が一部施行日後となる場合には、同法の施行の日の前日までの間における第２条第２項第32号及び第10条第１項の規定の適用については、同号中「独立行政法人郵便貯金・簡易生命保険管理機構」とあるのは「日本郵政公社」と、同項中「第15号まで」とあるのは「第15号まで及び第32号」とする。

2　前項に規定する場合においては、郵政民営化法の施行の日前に、日本郵政公社の業務（同法、独立行政法人郵便貯金・簡易生命保険管理機構法（平成17年法律第101号）又は郵政民営化法等の施行に伴う関係法律の整備等に関する法律（平成17年法律第102号）の規定により郵政民営化法第94条に規定する郵便貯金銀行（以下この条において単に「郵便貯金銀行」という。）の業務とされるもの（郵政民営化法の施行の日において行われたとしたならば郵便貯金銀行の業務とされるものを含む。以下この条において「郵便貯金銀行移行業務」という。）に限る。）に関し、この法律の規定により、日本郵政公社に対して行い、又は日本郵政公社が行った処分、手続その他の行為は、この法律の規定により郵便貯金銀行に対して行い、又は郵便貯金銀行が行った処分、手続その他の行為とみなす。

3　第１項に規定する場合においては、郵政民営化法の施行の日前に、日本郵政公社の業務（郵便貯金銀行移行業務を除く。）に関し、この法律の規定により、日本郵政公社に対して行い、又は日本郵政公社が行った処分、手続その他の行為は、この法律の規定により独立行政法人郵便貯金・簡易生命保険管理機構に対して行い、又は独立行政法人郵便貯金・簡易生命保険管理機構が行った処分、手続その他の行為とみなす。

4　第１項に規定する場合においては、郵政民営化法の施行の日前に日本郵政公社が行った特定業務に関する同日以後の第9条の規定の適用については、郵便貯金銀行移行業務は郵便貯金銀行が、郵便貯金銀行移行業務以外の日本郵政公社の業務は独立行政法人郵便貯金・簡易生命保険管理機構がそれぞれ行ったものとみなす。

第7条　証券取引法等の一部を改正する法律の施行に伴う関係法律の整備等に関する法律の施行の日が一部施行日後となる場合には、同法の施行の日の前日までの間における次の表の上欄に掲げるこの法律の規定の適用については、これらの規定中同表の中欄に掲げる字句は、それぞれ同表の下欄に掲げる字句とする。

第2条第2項第20号	金融商品取引法（昭和23年法律第25号）第2条第9項に規定する金融商品取引業者	証券会社、外国証券業者に関する法律（昭和46年法律第5号）第2条第2号に規定する外国証券会社（第20条第6項第1号において単に「外国証券会社」という。）、投資信託及び投資法人に関する法律（昭和26年法律第198号）第2条第18項に規定する投資信託委託業者（第20条第6項第1号において単に「投資信託委託業者」という。）、信託業法（平成16年法律第154号）第2条第11項に規定する信託受益権販売業者、抵当証券業の規制等に関する法律（昭和62年法律第114号）第2条第2項に規定する抵当証券業者、商品投資に係る事業の規制に関する法律（平成3年法律第66号）第2条第5項に規定する商品投資販売業者（第20条第1項第1号において単に「商品投資販売業者」という。）及び金融先物取引法（昭和63年法律第77号）第2条第12項に規定する金融先物取引業者（第20条第6項第1号において単に「金融先物取引業者」という。）
第2条第2項第21号	金融商品取引法第2条第30項	証券取引法（昭和23年法律第25号）第2条第32項
第20条第1項第1号	から第24号まで	、第21号、第23号、第24号
	内閣総理大臣	内閣総理大臣（同項第20号に掲げる特定事業者（商品投資販売業者に限る。）にあっては、商品投資に係る事業の規制に関する法律第49

		条第１項に規定する主務大臣）
第20条第３項	金融商品取引法第33条の２	証券取引法第65条の２第１項
	登録金融機関業務（同法第33条の５第１項第３号に規定する登録金融機関業務をいう。第６項第２号において同じ。）	同法第65条第２項各号に掲げる有価証券又は取引に係る同項各号に定める行為（同条第１項ただし書に該当するものを除く。）
	当該登録金融機関業務	当該行為
第20条第６項第１号	第２条第２項第20号及び第22号に掲げる特定事業者	第２条第２項第20号に掲げる特定事業者（証券会社、外国証券会社、投資信託委託業者及び金融先物取引業者に限る。）
第20条第６項第２号	登録金融機関業務に係る	第３項に規定する
第28条（見出しを含む。）	金融商品取引法	証券取引法

第８条　証券取引法等の一部を改正する法律の施行に伴う関係法律の整備等に関する法律の施行の日から起算して６年を経過する日までの間における第２条第２項第20号及び第20条第６項第１号の規定の適用については、第２条第２項第20号中「金融商品取引業者」とあるのは「金融商品取引業者（第20条第６項第１号において単に「金融商品取引業者」という。）及び証券取引法等の一部を改正する法律の施行に伴う関係法律の整備等に関する法律（平成18年法律第66号）第57条第１項に規定する旧抵当証券業者」と、第20条第６項第１号中「第２条第２項第20号及び第22号」とあるのは「第２条第２項第20号に掲げる特定事業者（金融商品取引業者に限る。）及び同項第22号」とする。

第９条　信託法の施行に伴う関係法律の整備等に関する法律の施行の日が一部施行日後となる場合には、同法の施行の日の前日までの間における第20条第１項第１号の規定の適用については、同号中「第24号」とあるのは、「第23号」とする。

第10条　貸金業の規制等に関する法律等の一部を改正する法律（平成18年法律第115号）の施行の日が一部施行日後となる場合には、同法の施行の日の前日までの間における第２条第２項第27号及び第28号の規定の適用については、これらの規定中「貸金業法」とあるのは、「貸金業の規制等に関する法律」とする。

（処分、手続等に関する経過措置）

第24条　この法律の規定による廃止又は改正前のそれぞれの法律の規定によってした処分、手続その他の行為であって、この法律又はこの法律の規定による改正後のそれぞれの法律の規定に相当の規定があるものは、この附則に別段の定めがあるものを除き、この法律又はこの法律の規定による改正後のそれぞれの法律の相当の規定によってしたものとみなす。

（罰則に関する経過措置）

第25条　この法律（附則第１条各号に掲げる規定にあっては、当該規定）の施行前にした行為に対する罰則の適用については、なお従前の例による。

（政令への委任）

第26条　この附則に規定するもののほか、この法律の施行に関し必要な経過措置（罰則に関する経過措置を含む。）は、政令で定める。

（検討）

第27条　犯罪による収益の移転防止のための制度については、この法律の施行状況、犯罪による収益の移転防止に関する国際的動向等を勘案し、検討が加えられ、その結果に基づいて必要な措置が講ぜられるものとする。

附　則（平成19年６月１日法律第74号）抄

（施行期日）

第１条　この法律は、平成20年10月１日から施行する。ただし、次の各号に掲げる規定は、当該各号に定める日から施行する。

一　附則第３条から第22条まで、第25条から第30条まで、第101条及び第102条の規定　公布の日から起算して６月を超えない範囲内において政令で定める日

（処分等に関する経過措置）

第100条　この法律の施行前に改正前のそれぞれの法律（これに基づく命令を含む。以下この条において同じ。）の規定によってした処分、手続その他の行為であって、改正後のそれぞれの法律の規定に相当の規定があるものは、この附則に別段の定めがあるものを除き、改正後のそれぞれの法律の相当の規定によってしたものとみなす。

（罰則の適用に関する経過措置）

第101条　この法律（附則第１条各号に掲げる規定にあっては、当該規定。以下この条において同じ。）の施行前にした行為並びにこの附則の規定によりなお従前の例によることとされる場合及びこの附則の規定によりなおその効力を有することとされる場合におけるこの法律の施行後にした行為に対する罰則の適用については、なお従前の例による。

（その他の経過措置の政令への委任）

第102条　この附則に定めるもののほか、この法律の施行に伴い必要な経過措置は、政令で定める。

附　則（平成19年６月13日法律第85号）抄

（施行期日）

第１条　この法律は、公布の日から施行する。ただし、次の各号に掲げる規定は、当該各号に定める日から施行する。

三　附則第26条から第60条まで及び第62条から第65条までの規定　平成20年10月１日

（検討）

第66条　政府は、附則第１条第３号に定める日までに、電気事業会社の日本政策投資銀行からの借入金の担保に関する法律、石油の備蓄の確保等に関する法律、石油代替エネルギーの開発及び導入の促進に関する法律、民間都市開発の推進に関する特別措置法、エネルギー等の使用の合理化及び資源の有効な利用に関する事業活動の促進に関する臨時措置法、民間資金等の活用による公共施設等の整備等の促進に関する法律その他の法律（法律に基づく命令を含む。）の規定により政投銀の投融資機能が活用されている制度について、当該制度の利用者の利便にも配慮しつつ、他の事業者との対等な競争条件を確保するための措置を検討し、その検討の結果を踏まえ、所要の措置を講ずるものとする。

（会社の長期の事業資金に係る投融資機能の活用）

第67条　政府は、会社の長期の事業資金に係る投融資機能を附則第１条第３号に定める日以後において活用する場合には、他の事業者との間の適正な競争関係に留意しつつ、対等な競争条件を確保するための措置その他当該投融資機能の活用に必要な措置を講ずるものとする。

附　則（平成19年６月27日法律第102号）抄

（施行期日）

第１条　この法律は、公布の日から起算して１年６月を超えない範囲内において政令で定める日から施行する。

（検討）

第12条　政府は、この法律の施行後５年を経過した場合において、この法律の施行状況、社会経済情勢の変化等を勘案し、電子債権記録機関に係る制度について検討を加え、必要があると認めるときは、その結果に基づいて所要の措置を講ずるものとする。

附　則（平成21年６月24日法律第59号）抄

（施行期日）

第１条　この法律は、公布の日から起算して１年を超えない範囲内において政令で定める日から施行する。

（罰則の適用に関する経過措置）

第34条　この法律の施行前にした行為及びこの法律の附則においてなお従前の例によることとされる場合におけるこの法律の施行後にした行為に対する罰則の適用については、なお従前の例による。

（政令への委任）

第35条　この附則に規定するもののほか、この法律の施行に関し必要な経過措置（罰則に関する経過措置を含む。）は、政令で定める。

（検討）

第36条　政府は、この法律の施行後５年を経過した場合において、この法律の施行状況、社会経済情勢の変化等を勘案し、資金決済に関する制度について検討を加え、必要があると認めるときは、その結果に基づいて所要の措置を講ずるものとする。

附　則（平成21年７月10日法律第74号）抄

（施行期日）

第１条　この法律は、公布の日から起算して１年６月を超えない範囲内において政令で定める日（以下「施行日」という。）から施行する。

附　則（平成23年４月28日法律第31号）

（施行期日）

第１条　この法律は、公布の日から起算して２年を超えない範囲内において政令で定める日から施行する。ただし、次の各号に掲げる規定は、当該各号に定める日から施行する。

一　第11条第１項の改正規定（「第９条」を「第８条」に改める部分を除く。）、附則第３条の前の見出しを削る改正規定、同条の改正規定及び附則第４条の前に見出しを付する改正規定並びに附則第３条の規定　公布の日

二　第27条第１項の改正規定（「第２条第２項第28号の２」を「第２条第２項第30号」に改める部分を除く。）、同条第３項の改正規定、第26条第１項の改正規定（「(以下」の下に「この条において」を加え、「50万円」を「１年以下の懲役若しくは100万円」に、「処する」を「処し、又はこれを併科する」に改める部分に限る。）、同条第３項の改正規定及び第25条の改正規定（「50万円」を「１年以下の懲役若しくは100万円」に、「処する」を「処し、又はこれを併科する」に改める部分に限る。）　公布の日から起算して１月を経過した日

（経過措置）

第２条　この法律による改正後の犯罪による収益の移転防止に関する法律（以下「新法」という。）第２条第２項に規定する特定事業者（同項第41号に掲げる特定事業者のうち顧客宛ての又は顧客からの電話を当該顧客が指定する電話番号に自動的に転送する役務を提供する業務を行う者（第４項第４号において「新規特定事業者」という。）及び同条第２項第42号から第46号までに掲げる特定事業者を除く。以下単に「特定事業者」という。）が、この法律の施行の日（以下「施行日」という。）前の取引の際にこの法律による改正前の犯罪による収益の移転防止に関する法律（以下「旧法」という。）第４条第１項の規定による本人確認（当該本人確認について旧法第６条の規定による本人確認記録の作成及び保存をしている場合におけるものに限る。）を行っている新法第２条第３項に規定する顧客等（新法第４条第５項に規定する国等（第４項第３号において単に「国等」という。）を除く。）との間で行う施行日以後の取引（これに準ずるものとして政令で定める取引を含む。）であって政令で定めるもの（第４項第１号において「第１項施行日以後取引」という。）についての新法第４条第１項の規定の適用については、同項中「次の各号（第２条第２項第43号から第46号までに掲げる特定事業者にあっては、第１号）」とあるのは、「第２号から第４号まで」とする。

2　特定事業者が、施行日前の取引の際に旧法第４条第１項の規定による本人確認（当該本人確認について旧法第６条の規定による本人確認記録の作成及び保存をしている場合におけるものに限る。）を行っている新法第２条第３項に規定する顧客等（人格のない社団又は財団に限る。）との間で行う施行日以後の取引（これに準ずるものとして政令で定める取引を含む。）であって政令で定めるもの（第４項第２号において「第２項施行日以後取引」という。）についての新法第４条第１項の規定の適用については、同条第５項（同条第１項に係る部分に限る。）の規定にかかわらず、同条第１項中「次の各号（第２条第２項第43号から第46号までに掲げる特定事業者にあっては、第１号）」とあるのは「第２号及び第３号」と、同項第３号中「当該顧客等が自然人である場合にあっては職業、当該顧客等が法人である場合にあっては事業の内容」とあるのは「事業の内容」とする。

3　前２項の場合においては、新法第４条第３項中「同項又は前項（これらの規定を第５項の規定により読み替えて適用する場合を含む。）」とあるのは「犯罪による収益の移転防止に関する法律の一部を改正する法律（平成23年法律第31号。以下「改正法」という。）附則第２条第１項若しくは第２項の規定により読み替えて適用する第１項の規定又は前項（第５項の規定により読み替えて適用する場合を含む。）」と、同条第６項中「第１項若しくは第２項（これらの規定を前項の規定により読み替えて適用する場合を含む。）又は」とあるのは「改正法附則第２条第１項若しくは第２項の規定により読み替えて適用する第１項の規定又は第２

項（前項の規定により読み替えて適用する場合を含む。）若しくは」と、新法第６条第２項中「確認記録」とあるのは「確認記録（改正法附則第２条第１項及び第２項に規定する保存に係る本人確認記録を含む。次条第１項において同じ。）」と、新法第17条中「第４条第１項若しくは第２項（これらの規定を同条第５項の規定により読み替えて適用する場合を含む。）」とあるのは「改正法附則第２条第１項若しくは第２項の規定により読み替えて適用する第４条第１項の規定又は同条第２項（同条第５項の規定により読み替えて適用する場合を含む。）」と、「又は」とあるのは「若しくは」とする。

4　次に掲げる取引については、新法第４条第１項の規定は、適用しない。

一　第１項施行日以後取引が第１項に規定する施行日前の取引に関連するものとして政令で定めるものである場合における当該第１項施行日以後取引

二　第２項施行日以後取引が第２項に規定する施行日前の取引に関連するものとして政令で定めるものである場合における当該第２項施行日以後取引

三　特定事業者が、施行日前の取引の際に旧法第４条第１項の規定による本人確認（当該本人確認について旧法第６条の規定による本人確認記録の作成及び保存をしている場合におけるものに限る。）及び新法第４条第１項（同項第１号に係る部分を除き、同条第５項の規定により読み替えて適用する場合を含む。）の規定による確認に相当する確認（当該確認について新法第６条第１項に規定する確認記録に相当する記録の作成及び保存をしている場合におけるものに限る。）を行っている新法第２条第３項に規定する顧客等（国等（人格のない社団又は財団を除く。）を除く。）との間で行う施行日以後の取引（これに準ずるものとして政令で定める取引を含む。）であって政令で定めるもの

四　新規特定事業者が、施行日前の取引の際に新法第４条第１項（同条第５項の規定により読み替えて適用する場合を含む。）及び第４項（同条第１項に係る部分に限る。）の規定による確認に相当する確認（当該確認について新法第６条第１項に規定する確認記録に相当する記録の作成及び保存をしている場合におけるものに限る。）を行っている新法第２条第３項に規定する顧客等との間で行う施行日以後の取引（これに準ずるものとして政令で定める取引を含む。）であって政令で定めるもの

（政令への委任）

第３条　前条に定めるもののほか、この法律の施行に関し必要な経過措置は、政令で定める。

附　則（平成23年６月24日法律第74号）抄

（施行期日）

第１条　この法律は、公布の日から起算して20日を経過した日から施行する。

（調整規定）

第47条　犯罪による収益の移転防止に関する法律の一部を改正する法律（平成23年法律第31号）の公布の日が施行日後となる場合には、前条中次の表の上欄に掲げる字句は、同表の下欄に掲げる字句とする。

附則第1条第5号を削る。	第11条第1項中「収税官吏、税関職員、徴税吏員」を「税関職員」に、「第2条第2項第1号イ若しくはロ若しくは同項第2号ニに掲げる罪、組織的犯罪処罰法第10条第3項」を「別表若しくは第2条第2項第2号イからニまでに掲げる罪、同項第3号若しくは第4号に規定する罪、組織的犯罪処罰法第9条第1項から第3項まで、第10条」に改める。 附則第1条第5号を削る。 附則第3条の前の見出しを削り、同条を次のように改める。 第3条　削除 附則第4条の前に見出しとして「(経過措置)」を付する。

2　前項の場合において、犯罪による収益の移転防止に関する法律の一部を改正する法律のうち次の表の上欄に掲げる犯罪収益移転防止法の改正規定中同表の中欄に掲げる字句は、それぞれ同表の下欄に掲げる字句とする。

第11条第1項の改正規定	、「収税官吏、税関職員、徴税吏員」を「税関職員」に、「第2条第2項第1号イ若しくはロ若しくは同項第2号ニに掲げる罪、組織的犯罪処罰法第10条第3項」を「別表若しくは第2条第2項第2号イからニまでに掲げる罪、同項第3号若しくは第4号に規定する罪、組織的犯罪処罰法第9条第1項から第3項まで、第10条」に改め	改め
附則第3条の前の見出しを削る改正規定、同条の改正規定、附則第4条の前に見出しを付する改正規定及び附則の次に別表を加える改正規定	附則第3条の前の見出しを削り、同条を次のように改める。 第3条　削除 附則第4条の前に見出しとして「(経過措置)」を付する。 附則の次に次の別表を加える。	附則の次に次の別表を加える。

［資料No. 5］

東京都暴力団排除条例

平成23年３月18日
東京都条例第54号

目次

第１章　総　則

（目的）

第１条　この条例は、東京都（以下「都」という。）における暴力団排除活動に関し、基本理念を定め、都及び都民等の責務を明らかにするとともに、暴力団排除活動を推進するための措置、暴力団排除活動に支障を及ぼすおそれのある行為に対する規制等を定め、もって都民の安全で平穏な生活を確保し、及び事業活動の健全な発展に寄与することを目的とする。

（定義）

第２条　この条例において、次の各号に掲げる用語の意義は、それぞれ当該各号に定めるところによる。

一　暴力的不法行為等　暴力団員による不当な行為の防止等に関する法律（平成３年法律第77号。以下「法」という。）第２条第１号に規定する暴力的不法行為等をいう。

二　暴力団　法第２条第２号に規定する暴力団をいう。

三　暴力団員　法第２条第６号に規定する暴力団員をいう。

四　暴力団関係者　暴力団員又は暴力団若しくは暴力団員と密接な関係を有する者をいう。

五　規制対象者　次のいずれかに該当する者をいう。

イ　暴力団員

ロ　法第11条の規定による命令を受けた者であって、当該命令を受けた日から起算して３年を経過しないもの（イに該当する者を除く。）

ハ　法第12条又は第12条の６の規定による命令を受けた者であって、当該命令

を受けた日から起算して3年を経過しないもの

ニ　法第12条の4第2項の規定による指示を受けた者であって、当該指示を受けた日から起算して3年を経過しないもの

ホ　暴力団員との間で、その所属する暴力団の威力を示すことが容認されることの対償として、金品その他の財産上の利益を供与すること（以下「利益供与」という。）を合意している者

ヘ　一の暴力団の威力を示すことを常習とする者で、当該暴力団の暴力団員が行った暴力的不法行為等若しくは法第8章に規定する罪に当たる違法な行為に共犯として加功し、又は暴力的不法行為等に係る罪のうち譲渡し若しくは譲受け若しくはこれらに類する形態の罪として東京都公安委員会規則（以下「公安委員会規則」という。）で定めるものに当たる違法な行為で当該暴力団の暴力団員を相手方とするものを行い刑に処せられたものであって、その執行を終わり、又は執行を受けることがなくなった日から起算して5年を経過しないもの

ト　一の暴力団の威力を示すことを常習とする者であって、当該暴力団の暴力団員がその代表者であり若しくはその運営を支配する法人その他の団体の役員若しくは使用人その他の従業者若しくは幹部その他の構成員又は当該暴力団の暴力団員の使用人その他の従業者

チ　第29条第1項第2号の規定により公表をされ、当該公表をされた日から起算して1年を経過しない者

六　都民等　都民及び事業者をいう。

七　事業者　事業（その準備行為を含む。以下同じ。）を行う法人その他の団体又は事業を行う場合における個人をいう。

八　青少年　18歳未満の者をいう。

九　暴力団事務所　暴力団の活動の拠点となっている施設又は施設の区画された部分をいう。

十　暴力団排除活動　次条に規定する基本理念に基づき、暴力団員による不当な行為を防止し、及びこれにより都民の生活又は都の区域内の事業活動に生じた不当な影響を排除するための活動をいう。

（基本理念）

第3条　暴力団排除活動は、暴力団が都民の生活及び都の区域内の事業活動に不当な影響を与える存在であるとの認識の下、暴力団と交際しないこと、暴力団を恐れないこと、暴力団に資金を提供しないこと及び暴力団を利用しないことを基本として、都、特別区及び市町村（以下「区市町村」という。）並びに都民等の連携及び協力により推進するものとする。

（適用上の注意）

第4条　この条例の適用に当たっては、都民等の権利を不当に侵害しないように留

意しなければならない。

第２章　暴力団排除活動の推進に関する基本的施策等

（都の責務）

第５条　都は、都民等の協力を得るとともに、法第32条の２第１項の規定により東京都公安委員会（以下「公安委員会」という。）から東京都暴力追放運動推進センターとして指定を受けた公益財団法人暴力団追放運動推進都民センター（以下「暴追都民センター」という。）その他の暴力団排除活動の推進を目的とする機関又は団体（以下「暴追都民センター等」という。）との連携を図りながら、暴力団排除活動に関する施策を総合的に推進するものとする。

（都の行政対象暴力に対する対応方針の策定等）

第６条　都は、法第９条第15号から第20号までに掲げる行為その他の行政対象暴力（暴力団関係者が、不正な利益を得る目的で、地方公共団体等の行政機関又はその職員を対象として行う違法又は不当な行為をいう。）を防止し、都の職員の安全及び公務の適正かつ円滑な執行を確保するため、具体的な対応方針を定めることその他の必要な措置を講ずるものとする。

（都の事務事業に係る暴力団排除措置）

第７条　都は、公共工事その他の都の事務又は事業により、暴力団の活動を助長し、又は暴力団の運営に資することとならないよう、都が締結する売買、貸借、請負その他の契約（以下「都の契約」という。）及び公共工事における都の契約の相手方と下請負人との契約等都の事務又は事業の実施のために必要な都の契約に関連する契約（以下この条において「関連契約」という。）に関し、当該都の契約の相手方、代理又は媒介をする者その他の関係者が暴力団関係者でないことを確認するなど、暴力団関係者の関与を防止するために必要な措置を講ずるものとする。

２　都は、都の契約を書面により締結する場合には、次に掲げる内容の特約を契約書その他の書面に定めるものとする。

一　当該都の契約の相手方又は代理若しくは媒介をする者が暴力団関係者であることが判明した場合には、都は催告することなく当該都の契約を解除することができること。

二　関連契約の当事者又は代理若しくは媒介をする者が暴力団関係者であることが判明した場合には、都は当該都の契約の相手方に対し、当該関連契約の解除その他の必要な措置を講ずるよう求めることができること。

三　前号の規定により必要な措置を講ずるよう求めたにもかかわらず、当該都の契約の相手方が正当な理由なくこれを拒否した場合には、都は当該相手方を都の契約に関与させないことができること。

３　都は、前項第１号に掲げる内容の特約を定めた都の契約の相手方又は代理若しくは媒介をする者が暴力団関係者であることが判明した場合には、当該都の契約を解除するよう努めるとともに、当該相手方を都の契約に関与させないよう努めるものとする。

4　都は、第2項第2号及び第3号に掲げる内容の特約を定めた都の契約に係る関連契約の当事者又は代理若しくは媒介をする者が暴力団関係者であることが判明した場合には、当該都の契約の相手方に対し、当該関連契約の解除その他の必要な措置を講ずるよう求めるとともに、当該相手方が正当な理由なくこれを拒否したときは、当該相手方を都の契約に関与させないよう努めるものとする。

5　都は、前2項に規定する措置を講じた場合には、当該措置の理由、期間等を公表するとともに、国及び区市町村に対して通知するものとする。

（広報及び啓発）

第8条　都は、都民等が暴力団排除活動の重要性について理解を深めることにより暴力団排除活動の気運が醸成されるよう、暴追都民センター等と連携し、広報及び啓発を行うものとする。

（都民等に対する支援）

第9条　都は、都民等が暴力団排除活動に自主的に、かつ、相互に連携して取り組むことができるよう、暴追都民センター等と連携し、都民等に対し、情報の提供、助言その他の必要な支援を行うものとする。

（青少年の教育等に対する支援）

第10条　都は、青少年の教育又は育成に携わる者が第16条に規定する措置を円滑に講ずることができるよう、暴追都民センター等と連携し、職員の派遣、情報の提供、助言その他の必要な支援を行うものとする。

（区市町村との協力）

第11条　都は、区市町村が、暴力団排除活動のための施策を円滑に講ずることができるよう、情報の提供、助言その他の必要な協力を行うものとする。

（暴力団からの離脱促進）

第12条　都は、暴力団員の暴力団からの離脱を促進するため、暴追都民センター等と連携し、情報の提供、指導、助言その他の必要な措置を講ずるよう努めるものとする。

（請求の援助）

第13条　公安委員会は、暴力団事務所の使用の差止めの請求、暴力団員の犯罪行為により被害を受けた者の当該暴力団員に対する損害賠償請求その他の暴力団員に対する請求であって暴力団排除活動に資すると認められるものをし、又はしようとする者に対し、当該請求に関し、暴追都民センターと連携して、情報の提供その他の必要な援助を行うよう努めるものとする。

（保護措置）

第14条　警視総監は、暴力団排除活動に取り組んだこと等により暴力団又は暴力団員から危害を受けるおそれがあると認められる者（以下「保護対象者」という。）に対し、警察官による警戒活動その他の保護対象者の安全で平穏な生活を確保するために必要な措置を講ずるものとする。

第３章　都民等の役割

（都民等の責務）

第15条　都民等は、第３条に規定する基本理念に基づき、次に掲げる行為を行うよう努めるものとする。

一　暴力団排除活動に資すると認められる情報を知った場合には、都又は暴追都民センター等に当該情報を提供すること。

二　都が実施する暴力団排除活動に関する施策に参画又は協力すること。

三　暴力団排除活動に自主的に、かつ、相互に連携して取り組むこと。

（青少年に対する措置）

第16条　青少年の教育又は育成に携わる者は、青少年が、暴力団が都民の生活等に不当な影響を与える存在であることを認識し、暴力団に加入せず、及び暴力団員による犯罪の被害を受けないよう、青少年に対し、指導、助言その他の必要な措置を講ずるよう努めるものとする。

（祭礼等における措置）

第17条　祭礼、花火大会、興行その他の公共の場所に不特定又は多数の者が特定の目的のために一時的に集合する行事（第21条第４号において「祭礼等行事」という。）の主催者又はその運営に携わる者は、当該行事により暴力団の活動を助長し、又は暴力団の運営に資することとならないよう、当該行事の運営に暴力団又は暴力団員を関与させないなど、必要な措置を講ずるよう努めるものとする。

（事業者の契約時における措置）

第18条　事業者は、その行う事業に係る契約が暴力団の活動を助長し、又は暴力団の運営に資することとなる疑いがあると認める場合には、当該事業に係る契約の相手方、代理又は媒介をする者その他の関係者が暴力団関係者でないことを確認するよう努めるものとする。

２　事業者は、その行う事業に係る契約を書面により締結する場合には、次に掲げる内容の特約を契約書その他の書面に定めるよう努めるものとする。

一　当該事業に係る契約の相手方又は代理若しくは媒介をする者が暴力団関係者であることが判明した場合には、当該事業者は催告することなく当該事業に係る契約を解除することができること。

二　工事における事業に係る契約の相手方と下請負人との契約等当該事業に係る契約に関連する契約（以下この条において「関連契約」という。）の当事者又は代理若しくは媒介をする者が暴力団関係者であることが判明した場合には、当該事業者は当該事業に係る契約の相手方に対し、当該関連契約の解除その他の必要な措置を講ずるよう求めることができること。

三　前号の規定により必要な措置を講ずるよう求めたにもかかわらず、当該事業に係る契約の相手方が正当な理由なくこれを拒否した場合には、当該事業者は当該事業に係る契約を解除することができること。

（不動産の譲渡等における措置）

第19条　都内に所在する不動産（以下「不動産」という。）の譲渡又は貸付け（地上権の設定を含む。以下「譲渡等」という。）をする者は、当該譲渡等に係る契約を締結するに当たり、当該契約の相手方に対し、当該不動産を暴力団事務所の用に供するものでないことを確認するよう努めるものとする。

2　不動産の譲渡等をする者は、当該譲渡等に係る契約を書面により締結する場合には、次に掲げる内容の特約を契約書その他の書面に定めるよう努めるものとする。

一　当該不動産を暴力団事務所の用に供し、又は第三者をして暴力団事務所の用に供させてはならないこと。

二　当該不動産が暴力団事務所の用に供されていることが判明した場合には、当該不動産の譲渡等をした者は、催告することなく当該不動産の譲渡等に係る契約を解除し、又は当該不動産の買戻しをすることができること。

（不動産の譲渡等の代理又は媒介における措置）

第20条　不動産の譲渡等の代理又は媒介をする者は、自己が譲渡等の代理又は媒介をする不動産が暴力団事務所の用に供されることとなることの情を知って、当該不動産の譲渡等に係る代理又は媒介をしないよう努めるものとする。

2　不動産の譲渡等の代理又は媒介をする者は、当該譲渡等をする者に対し、前条の規定の遵守に関し助言その他の必要な措置を講ずるよう努めるものとする。

第４章　禁止措置

（妨害行為の禁止）

第21条　何人も、次の各号のいずれかに該当する行為を、当該行為を行い、若しくは行おうとする者（当該行為に係る事務を行う者を含む。以下この条において「行為者」という。）又はその配偶者、直系若しくは同居の親族その他当該行為者と社会生活において密接な関係を有する者（以下「行為者等」という。）を威迫し、行為者等につきまとい、その他行為者等に不安を覚えさせるような方法で、妨害してはならない。

一　暴力団から離脱する意思を有する者又は離脱した者に対し、その離脱を援助するため、雇用機会を提供し、就労をあっせんし、又は住居若しくは資金の提供を行う行為

二　都民等が所有し、占有し、又は管理する施設のうち、不特定又は多数の者の利用に供するものであって、暴力団員による利用を制限しているものについて、暴力団員による利用を拒絶する行為

三　青少年が暴力団に加入すること又は青少年が暴力団員による犯罪の被害を受けることを防止するために指導、助言その他の必要な措置を行う行為
四　祭礼等行事について、暴力団又は暴力団員が当該行事の運営に関与すること又は当該行事に参加することを拒絶する行為
五　事業者が、その事業に係る契約において定められた第18条第２項各号に掲げる内容の特約により、当該事業に係る契約を解除し、又は当該契約の相手方に対して必要な措置を講ずるよう求める行為
六　不動産の譲渡等をした者が、当該譲渡等に係る契約において定められた第19条第２項第２号に掲げる内容の特約により、当該不動産の譲渡等に係る契約を解除し、又は当該不動産を買い戻す行為
七　不動産の譲渡等の代理又は媒介をする者が、当該不動産が暴力団事務所の用に供されることとなることの情を知った場合において、当該不動産の譲渡等の代理又は媒介をすることを拒絶する行為
八　第24条第１項又は第３項の規定により禁止されている利益供与を拒絶する行為
九　第25条第２項の規定により禁止されている自己の名義を利用させることを拒絶する行為

（暴力団事務所の開設及び運営の禁止）

第22条　暴力団事務所は、次に掲げる施設の敷地（これらの用に供せられるものと決定した土地を含む。）の周囲200メートルの区域内において、これを開設し、又は運営してはならない。
一　学校教育法（昭和22年法律第26号）第１条に規定する学校（大学を除く。）又は同法第124条に規定する専修学校（高等課程を置くものに限る。）
二　裁判所法（昭和22年法律第59号）第２条第１項に規定する家庭裁判所
三　児童福祉法（昭和22年法律第164号）第７条第１項に規定する児童福祉施設若しくは同法第12条第１項に規定する児童相談所又は東京都安全・安心まちづくり条例（平成15年東京都条例第114号）第19条の規定に基づき同法第７条に規定する児童福祉施設に類する施設として東京都規則で定めるもの
四　少年院法（昭和23年法律第169号）第１条に規定する少年院又は同法第16条に規定する少年鑑別所
五　社会教育法（昭和24年法律第207号）第20条に規定する公民館
六　図書館法（昭和25年法律第118号）第２条第１項に規定する図書館
七　博物館法（昭和26年法律第285号）第２条第１項に規定する博物館
八　更生保護法（平成19年法律第88号）第29条に規定する保護観察所
九　前各号に掲げるもののほか、特にその周辺における青少年の健全な育成を図るための良好な環境を保全する必要がある施設として公安委員会規則で定めるもの

2　前項の規定は、同項の規定の施行又は適用の際に、現に運営されている暴力団事務所については、適用しない。ただし、一の暴力団のものとして運営されていた暴力団事務所が、他の暴力団のものとして開設され、又は運営される場合には、この限りでない。

（青少年を暴力団事務所へ立ち入らせることの禁止）

第23条　暴力団員は、正当な理由なく、青少年を自己が活動の拠点とする暴力団事務所に立ち入らせてはならない。

（事業者の規制対象者等に対する利益供与の禁止等）

第24条　事業者は、その行う事業に関し、規制対象者が次の各号のいずれかに該当する行為を行うこと又は行ったことの対償として、当該規制対象者又は当該規制対象者が指定した者に対して、利益供与をしてはならない。

一　暴力的不法行為等

二　当該規制対象者が暴力団員である場合において、当該規制対象者の所属する暴力団の威力を示して行う法第９条各号に掲げる行為

三　暴力団員が当該暴力団員の所属する暴力団の威力を示して行う法第９条各号に掲げる行為を行っている現場に立ち会い、当該行為を助ける行為

2　規制対象者は、事業者が前項の規定に違反することとなることの情を知って、当該事業者から利益供与を受け、又は当該事業者に当該規制対象者が指定した者に対する利益供与をさせてはならない。

3　事業者は、第１項に定めるもののほか、その行う事業に関し、暴力団の活動を助長し、又は暴力団の運営に資することとなることの情を知って、規制対象者又は規制対象者が指定した者に対して、利益供与をしてはならない。ただし、法令上の義務又は情を知らないでした契約に係る債務の履行としてする場合その他正当な理由がある場合には、この限りでない。

4　規制対象者は、事業者が前項の規定に違反することとなることの情を知って、当該事業者から利益供与を受け、又は当該事業者に当該規制対象者が指定した者に対する利益供与をさせてはならない。

（他人の名義利用の禁止等）

第25条　暴力団員は、自らが暴力団員である事実を隠蔽する目的で、他人の名義を利用してはならない。

2　何人も、暴力団員が前項の規定に違反することとなることの情を知って、暴力団員に対し、自己の名義を利用させてはならない。

第５章　違反者に対する措置等

（報告及び立入り）

第26条　公安委員会は、この条例の施行に必要があると認める場合には、この条例の施行に必要な限度において、事業者、規制対象者その他の関係者に対し、報告

若しくは資料の提出を求め、又は警察職員に事業所、暴力団事務所その他の施設に立ち入り、帳簿、書類その他の物件を検査させ、若しくは関係者に質問させることができる。

2　前項の規定による立入検査をする警察職員は、その身分を示す証明書を携帯し、関係者に提示しなければならない。

3　第１項の規定による立入検査の権限は、犯罪捜査のために認められたものと解してはならない。

（勧告）

第27条　公安委員会は、第24条又は第25条の規定に違反する行為があると認める場合には、当該行為を行った者に対し、第24条又は第25条の規定に違反する行為が行われることを防止するために必要な措置をとるよう勧告をすることができる。

（適用除外）

第28条　第24条第３項又は第25条第２項の規定に違反する行為を行った者が、前条の規定により公安委員会が勧告を行う前に、公安委員会に対し、当該行為に係る事実の報告又は資料の提出を行い、かつ、将来にわたってそれぞれ違反する行為の態様に応じて第24条第３項又は第25条第２項の規定に違反する行為を行わない旨の書面を提出した場合には、前条の規定を適用しない。

（公表）

第29条　公安委員会は、次の各号のいずれかに該当する場合には、その旨を公表することができる。

一　第23条の規定に違反する行為を行った者が、次条第３項又は第４項の規定による命令を受けた場合

二　第24条第１項又は第２項の規定に違反した事実に基づき第27条の規定による勧告を受けた者が、当該勧告を受けた日から起算して１年以内に、正当な理由なく、再び第24条第１項又は第２項の規定に違反する行為を行った場合

三　第24条第１項又は第２項の規定に違反した事実に基づき第27条の規定による勧告を受けた者が、当該勧告を受けた日から起算して１年以内に、正当な理由なく、第24条第３項の規定に違反して、相当の対償のない利益供与その他の不当に優先的な利益供与をした場合、又は同条第４項の規定に違反して、相当の対償のない利益供与その他の不当に優先的な利益供与を受け、若しくはさせた場合

四　第24条第３項又は第４項の規定に違反した事実に基づき第27条の規定による勧告を受けた者が、当該勧告を受けた日から起算して１年以内に、正当な理由なく、第24条第１項又は第２項の規定に違反する行為を行った場合

五　第24条第３項又は第４項の規定に違反した事実に基づき第27条の規定による勧告を受けた者が、当該勧告を受けた日から起算して１年以内に、正当な理由なく、第24条第３項の規定に違反して、相当の対償のない利益供与その他の不

当に優先的な利益供与をした場合、又は同条第４項の規定に違反して、相当の対償のない利益供与その他の不当に優先的な利益供与を受け、若しくはさせた場合

六　第25条の規定に違反した事実に基づき第27条の規定による勧告を受けた者が、当該勧告を受けた日から起算して１年以内に、正当な理由なく、再び第25条の規定に違反する行為を行った場合

七　第26条第１項の規定により、報告若しくは資料の提出を求められ、又は立入りを受けた者が、同項の報告をせず、若しくは資料を提出せず、若しくは同項の報告若しくは資料の提出について虚偽の報告をし、若しくは虚偽の資料を提出し、又は同項の立入検査を拒み、妨げ、若しくは忌避した場合

八　前条の規定による事実の報告又は資料の提出を行い、かつ、将来にわたって第24条第３項又は第25条第２項の規定に違反する行為を行わない旨の書面を提出した者が、前条の報告若しくは資料の提出について虚偽の報告をし、若しくは虚偽の資料を提出し、又はそれぞれ提出した当該書面の内容に反して再び第24条第３項若しくは第25条第２項の規定に違反する行為を行った場合

2　公安委員会は、前項の規定による公表をする場合には、青少年の氏名、住居、容貌等が推知されることのないよう必要な配慮をしなければならない。

3　公安委員会は、第１項の規定による公表をする場合には、当該公表に係る者に対し、意見を述べる機会を与えなければならない。

（命令）

第30条　公安委員会は、第21条の規定に違反する行為を行っている者に対し、当該行為を中止することを命じ、又は当該行為が中止されることを確保するために必要な事項を命ずることができる。

2　公安委員会は、第21条の規定に違反する行為を行った者が、行為者等の生命、身体又は財産に危害を加える方法で同条の規定に違反する行為を行うおそれがあると認める場合には、当該行為を行った者に対し、１年を超えない範囲内で期間を定めて、同条の規定に違反する行為を防止するために必要な事項を命ずることができる。

3　公安委員会は、第23条の規定に違反する行為を行っている者に対し、当該行為を中止することを命じ、又は当該行為が中止されることを確保するために必要な事項を命ずることができる。

4　公安委員会は、第23条の規定に違反する行為を行った者が、更に同条の規定に違反する行為を行うおそれがあると認める場合には、当該行為を行った者に対し、１年を超えない範囲内で期間を定めて、同条の規定に違反する行為を防止するために必要な事項を命ずることができる。

5　公安委員会は、前条第１項第２号の規定による公表に係る者が、当該公表の日から起算して１年以内に、更に第24条第１項又は第２項の規定に違反する行為を

行った場合には、当該行為を行った者に対し、1年を超えない範囲内で期間を定めて、同条第1項又は第2項の規定に違反する行為を防止するために必要な事項を命ずることができる。

第6章　雑　　則

（委任）

第31条　この条例に定めるもののほか、この条例の施行に関し必要な事項は、公安委員会規則で定める。

（公安委員会の事務の委任）

第32条　公安委員会は、第30条第1項又は第3項の規定による命令を警察署長に行わせることができる。

第7章　罰　　則

（罰則）

第33条　次の各号のいずれかに該当する者は、1年以下の懲役又は50万円以下の罰金に処する。

一　第22条第1項の規定に違反して暴力団事務所を開設し、又は運営した者

二　第30条第1項、第2項又は第5項の規定による命令に違反した者

2　第30条第3項又は第4項の規定による命令に違反した者は、6月以下の懲役又は50万円以下の罰金に処する。

（両罰規定）

第34条　法人（法人でない団体で代表者又は管理人の定めのあるものを含む。以下この項において同じ。）の代表者若しくは管理人又は法人若しくは人の代理人、使用人その他の従業者が、その法人又は人の業務に関し、前条の違反行為を行った場合には、行為者を罰するほか、その法人又は人に対しても、同条の罰金刑を科する。

2　法人でない団体について前項の規定の適用がある場合には、その代表者又は管理人がその訴訟行為について法人でない団体を代表するほか、法人を被告人又は被疑者とする場合の刑事訴訟に関する法律の規定を準用する。

附　則

（施行期日）

第1条　この条例は、平成23年10月1日から施行する。

（検討）

第2条　この条例の施行後5年以内に、この条例の施行の状況について検討を加え、必要があると認める場合には、その結果に基づいて所要の措置を講ずるものとする。

［資料No.６］

お客さま各位

○○銀行

当行は、政府が作成した「企業が反社会的勢力による被害を防止する為の指針」（政府指針）を踏まえ、普通預金規定や貸金庫規定等に暴力団排除条項を導入し、口座の開設時など各種取引のお申込の際に、お客さまが反社会的勢力でないことを確認させていただきます。

政府指針などの主旨を踏まえ、反社会的勢力との関係遮断のための取組を積極的に推進してまいりますので、お客さまにはこの取組の主旨をご理解いただき、ご協力くださいますようお願い申し上げます。

反社会的勢力ではないことの表明・確約に関する同意

私（本取引の名義人〈取引名義人が法人の場合は、当該法人の役員等を含む。以下同じ〉）は、次の１．の各号のいずれかに該当し、もしくは２．の各号のいずれかに該当する行為をし、または１．に基づく表明・確約に関して虚偽の申告をしたことが判明した場合には、この取引が停止され、または通知によりこの取引が解約されても異議を申しません。また、これにより損害が生じた場合でも、いっさい私の責任といたします。

１．○○銀行との取引に際し、現在次の各号のいずれにも該当しないことを表明し、かつ将来にわたっても該当しないことを確約いたします。

⑴　暴力団

⑵　暴力団員

⑶　暴力団準構成員

⑷　暴力団関係企業

⑸　総会屋（特殊株主）、会社ゴロ（事件屋・整理屋）等

⑹　社会運動標ぼうゴロ等（えせ右翼、えせ同和、政治団体・非営利活動法人を装った先等）

⑺　特殊知能暴力集団等（仕手筋・ヤミ金融・振り込め詐欺グループ等）

⑻　その他前各号に準ずる者

２．自らまたは第三者を利用して次の各号に該当する行為を行わないことを確約いたします。

⑴　暴力的な要求行為

⑵　法的な責任を超えた不当な要求行為

⑶　取引に関して、脅迫的な言動をし、または暴力を用いる行為

⑷　風説を流布し、偽計を用いまたは威力を用いて貴金庫の信用を毀損し、または貴金庫の業務を妨害する行為
⑸　その他前各号に準ずる行為

私（本取引の名義人）または当社（当社の役員等を含む）は、銀行が呈示した「反社会的勢力ではないことの表明・確約に関する同意」記載の内容に同意し、本取引を申し込みます

平成　　年　　月　　日
住　所
氏　名　　　　　　　　　印

［資料No. 7］

「CRIN」で交換される個人情報

CRIN（クリン）とは、銀行・消費者金融会社・クレジット会社の業界ごとにある個人信用情報機関が実施している信用情報（現在は延滞などの事故情報に限定）の相互交流システムです。各情報機関が保有している情報は次のとおりです。

全国銀行個人信用情報センター	本人識別情報	氏名、生年月日、性別、住所、電話番号、勤務先　等
	取引情報	ローンやクレジットカード等の借入金額、借入日、最終返済日等の契約の内容およびその返済状況（延滞、代位弁済、強制回収手続、解約、完済等の事実を含む）
	照会記録情報	センターの会員がセンターを利用した日およびローンやクレジットカード等の契約またはその申込みの内容　等
	本人申告情報	本人確認資料の紛失・盗難、本人から申告された同姓同名別人の情報
	その他	不渡情報、官報情報、苦情受付コード
株式会社日本信用情報機構	本人識別情報	氏名・生年月日・住所・電話番号・勤務先・勤務先電話番号　等
	契約内容に関する情報	取引形態、借入日、借入額、入金日、残高、入金予定日、完済日　等
	事故情報	延滞発生日・解消日、債権回収、破産申立て、強制解約、債務に関する整理行為情報、保証契約代弁情報　等
	その他	会員各社が当社に照会した日付などの情報、他社へ債権を譲渡した情報　等
株式会社シー・アイ・シー	本人識別情報	氏名、生年月日、性別、住所、電話番号、勤務先、公的資料番号　等
	契約内容に関する情報	契約管理区分（クレジットカード、個品割賦購入あっせん、保証等）、契約額、契約年月日、割賦残債額、商品名、支払回数、契約額、契約終了予定日　等
	事故情報	異動情報（延滞・保証履行・破産）の有無、異動発生年月日、延滞解消日　等
	その他	CICの利用日、利用目的、利用会社名　等

（注）　表の内容は、各個人信用情報機関のホームページから引用しています。

［資料No. 8］

中小企業者等に対する金融の円滑化を図るための臨時措置に関する法律

平成21年12月3日法律第96号

本　則

（目的）

第1条　この法律は、最近の経済金融情勢及び雇用環境の下における我が国の中小企業者及び住宅資金借入者の債務の負担の状況にかんがみ、金融機関の業務の健全かつ適切な運営の確保に配意しつつ、中小企業者及び住宅資金借入者に対する金融の円滑化を図るために必要な臨時の措置を定めることにより、中小企業者の事業活動の円滑な遂行及びこれを通じた雇用の安定並びに住宅資金借入者の生活の安定を期し、もって国民生活の安定向上と国民経済の健全な発展に寄与することを目的とする。

（定義）

第2条　この法律において「金融機関」とは、次に掲げる者（この法律の施行地外に本店を有するものを除く。）をいう。

一　銀行

二　信用金庫

三　信用協同組合

四　労働金庫

五　信用金庫連合会

六　中小企業等協同組合法（昭和24年法律第181号）第9条の9第1項第1号及び第2号の事業を行う協同組合連合会

七　労働金庫連合会

八　農業協同組合法（昭和22年法律第132号）第10条第1項第2号及び第3号の事業を行う農業協同組合

九　農業協同組合法第10条第1項第2号及び第3号の事業を行う農業協同組合連合会

十　水産業協同組合法（昭和23年法律第242号）第11条第1項第3号及び第4号の事業を行う漁業協同組合

十一　水産業協同組合法第87条第1項第3号及び第4号の事業を行う漁業協同組合連合会

十二　水産業協同組合法第93条第1項第1号及び第2号の事業を行う水産加工業協同組合

十三　水産業協同組合法第97条第1項第1号及び第2号の事業を行う水産加工業協同組合連合会

十四　農林中央金庫

2　この法律（第４条を除く。）において「中小企業者」とは、次に掲げる者をいう。

一　資本金の額又は出資の総額が３億円（小売業又はサービス業を主たる事業とする事業者については5000万円、卸売業を主たる事業とする事業者については１億円）以下の会社並びに常時使用する従業員の数が300人（小売業を主たる事業とする事業者については50人、卸売業又はサービス業を主たる事業とする事業者については100人）以下の会社及び個人であって、一般事業（金融業その他の政令で定める業種に属する事業以外の事業をいう。以下この項において同じ。）を行うもの

二　中小企業等協同組合、農業協同組合、農業協同組合連合会、水産業協同組合、森林組合、生産森林組合、森林組合連合会、消費生活協同組合及び消費生活協同組合連合会であって、一般事業を行うもの又はその構成員の３分の２以上が一般事業を行う者であるもの

三　協業組合であって、一般事業を行うもの

四　医業を主たる事業とする法人であって、常時使用する従業員の数が300人以下のもの（前３号に掲げるものを除く。）

五　商工組合及び商工組合連合会であって、一般事業を行うもの又はその構成員が一般事業を行う者であるもの

六　商店街振興組合及び商店街振興組合連合会であって、一般事業を行うもの又はその構成員の３分の２以上が一般事業を行う者であるもの

七　生活衛生同業組合、生活衛生同業小組合及び生活衛生同業組合連合会であって、その直接又は間接の構成員の３分の２以上が5000万円（卸売業を主たる事業とする事業者については、１億円）以下の金額をその資本金の額若しくは出資の総額とする法人又は常時50人（卸売業又はサービス業を主たる事業とする事業者については、100人）以下の従業員を使用する者であるもののうち、一般事業を行うもの又はその構成員が一般事業を行う者であるもの

八　酒造組合、酒造組合連合会及び酒造組合中央会であって、その直接又は間接の構成員たる酒類製造業者の３分の２以上が３億円以下の金額をその資本金の額若しくは出資の総額とする法人又は常時300人以下の従業員を使用する者であるもの並びに酒販組合、酒販組合連合会及び酒販組合中央会であって、その直接又は間接の構成員たる酒類販売業者の３分の２以上が5000万円（酒類卸売業者については、１億円）以下の金額をその資本金の額若しくは出資の総額とする法人又は常時50人（酒類卸売業者については、100人）以下の従業員を使用する者であるもの

九　内航海運組合及び内航海運組合連合会であって、その直接又は間接の構成員たる内航海運事業を営む者の３分の２以上が３億円以下の金額をその資本金の

額若しくは出資の総額とする法人又は常時300人以下の従業員を使用する者であるもの

十　その行う事業の特性を勘案し前各号に掲げる者に準ずるものと認められる者として政令で定めるもの

3　この法律において「住宅資金借入者」とは、住宅資金（持家（自ら居住するため所有する住宅をいう。以下この項において同じ。）としての住宅の建設若しくは購入のための資金（当該住宅の用に供する宅地又はこれに係る借地権の取得のための資金を含む。）又は持家である住宅の改良のための資金をいう。第5条において同じ。）の貸付けを受けている者をいう。

（中小企業者に対する信用供与についての対応）

第3条　金融機関は、中小企業者に対する信用供与については、当該中小企業者の特性及びその事業の状況を勘案しつつ、できる限り、柔軟にこれを行うよう努めるものとする。

（中小企業者から債務の弁済に係る負担の軽減の申込みがあった場合等における対応）

第4条　金融機関は、当該金融機関に対して事業資金の貸付け（以下この条において単に「貸付け」という。）に係る債務を有する中小企業者（第2条第2項に規定する中小企業者であって、次の各号のいずれにも該当しないものをいう。以下この条において同じ。）であって、当該債務の弁済に支障を生じており、又は生ずるおそれがあるものから当該債務の弁済に係る負担の軽減の申込みがあった場合には、当該中小企業者の事業についての改善又は再生の可能性その他の状況を勘案しつつ、できる限り、当該貸付けの条件の変更、旧債の借換え、当該中小企業者の株式の取得であって当該債務を消滅させるためにするものその他の当該債務の弁済に係る負担の軽減に資する措置をとるよう努めるものとする。

一　第2条第1項第3号、第6号及び第8号から第13号までに掲げる金融機関

二　金融機関の子会社（金融機関がその総株主等の議決権（総株主又は総出資者の議決権をいう。第4号において同じ。）の過半数を保有する会社をいう。）、銀行の親会社（銀行の総株主の議決権の過半数を保有する会社をいう。）その他の金融機関と政令で定める特殊の関係のある者

三　大会社（会社法（平成17年法律第86号）第2条第6号に規定する大会社をいう。次号において同じ。）

四　大会社の子会社（会社がその総株主等の議決権の過半数を保有する他の会社をいう。）その他の大会社と政令で定める特殊の関係のある者

2　金融機関は、中小企業者から特定認証紛争解決手続（産業活力の再生及び産業活動の革新に関する特別措置法（平成11年法律第131号）第2条第26項に規定する特定認証紛争解決手続をいう。以下この項において同じ。）の実施の依頼を受けた特定認証紛争解決事業者（同条第25項に規定する特定認証紛争解決事業者を

いう。）より当該特定認証紛争解決手続の実施を依頼するか否かの確認があった場合には、当該中小企業者の事業についての改善又は再生の可能性その他の状況を勘案しつつ、できる限り、当該特定認証紛争解決手続の実施の依頼をするよう努めるものとする。

3　金融機関は、中小企業者であって株式会社企業再生支援機構法（平成21年法律第63号）第26条第１項に規定する対象事業者であるもの（以下この項において「対象事業者」という。）に対して有する債権について、株式会社企業再生支援機構から同条第１項の規定により同項に規定する買取申込み等の求めがあった場合には、当該対象事業者の事業についての改善又は再生の可能性その他の状況を勘案しつつ、できる限り、これに応ずるよう努めるものとする。

4　金融機関は、前３項の場合において、次に掲げる者がいるときは、その者との緊密な連携を図るよう努めるものとする。

一　第１項に規定する申込み、第２項に規定する確認又は前項に規定する求め（次号及び第３号において「申込み等」と総称する。）に係る中小企業者に対して貸付けに係る債権を有する他の金融機関、株式会社日本政策金融公庫その他これらに類する者として主務省令で定めるもの

二　申込み等に係る中小企業者が当該金融機関に対して有する貸付けに係る債務の保証をしている信用保証協会その他これに類する者として主務省令で定めるもの

三　申込み等に係る中小企業者に関する中小企業再生支援業務（産業活力の再生及び産業活動の革新に関する特別措置法第41条第１項に規定する中小企業再生支援業務をいう。）を行っている認定支援機関（同条第２項に規定する認定支援機関をいう。）

（住宅資金借入者から債務の弁済に係る負担の軽減の申込みがあった場合における対応）

第５条　金融機関は、当該金融機関に対して住宅資金の貸付けに係る債務を有する住宅資金借入者であって、当該債務の弁済に支障を生じており、又は生ずるおそれがあるものから当該債務の弁済に係る負担の軽減の申込みがあった場合には、当該住宅資金借入者の財産及び収入の状況を勘案しつつ、できる限り、当該貸付けの条件の変更、旧債の借換えその他の当該債務の弁済に係る負担の軽減に資する措置をとるよう努めるものとする。

2　金融機関は、前項の場合において、同項に規定する申込みをした住宅資金借入者に対して住宅資金の貸付けに係る債権を有する他の金融機関、独立行政法人住宅金融支援機構その他これらに類する者として主務省令で定めるものがいるときは、その者との緊密な連携を図るよう努めるものとする。

（対応措置の実施に関する方針の策定等）

第６条　金融機関は、前２条の規定に基づく措置を円滑にとることができるよう、

主務省令で定めるところにより、当該措置の実施に関する方針の策定、当該措置の状況を適切に把握するための体制の整備その他の必要な措置を講じなければならない。

（対応措置等に関する説明書類の縦覧）

第7条　金融機関は、6月を超えない範囲内で主務省令で定める期間ごとに、主務省令で定めるところにより、次に掲げる事項を記載した説明書類を作成し、当該金融機関の営業所又は事務所（無人の営業所又は事務所その他の主務省令で定める営業所又は事務所を除く。第3項において同じ。）に備え置き、公衆の縦覧に供しなければならない。

一　第4条及び第5条の規定に基づいてとった措置の状況に関する事項として主務省令で定めるもの

二　前条の規定に基づいてとった措置の概要に関する事項として主務省令で定めるもの

三　その他主務省令で定める事項

2　前項に規定する説明書類は、電磁的記録（電子的方式、磁気的方式その他人の知覚によっては認識することができない方式で作られる記録であって、電子計算機による情報処理の用に供されるものとして主務省令で定めるものをいう。次項及び第17条第1号において同じ。）をもって作成することができる。

3　第1項に規定する説明書類が電磁的記録をもって作成されているときは、金融機関の営業所又は事務所において、当該電磁的記録に記録された情報を電磁的方法（電子情報処理組織を使用する方法その他の情報通信の技術を利用する方法であって主務省令で定めるものをいう。第17条第1号において同じ。）により不特定多数の者が提供を受けることができる状態におく措置として主務省令で定めるものをとることができる。この場合においては、同項に規定する説明書類を、同項の規定により備え置き、公衆の縦覧に供したものとみなす。

（行政庁への報告等）

第8条　金融機関は、6月を超えない範囲内で主務省令で定める期間ごとに、主務省令で定めるところにより、第4条から第6条までの規定に基づいてとった措置の詳細に関する事項として主務省令で定めるものを行政庁に報告しなければならない。

2　都道府県知事は、前項の報告を受けたときは、当該報告に係る事項を内閣総理大臣その他の政令で定める大臣に通知するものとする。

3　内閣総理大臣は、おおむね6月に1回、第1項の報告及び前項の通知を取りまとめ、その概要を公表するものとする。

（検査及び監督におけるこの法律の趣旨の尊重）

第9条　行政庁は、銀行法（昭和56年法律第59号）その他の政令で定める法律の規定による金融機関に対する検査及び監督の実施に当たり、中小企業者及び住宅資金借入者に対する金融の円滑化を図ることにより、中小企業者の事業活動の円滑な遂行及びこれを通じた雇用の安定並びに住宅資金借入者の生活の安定を期すとのこの法律の趣旨を十分に尊重するものとする。

（金融機関による対応措置の実施に係る政府の責務）

第10条　政府は、金融機関が業務の健全かつ適切な運営を確保しつつ、適切かつ円滑に第３条から第５条までの規定に基づく措置をとることができるよう、金融機能の強化のための特別措置に関する法律（平成16年法律第128号）の適切な運用その他の必要な措置を講ずるよう努めるものとする。

（信用補完事業の充実のための措置等）

第11条　政府は、中小企業者に対する金融機関の信用供与の円滑化を図るため、信用保証協会が行う中小企業者に関する信用補完事業の充実に係る財政上の措置を講ずるものとする。

2　政府は、信用保証協会における人的体制の整備その他中小企業者に関する信用補完事業の適切かつ円滑な実施のために必要な措置を講ずるよう努めるものとする。

（政令への委任）

第12条　この法律に規定するもののほか、この法律の実施のため必要な事項は、政令で定める。

（行政庁等）

第13条　この法律における行政庁は、次の各号に掲げる区分に応じ、当該各号に定める者とする。

一　第２条第１項第１号から第３号まで、第５号及び第６号に掲げる金融機関　内閣総理大臣

二　第２条第１項第４号及び第７号に掲げる金融機関　内閣総理大臣及び厚生労働大臣

三　第２条第１項第８号、第10号及び第12号に掲げる金融機関（都道府県の区域を超える区域を地区とするものに限る。）、同項第９号、第11号及び第13号に掲げる金融機関（都道府県の区域を超える区域又は都道府県の区域を地区とするものに限る。）並びに同項第14号に掲げる金融機関　内閣総理大臣及び農林水産大臣

四　第２条第１項第８号から第13号までに掲げる金融機関（前号に掲げるものを除く。）　都道府県知事

2　この法律における主務省令は、次の各号に掲げる区分に応じ、当該各号に定める命令とする。

一　第２条第１項第１号から第３号まで、第５号及び第６号に掲げる金融機関　内閣府令

二　第２条第１項第４号及び第７号に掲げる金融機関　内閣府令・厚生労働省令

三　第２条第１項第８号から第14号までに掲げる金融機関　内閣府令・農林水産省令

（権限の委任等）

第14条　内閣総理大臣は、この法律による権限を金融庁長官に委任する。

２　前項の規定により金融庁長官に委任された権限及びこの法律による農林水産大臣の権限の一部は、政令で定めるところにより、これを地方支分部局の長（金融庁長官に委任された権限にあっては、財務局長又は財務支局長）に委任することができる。

３　この法律による厚生労働大臣又は農林水産大臣の権限及び第１項の規定により金融庁長官に委任された権限に属する事務の一部は、政令で定めるところにより、都道府県知事が行うこととすることができる。

（報告の経由）

第15条　この法律の規定により金融庁長官及び厚生労働大臣に報告するもののうち政令で定めるものは、政令で定めるところにより、都道府県知事を経由して行わなければならない。

（事務の区分）

第16条　この法律（第14条第３項を除く。）の規定により都道府県が処理することとされている事務は、地方自治法（昭和22年法律第67号）第２条第９項第１号に規定する第一号法定受託事務とする。

（罰則）

第17条　次の各号のいずれかに該当する者は、１年以下の懲役又は300万円以下の罰金に処する。

一　第７条第１項の規定に違反して、同項に規定する説明書類を公衆の縦覧に供せず、若しくは同条第３項の規定に違反して、同項に規定する電磁的記録に記録された情報を電磁的方法により不特定多数の者が提供を受けることができる状態に置く措置として主務省令で定めるものをとらず、又はこれらの規定に違反して、同条第１項に規定する説明書類に記載すべき事項を記載せず、若しくは虚偽の記載をして、公衆の縦覧に供し、若しくは電磁的記録に記録すべき事項を記録せず、若しくは虚偽の記録をして、電磁的記録に記録された情報を電磁的方法により不特定多数の者が提供を受けることができる状態に置く措置をとった者

二　第８条第１項の規定による報告をせず、又は虚偽の報告をした者

第18条　法人の代表者又は法人の代理人、使用人その他の従業者が、その法人の業務に関し、前条の違反行為をしたときは、その行為者を罰するほか、その法人に対して２億円以下の罰金刑を科する。

附　則　抄

（施行期日）

第１条　この法律は、公布の日から起算して１月を超えない範囲内において政令で定める日から施行する。ただし、第６条から第８条まで及び第17条（第７条、第８条及び第17条にあっては、第６条の規定に基づく措置に係る部分に限る。）の規定は、公布の日から起算して３月を超えない範囲内において政令で定める日から施行する。

（この法律の失効）

第２条　この法律は、平成23年３月31日限り、その効力を失う。ただし、同日までに行われた第４条第１項に規定する申込み、同条第２項に規定する確認及び同条第３項に規定する求め並びに第５条第１項に規定する申込みに係る事案については、同日後もなおその効力を有する。

2　この法律の失効前にした行為に対する罰則の適用については、この法律は、前項の規定にかかわらず、同項に規定する日後も、なおその効力を有する。

3　前２項に規定するもののほか、この法律の失効に伴い必要な経過措置は、政令で定める。

［資料No. 9］

中小企業者等に対する金融の円滑化を図るための臨時措置に関する法律に基づく金融監督に関する指針

平成21年12月

Ⅰ　基本的考え方

Ⅰ－1　中小企業者等に対する金融の円滑化を図るための臨時措置に関する法律に基づく金融監督に関する基本的考え方

⑴　平成21年12月4日に施行された中小企業者等に対する金融の円滑化を図るための臨時措置に関する法律（平成21年法律第96号。以下「法」という。）は、最近の経済金融情勢及び雇用環境の下における我が国の中小企業者及び住宅資金借入者の債務の負担の状況にかんがみ、金融機関の業務の健全かつ適切な運営の確保に配意しつつ、中小企業者及び住宅資金借入者に対する金融の円滑化を図るために必要な臨時の措置を定めることにより、中小企業者の事業活動の円滑な遂行及びこれを通じた雇用の安定並びに住宅資金借入者の生活の安定を期し、もって国民生活の安定向上と国民経済の健全な発展に寄与することを目的としている（法第1条）。

⑵　また、法の施行に伴い、行政庁は、金融機関に対する監督の実施に当たり、法の趣旨を十分に尊重するものとされているところである（法第9条）。

⑶　金融監督当局としては、これまでも金融機関による円滑な金融仲介機能の発揮を重点分野の1つと捉え、金融機関の監督に当たってきたところであるが、法の実効性を高める観点から、本監督指針において、法に基づく監督事務に関し、その基本的考え方及び金融機関の監督上の評価項目を設けることとした。

⑷　金融機関においては、本監督指針を踏まえ、その業務の公共性及び社会的責任を自覚した上で、業務の健全かつ適切な運営の確保に配意しつつ、適切かつ積極的な金融仲介機能を十全に発揮し、中小企業者の事業活動の円滑な遂行及びこれを通じた雇用の安定並びに住宅資金借入者の生活の安定に資することが期待されている。

Ⅰ－2　監督指針の位置付け

監督部局は、法の適用に当たっては本監督指針に基づき金融機関の監督事務を実施するものとする。なお、本監督指針の運用に当たっては、各金融機関の規模、特性その他の個別の状況等を十分に踏まえ、機械的・画一的な取扱いとならないよう配慮するものとする。

Ⅱ　金融機関の監督上の評価項目

Ⅱ－１　貸付けの条件の変更等の申込みに対する対応等

Ⅱ－１－１　意　　義

⑴　最近の我が国の経済金融情勢及び雇用環境の下において、中小企業者及び住宅資金借入者は引き続き厳しい状況にある。このような状況のもと、中小企業者の事業活動の円滑な遂行及びこれを通じた雇用の安定並びに住宅資金借入者の生活の安定を図る観点から、法第３条から第５条までにおいて金融機関の努力義務が規定されている。

⑵　法第３条においては、金融機関は、中小企業者に対する信用供与については、中小企業者の特性及びその事業の状況を勘案しつつ、できる限り、柔軟にこれを行うよう努めるものとされている。また、法第４条第１項及び第５条第１項においては、金融機関は、当該金融機関に対して債務を有する債務者であって、当該債務の弁済に支障を生じており、又は生ずるおそれがあるものから当該債務の弁済に係る負担の軽減の申込みがあった場合には、中小企業者の事業についての改善若しくは再生の可能性等又は住宅資金借入者の財産及び収入の状況を勘案しつつ、できる限り、貸付けの条件の変更等（貸付けの条件の変更、旧債の借換え、中小企業者の株式の取得であって債務を消滅させるためにするものその他の債務の弁済に係る負担の軽減に資する措置をいう。以下同じ。）に努めるものとされている。

⑶　また、金融機関の判断に第三者の目を導入し、できる限り、円滑に貸付けの条件の変更等を行うため、法第４条第４項及び第５条第２項において、金融機関は、他の金融機関、株式会社日本政策金融公庫その他これらに類する者として主務省令で定めるもの、信用保証協会その他これに類する者として主務省令で定めるもの、独立行政法人住宅金融支援機構その他これらに類する者として主務省令で定めるものとの緊密な連携を図るよう努めるものとされている。

⑷　このように、法第３条から第５条までは金融機関による金融の円滑化、特に貸付けの条件の変更等に向けた努力義務を規定するものであり、各金融機関は、法の趣旨にかんがみ、債務者の貸付けの条件の変更等の申込み等に対し、適切な対応を行うことが求められる。Ⅱ－１－２主な着眼点法第３条から第５条までに規定される金融機関の努力義務の実施状況については、例えば以下のような着眼点に基づき、債務者の貸付けの条件の変更等の申込みに対する対応状況等を検証することとする。

Ⅱ－１－２－１　債務者が中小企業者又は住宅資金借入者である場合

⑴　債務者から貸付けの条件の変更等の申込みに関する相談を受けた場合には、当該相談に真摯に対応しているか。当該相談に係る貸付けの条件の変更等の申込みを妨げていないか。また、債務者から貸付けの条件の変更等の申込みがあった場合には、債務者の意思に反して当該申込みを取り下げさせていないか。

⑵　債務者から口頭で貸付けの条件の変更等の申込みがあった場合には、当該申込みの内容を記録しているか。

⑶　貸付けの条件の変更等に条件を付す場合には、その内容を可能な限り速やかに債務者に提示し、十分に説明しているか。

⑷　貸付けの条件の変更等の申込みを謝絶する場合には、これまでの取引関係並びに債務者の知識及び経験等を踏まえ、債務者に謝絶に至った理由を可能な限り具体的に、かつ、丁寧に説明しているか（注）。

（注）　特に、長期的な取引関係を継続してきた債務者からの貸付けの条件の変更等の申込みを謝絶する場合、信義則の観点から、債務者の理解と納得が得られるよう、可能な限り速やかに、かつ、十分に説明を行っているか。

⑸　貸付けの条件の変更等の申込みを謝絶した場合又は債務者が当該申込みを取り下げた場合には、当該謝絶又は取下げに至った理由を可能な限り具体的に記録し、保存しているか（中小企業者等に対する金融の円滑化を図るための臨時措置に関する内閣府令（平成21年内閣府令第72号。以下「内閣府令」という。）第6条第1項第5号イ及び同条第2項等参照）。

⑹　貸付けの条件の変更等に関する苦情相談を受けた場合には、当該苦情相談の内容を可能な限り具体的に記録し、保存しているか（内閣府令第6条第1項第5号ロ及び同条第2項等参照）。

Ⅱ－1－2－2　債務者が中小企業者である場合

⑴　貸付けの条件の変更等に係る債務者との協議に当たり、経営再建計画の策定に向けて真摯に議論しているか。また、経営再建計画を策定する意思のある債務者から要請がある場合には、経営再建計画の策定を支援しているか。

⑵　貸付けの条件の変更等に際して、経営再建計画を策定した場合には、当該経営再建計画の進捗状況を適切に管理するとともに、必要に応じて、当該債務者に対して助言を行っているか。

⑶　他の金融機関（法第4条第4項第1号に規定する日本政策金融公庫その他これらに類する者として主務省令で定めるもの（以下「公庫等」という。）を含む。）から借入れを行っている債務者から貸付けの条件の変更等の申込みがあった場合には、守秘義務に留意しつつ、当該債務者の同意を前提に、当該金融機関（同項第2号に掲げる者（以下「信用保証協会等」という。）が関係している場合には、信用保証協会等を含む。）間で相互に貸付けの条件の変更等に係る情報の確認を行うなど、緊密な連携を図るよう努めているか。特に、貸付残高の多い金融機関は、貸付けの条件の変更等に係る情報の確認を積極的に行うなど、緊密な連携を図るよう最大限努めているか（注）。

⑷　貸付けの条件の変更等の申込みを受けた他の金融機関（公庫等及び信用保証協会等を含む。）から当該申込みを行った債務者の貸付けの条件の変更等に係る情報について照会を受けた場合には、守秘義務に留意しつつ、当該債務者の同意を

前提に、これに応じるよう努めているか。特に、貸付残高の多い金融機関は、貸付けの条件の変更等に係る情報の照会に積極的に応じるよう努めているか（注）。

(5) 債務者から貸付けの条件の変更等の申込みがあった場合であって、他の金融機関（公庫等を含む。）が当該債務者に対して貸付けの条件の変更等に応じたことが確認できたときは、当該債務者の事業についての改善又は再生の可能性、他の金融機関（公庫等を含む。）が貸付けの条件の変更等に応じたこと等を勘案しつつ、できる限り、貸付けの条件の変更等を行うよう努めているか（注）。

（注） (3)から(5)までについては、独占禁止法違反行為とならないよう留意すること。主な留意点は以下のとおり。

・金融機関（公庫等及び信用保証協会等を含む。）間で情報の確認を行うに際しては、個別の申込み案件毎に行うこと。

・金融機関（公庫等及び信用保証協会等を含む。）間で情報の確認を行うに際しては、個別の申込み案件に係る事項に限り取り扱うこと。

・貸付けの条件の変更等を実行するか否かの最終的な判断は、各金融機関の責任において行うこと。

(6) 信用保証協会の保証なしでは貸付けの条件の変更等が困難と判断する場合において、債務者が条件変更対応保証（内閣府令別紙様式第16号記載上の注意７等に規定する条件変更対応保証をいう。以下同じ。）の利用を希望するときは、債務者の事業についての改善又は再生の可能性を説明する文書を作成し、信用保証協会に対して交付しているか。また、条件変更対応保証の利用に先立って、債務者の事業についての改善又は再生に向けた真摯な検討を行うなど、その制度の趣旨を踏まえた対応がなされているか。

(7) 貸付けの条件の変更等を行った債務者に対して適切に信用供与を行っているか。例えば、貸付けの条件の変更等の履歴があることのみをもって、新規融資や貸付けの条件の変更等の申込みを謝絶していないか。

Ⅱ－１－２－３　債務者が住宅資金借入者である場合

(1) 債務者から貸付けの条件の変更等の申込みがあった場合には、当該債務者の将来にわたる無理のない返済に向けて、当該債務者の財産及び収入の状況を十分に勘案しつつ、きめ細かく相談に応じているか。

(2) 債務者から貸付けの条件の変更等の申込みがあった場合であって、法第５条第２項に規定する独立行政法人住宅金融支援機構その他これらに類する者として主務省令で定めるもの（以下「住宅金融支援機構等」という。）が当該債務者に対して貸付けの条件の変更等に応じたことが確認できたときは、当該債務者の財産及び収入の状況、住宅金融支援機構等が貸付けの条件の変更等に応じたこと等を勘案しつつ、できる限り、貸付けの条件の変更等を行うよう努めているか（注）。

（注） 独占禁止法違反行為とならないよう留意すること。主な留意点は以下のとおり。

・住宅金融支援機構等との間で情報の確認を行うに際しては、個別の申込み案件毎に行うこと。
・住宅金融支援機構等との間で情報の確認を行うに際しては、個別の申込み案件に係る事項に限り取り扱うこと。
・貸付けの条件の変更等を実行するか否かの最終的な判断は、各金融機関の責任において行うこと。

Ⅱ－２　金融機関の態勢の整備等

Ⅱ－２－１　意　　義

金融機関が法第４条及び第５条の規定に基づく措置を円滑に行うために、法第６条においては、金融機関における当該措置の実施に関する方針の策定、当該措置の状況を適切に把握するための態勢の整備等が求められており、金融機関においてはこれらを適切に行うことが重要である。当該方針の策定、態勢の整備等は、形式的なものにとどまるものではなく、法の趣旨を踏まえた高い実効性を有するものであることが必要である。

Ⅱ－２－２　主な着眼点

法第６条に規定する法第４条及び第５条の規定に基づく措置の実施に関する方針（以下「基本方針」という。）の策定、当該措置の状況を適切に把握するための態勢の整備等については、例えば、以下のような着眼点に基づき検証することとする。

Ⅱ－２－２－１　債務者が中小企業者又は住宅資金借入者である場合

⑴　基本方針を策定しているか。当該基本方針には、貸付けの条件の変更等に関する取組み方針や態勢整備（経営陣による主導性とコミットメントを含む。）について、可能な限り具体的に記載しているか。また、法の施行日前における対応との違いがある場合には、その内容を明確に、かつ、具体的に記載しているか。さらに、当該基本方針を金融機関内に周知するとともに、その実施状況を定期的に検証し、必要に応じて当該基本方針を見直しているか（内閣府令第６条第１項第１号等）。

⑵　貸付けの条件の変更等の申込みに対する対応状況を適切に把握するための態勢を整備しているか（内閣府令第６条第１項第２号等）。

⑶　債務者の利便向上のため、本部に貸付けの条件の変更等に係る苦情相談窓口を独立して設置（注）するとともに、各営業店において貸付けの条件の変更等に係る苦情相談を受け付ける態勢を整備しているか（内閣府令第６条第１項第３号等）。

（注）　既存の苦情相談窓口に、貸付けの条件の変更等に関する苦情相談を受け付ける窓口を設置することでも差し支えない。

⑷　営業店の評価、その他業績評価等の基準が、基本方針と整合的なものとなっているか。当該基本方針に沿わない対応を慫慂するような評価基準となっていない

か。

Ⅱ－２－２－２　債務者が中小企業者である場合

⑴　本部及び営業店において、貸付けの条件の変更等を行った債務者の経営状況に関する期中管理（経営改善努力を行っている債務者に対して継続的なモニタリング、経営相談、経営指導等を行うことをいう。以下同じ。）を適切に行うための態勢を整備しているか（注）（内閣府令第６条第１項第４号等）。

（注）　期中管理に当たっては、いたずらに資料を督促するなどして債務者に過度の負担をかけることのないよう配意すること。

Ⅱ－３　リスク管理債権額の開示に関する留意事項

金融機関が債務者に対して貸付けの条件の変更等を行う場合であって、当該債務者が経営再建計画を策定しているとき（他の金融機関（公庫等を含む。）が行う貸付けの条件の変更等に伴って当該債務者が経営再建計画を策定しているとき及び信用保証協会による条件変更対応保証の付与又は既存の保証の条件変更に伴って当該債務者が経営再建計画を策定しているときを含む。）は、当該計画が主要行等向けの総合的な監督指針Ⅲ－３－２－４－３⑵③ハ．（注１）及び（注２）、中小・地域金融機関向けの総合的な監督指針Ⅲ－４－９－４－３⑵③ハ．（注１）及び（注２）、系統金融機関向けの総合的な監督指針Ⅲ－４－10－４－３⑵③ウ（注１）及び（注２）又は漁協系統信用事業における総合的な監督指針Ⅲ－４－８－４－２⑵③ハ．（注１）及び（注２）の要件を満たしていると認められるものであれば、金融機関が当該債務者に対して行う貸付けの条件の変更等に係る貸出金は貸出条件緩和債権には該当しないことに留意する。

Ⅱ－４　監督手法・対応

⑴　金融機関におけるこの法の規定に基づく措置等の状況について、ヒアリング及び通常の監督事務等を通じて把握する。

⑵　この法の規定に基づく措置等の状況について、改善が必要と認められる金融機関に対しては、必要に応じて銀行法（昭和56年法律第59号）第24条その他の法令の規定に基づき報告を求めることを通じて、改善を促すものとする。また、重大な問題があると認められる場合には、銀行法第26条第１項その他の法令の規定に基づく業務改善命令又は業務停止命令の発動を検討するものとする。

［資料№10］

中小企業者等に対する金融円滑化を図るための臨時措置に関する法律に基づく金融監督に関する指針（コンサルティング機能発揮にあたり金融機関が果たすべき具体的な役割）

平成23年４月

Ⅰ．コンサルティング機能の発揮の意義

Ⅰ－１　基本的考え方

平成21年12月に「中小企業者等に対する金融の円滑化を図るための臨時措置に関する法律」（平成21年法律第96号。以下「法」という。）が施行されて以来１年あまりが経過した。この間、当局は、法の施行にあわせて、金融検査マニュアルや監督指針の改正、金融機関に対する金融円滑化の要請など、金融の円滑化に向けた様々な施策を講じてきた。他方、金融機関は、法の施行後、貸付けの条件の変更等（貸付けの条件の変更、旧債の借換え、中小企業者の株式の取得であって債務を消滅させるためにするものその他の債務の弁済に係る負担の軽減に資する措置をいう。以下同じ。）への取組みや、金融円滑化の態勢整備に積極的に取り組んでおり、審査中等の案件を除いた貸付けの条件の変更等の実行率は９割を超える水準で推移している。しかし、貸付けの条件の変更等に際しては、借り手のモラルハザードなど金融規律の低下を懸念する意見や、貸付けの条件の変更等を実施した後に債務者の経営状態が着実に改善しない場合には債務者区分の格下げに伴う貸倒引当金の増加等を通じて金融機関の経営を圧迫するおそれがあるとの懸念も聞かれる。こうした懸念を顕現化させないためには、貸付けの条件の変更等を行った債務者について、返済負担が軽減されている間に、真に経営改善、事業再生等が図られることが必要である。そのためには、何よりもまず、債務者自身が、自らの本質的な経営課題を正確かつ十分に認識し、当該経営課題に対して真正面から向き合った上で、経営改善、事業再生等に意欲を持って主体的に取り組んでいくことが重要である。同時に、金融機関においては、法に基づき債務者の返済負担を軽減するだけでなく、債務者のこうした自助努力を、経営再建計画の策定支援、貸付けの条件の変更等を行った後の継続的なモニタリング、経営相談、指導といったコンサルティング機能を発揮することにより最大限支援していくことが求められている。このような、債務者と金融機関双方の取組みが相乗効果を発揮することにより、債務者の経営改善、事業再生等が着実に図られるとともに、債務者の返済能力が改善し、将来の健全な資金需要が拡大していくことを通じ、金融機関の収益力や財務の健全性の向上も図られるという流れを定着させることが重要である。特に、貸付残高が多いなど、債務者から主たる相談相手としての役割を期待されている金融機関は、コンサルティング機能を積極的に発揮し、債務者が経営課題を認識した上で経営改善、事業再生等に向けて自助努力できるよう、最大限支援していくことが期待される。以上の考

え方を踏まえ、今般、当局は、金融機関によるコンサルティング機能の発揮を一層定着させるため、貸付けの条件の変更等に関する相談または申込みを行った中小企業者（以下「債務者」という。）に対して金融機関が果たすべき役割を具体化するよう、法の延長・施行に併せて監督指針を策定することとした。

Ⅰ－２　本監督指針の位置付け

（本監督指針と「中小企業者等に対する金融の円滑化を図るための臨時措置に関する法律に基づく金融監督に関する指針（平成21年12月公表）」との関係）

「中小企業者等に対する金融の円滑化を図るための臨時措置に関する法律に基づく金融監督に関する指針（平成21年12月公表）」（以下「円滑化指針（平成21年12月）」という。）は、平成21年12月当時の極めて厳しい経済金融情勢の下で中小企業者等の資金繰りを支援するための臨時の措置として制定された法の施行期間中に、法が円滑に施行されるための環境整備の一環として策定されたものであり、貸付の条件の変更等の申込みに対する対応を中心に定められている。円滑化指針（平成21年12月）は、本監督指針の施行後においても引き続き効力を有する。他方、本監督指針は、法の１年間の延長にあたり、法の期限が到来した後も、金融機関によるコンサルティング機能が積極的に発揮されるような環境整備の一環として策定されたものである。したがって、本監督指針は、円滑化指針（平成21年12月）の内容とも一部重複する箇所を有しつつ、金融機関がコンサルティング機能を発揮していくにあたって恒常的に果たすべき具体的な役割を中心に定められている。なお、本監督指針の運用にあたっては、各金融機関の規模、特性その他の個別の状況等を十分に踏まえ、機械的・画一的な取扱いとならないよう配慮するものとする。特に、今般の東日本大震災により大きな被害を受けている地域においては、債務者の置かれている極めて厳しい状況や債務者のニーズに十分に配慮したコンサルティング機能の発揮が強く期待される一方、金融機関自身も大きな被害を受けているため、コンサルティング機能の発揮のための経営資源の十分な確保が期待できない、といった困難な状況が想定される。本監督指針の運用にあたっては、こうした震災地域特有の極めて厳しい事情に十分に配慮するものとする。震災地域の金融機関においては、自ら対応可能な範囲においてコンサルティング機能を発揮し、債務者の経営改善、事業再生等を図ることで自らの収益力や財務の健全性の向上も図られるよう、債務者と共に復興に向けて着実に歩んでいくことが期待される。

Ⅱ．コンサルティング機能の発揮に際し金融機関が果たすべき役割

金融機関によるコンサルティング機能は、債務者の経営課題を把握・分析した上で、適切な助言などにより債務者自身の課題認識を深めつつ主体的な取組みを促し、同時に、最適なソリューション（経営課題を解決するための方策）を提案・実行する、という形で発揮されることが一般的であるとみられる。コンサルティング機能の発揮にあたって金融機関が果たすべき役割は、以下のとおりである。なお、

これは、当局及び金融機関、さらには債務者の認識の共有に資するために、本来は、債務者の状況や金融機関の規模・特性等に応じて種々多様であるコンサルティング機能を包括的に示したものである。コンサルティング機能の具体的な内容は、各金融機関において、自らの規模や特性、債務者のニーズ等を踏まえ、自主的な経営判断により決定されるべきものであり、金融機関に一律・画一的な対応を求めるものではないことに留意する必要がある。

Ⅱ－1　経営課題の把握・分析等

⑴　経営課題の把握・分析と事業の持続可能性の見極め

融資等を通じて債務者の財務情報や各種の定性情報を蓄積している金融機関は、立場上、当該債務者の経営課題を適切に把握・分析することに優位性を有しており、かつ、その機能を発揮することが期待されている。金融機関は、自らのそうした立場や期待されている機能を十分に認識した上で、貸付けの条件の変更等の相談や申込みへの真摯な対応等を通じ、以下のような点を総合的に勘案して債務者の本質的な経営課題を把握・分析し、債務者の事業の持続可能性等（類型は本監督指針Ⅱ－2⑴参照）を適切かつ慎重に見極める。

- ・債務者の経営資源、経営改善・事業再生等に向けた意欲、経営課題を克服する能力
- ・外部環境の見通し
- ・債務者の関係者（取引先、他の金融機関、外部専門家、外部機関等）の協力姿勢
- ・金融機関の取引地位（総借入残高に占める自らのシェア）や取引状況（設備資金／運転資金の別、取引期間の長短等）
- ・金融機関の財務の健全性確保の観点

⑵　債務者の課題認識・主体的な取組みの促進

金融機関は、貸付けの条件の変更等の相談や申込みへの真摯な対応等を通じて把握した債務者の本質的な経営課題を、債務者自身が正確かつ十分に認識できるよう適切に助言し、債務者がその解決に向けて主体的に取り組んでいくよう促す。また、経営課題についての債務者の認識が不十分な場合は、必要に応じて、他の金融機関、外部専門家、外部機関等と連携し、債務者に対し認識を深めるよう働きかけるとともに主体的な取組みを促す。

Ⅱ－2　最適なソリューションの提案

⑴　ソリューションの提案

金融機関は、Ⅱ－1⑴に定めるとおり債務者の経営課題を把握・分析し、事業の持続可能性等を適切かつ慎重に見極めた上で、その類型に応じて適時に最適なソリューションを提案する。その際、必要に応じて、他の金融機関、外部専門家、外部機関等と連携する。

（参考） 事業の持続可能性等に応じて提案するソリューション例

事業の持続可能性等の類型	金融機関が提案するソリューション	外部専門家・外部機関等との連携
経営改善が必要な債務者 （自助努力により経営改善が見込まれる債務者など）	・ビジネスマッチングや技術開発支援により新たな販路の獲得等を支援するほか、貸付けの条件の変更等を行う。	・中小企業診断士、税理士、経営相談員等からの助言・提案の活用 （第三者の知見の活用） ・他の金融機関、信用保証協会等と連携した返済計画の見直し ・地方公共団体、商工会議所、他の金融機関等との連携によるビジネスマッチング ・産学官連携による技術開発支援
事業再生や業種転換が必要な債務者 （抜本的な事業再生や業種転換により経営の改善が見込まれる債務者など）	・貸付けの条件の変更等を行うほか、金融機関の取引地位や取引状況等に応じ、DES・DDSやDIPファイナンスの活用、債権放棄も検討。	・企業再生支援機構、中小企業再生支援協議会等との連携による事業再生方策の策定 ・企業再生ファンドの組成・活用
事業の持続可能性が見込まれない債務者 （事業の存続がいたずらに長引くことで、却って、経営者の生活再建や当該債務者の取引先の事業等に悪影響が見込まれる債務者など）	・貸付けの条件の変更等の申込みに対しては、機械的にこれに応ずるのではなく、事業継続に向けた経営者の意欲、経営者の生活再建、当該債務者の取引先等への影響、金融機関の取引地位や取引状況、財務の健全性確保の観点等を総合的に勘案し、慎重かつ十分な検討を行う。 ・その上で、債務整理等を前提とした債務者の再起に向けた適切な助言や債務者が自主廃業を選択する場合の取引先対応等を	・慎重かつ十分な検討と債務者の納得性を高めるための十分な説明を行った上で、税理士、弁護士、サービサー等との連携により債務者の債務整理を前提とした再起に向けた方策を検討

	含めた円滑な処理等への協力を含め、債務者や関係者にとって真に望ましいソリューションを適切に実施。 ・その際、債務者の納得性を高めるために十分な説明に努める。	

（注）　この図表の例示に当てはまらない対応が必要となる場合もある。例えば、金融機関が適切な融資等を実行するために必要な信頼関係の構築が困難な債務者（金融機関からの真摯な働きかけにもかかわらず財務内容の正確な開示に向けた誠実な対応が見られない債務者、反社会的勢力との関係が疑われる債務者など）の場合は、金融機関の財務の健全性や業務の適切な運営の確保の観点を念頭に置きつつ、債権保全の必要性を検討するとともに、必要に応じて、税理士や弁護士等と連携しながら、適切かつ速やかな対応を実施することも考えられる。

⑵　経営再建計画の策定支援

Ⅱ－２⑴に定めるソリューションが金融機関と債務者、必要に応じて他の金融機関、外部専門家、外部機関等との間で合意された場合（金融機関から提案されたソリューションが債務者、必要に応じて他の金融機関、外部専門家、外部機関等との協議等を踏まえて修正された後に合意に至る場合を含む。）、速やかに、当該ソリューションを織り込んだ経営再建計画の策定に取り組むこととなる。経営再建計画は、債務者が本質的な経営課題を認識し改善に向けて主体的に取り組んでいくためにも、できる限り、債務者が自力で策定することが望ましい。その際、金融機関は、経営再建計画の合理性や実現可能性、Ⅱ－２⑴に定めるソリューションを適切に織り込んでいるか等について、債務者と協力しながら確認するよう努める。ただし、債務者が自力で経営再建計画を策定できないやむを得ない理由があると判断される場合には、債務者の理解を得つつ、経営再建計画の策定を積極的に支援（債務者の実態を踏まえて経営再建計画を策定するために必要な資料を金融機関が作成することを含む）する。なお、経営再建計画の策定にあたっては、中小企業者の人員や財務諸表の作成能力等を勘案し、大企業の場合と同様な大部で精緻な経営再建計画等の策定に拘ることなく、簡素・定性的であっても、債務者の経営改善や事業再生等に向けて、実効性のある課題解決の方向性を提案することを目指す。

（注）　経営再建計画や課題解決の方向性が、実現可能性の高い抜本的な経営再建計画に該当する場合には（該当要件については、主要行等向けの総合的な監督指針または中小・地域金融機関向けの総合的な監督指針等を参照のこと。）、当該経営再建計画や課題解決の方向性に基づく貸出金は貸出条件緩和債権には該当しないこととなる。

⑶　新規の信用供与

貸付けの条件の変更等を行った債務者に対しても積極的かつ適切に金融仲介機能を発揮する観点から、Ⅱ－2(1)に定める経営改善が必要な債務者等から新規の信用供与の申込みがあった場合であって、新規の信用供与により新たな収益機会の獲得や中長期的な経費削減等が見込まれ、それが債務者の業況や財務等の改善につながることで債務償還能力の向上に資すると判断される場合には、積極的かつ適時適切に新規の信用供与を行うよう努める。

Ⅱ－3　ソリューションの実行および進捗状況の管理

金融機関は、債務者や連携先とともに、ソリューションの合理性や実行可能性を検証・確認した上で、協働してソリューションを実行する。ソリューションの実行後においても、必要に応じて連携先と協力しながら、実行状況を継続的にモニタリングするとともに、経営相談や経営指導を行っていくなど、ソリューションの進捗状況を適切に管理する。また、債務者へ貸付けを行っている金融機関が複数存在することを認識している場合は、必要に応じ、それらの金融機関と連携を図りながら進捗状況の管理を行うことも検討する。なお、進捗状況の管理を行っている間に、経営再建計画の策定当初には予期し得なかった外部環境の大きな変化等が生じたことを察知した場合には、経営再建計画やソリューションの見直しの要否について債務者や連携先とともに検討する。見直しが必要な場合は、そうした変化や見直しの必要性等を債務者が認識できるよう適切な助言を行った上で、ソリューションの見直し（経営再建計画の再策定を含む）を提案し、債務者や連携先と協働して実行する。

Ⅲ．主な着眼点

以上を踏まえ、各金融機関におけるコンサルティング機能の発揮状況や、コンサルティング機能が組織全体として継続的かつ着実に発揮されるための態勢整備の状況について、以下の着眼点に基づき検証していく。なお、以下の着眼点に定める具体的な内容や水準については、各金融機関において、自らの規模や特性、債務者のニーズ等を踏まえ、自主的な経営判断により決定されるべきものであり、金融機関に一律・画一的な対応を求めるものではないことに留意する必要がある。

Ⅲ－1　コンサルティング機能の発揮

本監督指針Ⅱに定める「コンサルティング機能の発揮に際し金融機関が果たすべき役割」が十分に果たされているか。

Ⅲ－2　態勢整備

金融機関は、本部及び営業店等において、債務者に対し、本監督指針Ⅱに定める「コンサルティング機能の発揮に際し金融機関が果たすべき役割」を着実に遂行できるよう、以下の態勢を整備することが求められる。

(1)　経営陣による主導性の発揮

経営陣は、債務者に対するコンサルティング機能の発揮を経営課題として明確に認識し、主導性を十分に発揮して、中小企業者等に対する金融の円滑化を図るための基本方針その他必要と考えられる規定等を策定し、職員等に周知徹底しているか。また、経営陣は、債務者に対するコンサルティング機能の発揮の取組みに関する評価・改善に積極的に取り組み、必要に応じて当該基本方針その他規定等を見直すなど、本監督指針Ⅱに定める「コンサルティング機能の発揮に際し金融機関が果たすべき役割」を組織全体として継続的かつ着実に遂行できるよう、必要な態勢の整備に努めているか。

⑵　本部による営業店支援

営業店における人材やノウハウの不足の補完や自金融機関における経営資源の有効活用のために、本部による支援態勢の整備に努めているか。

⑶　外部専門家・外部機関・他の金融機関等との連携

自金融機関における専門的な人材やノウハウの不足の補完や、中長期的な人材育成やノウハウ蓄積の観点を踏まえつつ、必要に応じ、適時適切に、外部専門家、外部機関、他の金融機関等と連携できるよう、本部や営業店等において連携態勢の整備に努めているか。

（注）　具体的な連携先は、各金融機関において、自らの規模や特性、地域の実情、債務者のニーズ等を踏まえ自主的な経営判断により決定されるべきものである。また、金融機関が保有する債務者の経営に関する情報を連携先と共有する場合には、顧客企業の同意が前提となることに留意する必要がある。

⑷　コンサルティング機能の発揮を支えるノウハウの蓄積・人材の育成

本監督指針Ⅱに定める「コンサルティング機能の発揮に際し金融機関が果たすべき役割」を着実に遂行するために、それを支えるための金融手法や知識等のノウハウを持つ人材の育成や活用に努めているか。また、そうしたノウハウを営業店と本部の適切な連携により組織全体で共有するよう努めているか。

⑸　職員のモチベーション（動機付け）の向上に資する評価

営業店の評価、その他業績評価等の基準は、中小企業者等に対する金融の円滑化を図るための基本方針と整合的なものとなっているか。当該基本方針に沿わない対応を慫慂するような評価基準となっていないか。また、コンサルティング機能の発揮の難易度や効果は、債務者の状況、外部環境、金融機関の取引地位など様々な要因により一様ではないが、質の高いコンサルティング機能が発揮された場合に、そうした取組みを業務上の評価に適正に反映するよう努めているか。

⑹　監　　査

定期的かつ必要に応じ、内部監査等を実施することにより、本監督指針Ⅲ－２⑴～⑸に定める態勢が整備されていることを確認しているか。また、当該監査等の結果等を踏まえ、必要に応じて態勢を更に改善・充実していくなど、監査等を有効に活用する態勢が整備されているか。

Ⅳ．監督手法・対応

本監督指針を踏まえた金融機関の対応状況について、ヒアリング等の監督事務を通じて把握する。トップヒアリングにおいては、金融機関経営者から、中小企業者等に対する金融の円滑化を図るための基本方針等の内容、取組み手法等の戦略、本監督指針Ⅲ－２に定める態勢整備の状況及びそれらに関する経営陣の主導性の発揮状況等を確認するとともに、当該基本方針等の着実な実施を促す。総合的なヒアリング等においては、本監督指針Ⅲ－２に定める態勢整備に限らず、本監督指針Ⅱに定める「コンサルティング機能の発揮に際し金融機関が果たすべき役割」の発揮状況についても具体的に踏み込んで把握し、それらの着実な実施を促す。これらの監督事務を通じて把握した内容について改善が必要と認められる金融機関に対しては、必要に応じて銀行法（昭和56年法律第59号）第24条その他の法令の規定に基づき報告を求めることを通じて、改善を促すものとする。また、重大な問題があると認められる場合には、銀行法第26条第１項その他の法令の規定に基づく業務改善命令又は業務停止命令の発動を検討するものとする。

あとがき

金融機関の営業店の現場では、実にさまざまな苦情・クレームが発生します。そしてこれからも発生件数は増加することはあっても減少することはないでしょう。ならば早めに、苦情・クレームと適切に付き合う術を身につけたほうがよいというのが、筆者の持論です。しかし現実の苦情・クレーム対応は、「労多くして報われない」業務となっています。これは「業績が悪化した中小企業者からの借入条件変更の申出」、いわゆる金融円滑化案件への対応によく似ています。金融円滑化案件への対応は、それ自体、ボリュームの増加や収益の拡大には貢献しません。長期的にみれば不良債権の発生防止などで収益に貢献することになるのでしょうが、営業店の現場で日々さまざまな目標に追われている多くの金融機関職員にとっては「割に合わない」業務となっています。平成23年４月、金融庁が発表した「中小企業者等に対する金融円滑化を図るための臨時措置に関する法律に基づく金融監督に関する指針」Ⅲ－２－(5)には、「営業店の評価、その他業績評価等の基準は、中小企業者等に対する金融の円滑化を図るための基本方針と整合的なものとなっているか。当該基本方針に沿わない対応を慫慂するような評価基準となっていないか。また、コンサルティング機能の発揮の難易度や効果は、債務者の状況、外部環境、金融機関の取引地位など様々な要因により一様ではないが、質の高いコンサルティング機能が発揮された場合に、そうした取組みを業務上の評価に適正に反映するよう努めているか」と記述されています。民間企業である金融機関の営業店や職員の評価にまで口を挟まなければ、金融機関は積極的に金融円滑化に取り組まない……つまり「金融機関の職員は、評価を受けない仕事には進んで取り組まない」という性（サガ）を鋭く突いた指針だと思います。同じように、苦情・クレーム対応も、利用者を保護するため、金融機関の信用を守るために奮闘した営業店や職員を適正に評価する仕組みがなければ、いつまでたっても積極的に対応しようとする職員は現れないでしょう。苦情・クレームへの取組みをどう評価するか……これは真の意味での顧客サポート態勢を確立するために、各金融機関が正面から取り組まなければならない課題だと思います。

本書に最後までお付き合いいただき、ありがとうございました。

なお本書には苦情・クレーム対応への理解を深めるため、多数の事例を記載していますが、事例に登場する人物や企業、設定場面等は、すべて筆者の創作によるものであり、実在するものではありません。念のため申し添えさせていただきます。

事例に学ぶ苦情・クレーム対応の勘所
――初動対応のポイントと金融ADR

平成24年6月26日　第1刷発行

監修者　香　月　裕　爾
著　者　炭　木　典　生
発行者　倉　田　　　勲
印刷所　図書印刷株式会社

〒160-8520　東京都新宿区南元町19
発　行　所　一般社団法人 金融財政事情研究会
編 集 部　TEL 03(3355)2251　FAX 03(3357)7416
販　　　売　株式会社 き ん ざ い
販売受付　TEL 03(3358)2891　FAX 03(3358)0037
URL http://www.kinzai.jp/

ISBN978-4-322-12108-7